HISTÓRIA DA SEXUALIDADE 2

Michel Foucault

HISTÓRIA DA SEXUALIDADE 2

O USO DOS PRAZERES

Tradução

Maria Thereza da Costa Albuquerque

Revisão técnica

José Augusto Guilhon Albuquerque

7ª edição

PAZ & TERRA

Rio de Janeiro / São Paulo

2019

Título original: Histoire de la Sexualité II: L'usage des plaisirs

15ª edição Graal
1ª edição Paz e Terra, 2014

Diagramação:
Trio Studio

Editora Paz e Terra
Rua do Paraíso, 139, 10º andar, conjunto 101 – Paraíso
São Paulo, SP – 04103-000

Texto revisado segundo o novo Acordo Ortográfico da Língua Portuguesa.

Coleção Biblioteca de Filosofia.

CIP-BRASIL. CATALOGAÇÃO NA FONTE
SINDICATO NACIONAL DOS EDITORES DE LIVROS, RJ.

F86h
7ªed. Foucault, Michel, 1926-1984.
História da sexualidade 2: O uso dos prazeres/Michel Foucault; tradução de Maria Thereza da Costa Albuquerque; revisão técnica de José Augusto Guilhon Albuquerque. – 7ª ed. – Rio de Janeiro/São Paulo: Paz e Terra, 2019. – (Coleção Biblioteca de Filosofia)
Do original francês: Histoire de la Sexualité 2: L'usage des plaisirs

Bibliografia
ISBN 978-85-7753-295-7
1. Sexualidade – História 2. Sexualidade – Teoria I. Título. II. Título: O uso dos prazeres III. Série

84-0668 CDD – 301.4179
301.41701

Impresso no Brasil
2019

Sumário

Introdução

1 – Modificações

Esta série de pesquisas surge mais tarde do que eu previra e de uma forma inteiramente diferente.

Eis por quê. Elas não deveriam ser uma história dos comportamentos nem uma história das representações, mas uma história da "sexualidade": as aspas têm sua importância. Meu propósito não era o de reconstruir uma história das condutas e das práticas sexuais de acordo com suas formas sucessivas, sua evolução e difusão. Também não era minha intenção analisar as ideias (científicas, religiosas ou filosóficas) através das quais foram representados esses comportamentos. Gostaria, inicialmente, de me deter na noção tão cotidiana e tão recente de "sexualidade": tomar distanciamento em relação a ela, contornar sua evidência familiar, analisar o contexto teórico e prático ao qual ela é associada. O próprio termo "sexualidade" surgiu tardiamente, no início do século XIX. É um fato que não deve ser subestimado nem superinterpretado. Ele assinala algo diferente de um remanejamento de vocabulário; mas não marca, evidentemente, a brusca emergência daquilo a que se refere. O uso da palavra foi estabelecido em relação a outros fenômenos: o desenvolvimento de campos de conhecimentos diversos (que cobriram tanto os mecanismos biológicos da reprodução como as variantes individuais ou sociais do comportamento); a instauração de um conjunto de regras e de normas, em parte tradicionais e em parte novas, e que se apoiam em instituições religiosas, judiciárias, pedagógicas e médicas; como também as mudanças no modo pelo qual os indivíduos são levados a dar sentido e valor à sua conduta, seus deveres, prazeres, sentimentos, sensações e sonhos. Em suma, tratava-se de ver de que maneira, nas sociedades ocidentais modernas, constitui-se uma "experiência" tal, que os indivíduos são levados a reconhecer-se como sujeitos de uma "sexualidade" que abre para campos de conhecimentos bastante diversos, e que se articula num sistema de regras e coerções. O projeto era, portanto, o de uma história da sexualidade enquanto experiência, se entendemos por experiência a correlação, numa cultura, entre campos de saber, tipos de normatividade e formas de subjetividade.

Falar assim da sexualidade implicaria afastar-se de um esquema de pensamento que era então corrente: fazer da sexualidade uma invariante e supor que, se ela assume, nas suas manifestações, formas historicamente singulares, é porque sofre o efeito dos mecanismos diversos de repressão a que ela se encontra exposta em toda sociedade; o que equivale a colocar fora do campo histórico o desejo e o sujeito do desejo, e a fazer com que a forma geral da interdição dê contas do que pode haver de histórico na sexualidade. Mas a recusa dessa hipótese, por si só, não era suficiente. Falar da "sexualidade" como uma experiência historicamente singular suporia, também, que se pudesse dispor de instrumentos suscetíveis de analisar, em seu próprio caráter e em suas correlações, os três eixos que a constituem: a formação dos saberes que a ela se referem, os sistemas de poder que regulam sua prática e as formas pelas quais os indivíduos podem e devem se reconhecer como sujeitos dessa sexualidade. Ora, sobre os dois primeiros pontos, o trabalho que empreendi anteriormente — seja a propósito da medicina e da psiquiatria, seja a propósito do poder punitivo e das práticas disciplinares — deu-me os instrumentos dos quais necessitava; a análise das práticas discursivas permitia seguir a formação dos saberes, escapando ao dilema entre ciência e ideologia; a análise das relações de poder e de suas tecnologias permitia focalizá-las como estratégias abertas, escapando à alternativa entre um poder concebido como dominação ou denunciado como simulacro.

Em compensação, o estudo dos modos pelos quais os indivíduos são levados a se reconhecerem como sujeitos sexuais me colocava dificuldades bem maiores. A noção de desejo ou a de sujeito desejante constituía, então, se não uma teoria, pelo menos um tema teórico geralmente aceito. A própria aceitação parecia estranha: com efeito, era esse tema que se encontrava, segundo certas variantes, no centro da teoria clássica da sexualidade, como também nas concepções que buscavam dela apartar-se; era ele também que parecia ter sido herdado, no século XIX e no século XX, de uma longa tradição cristã. A experiência da sexualidade pode muito bem se distinguir, como figura histórica singular, da experiência cristã da "carne": mas elas parecem ambas dominadas pelo princípio do "homem de desejo". Em todo caso, parecia difícil analisar a formação e o desenvolvimento da experiência da sexualidade a partir do século

XVIII sem fazer, a propósito do desejo e do sujeito desejante, um trabalho histórico e crítico. Sem empreender, portanto, uma "genealogia". Com isso, não me refiro a fazer uma história das concepções sucessivas do desejo, da concupiscência ou da *libido*, mas analisar as práticas pelas quais os indivíduos foram levados a prestar atenção a eles próprios, a se decifrar, a se reconhecer e se confessar como sujeitos de desejo, estabelecendo de si para consigo uma certa relação que lhes permite descobrir, no desejo, a verdade de seu ser, seja ele natural ou decaído. Em suma, a ideia era a de pesquisar, nessa genealogia, de que maneira os indivíduos foram levados a exercer, sobre eles mesmos e sobre os outros, uma hermenêutica do desejo à qual o comportamento sexual desses indivíduos sem dúvida deu ocasião, sem no entanto constituir seu domínio exclusivo. Em resumo, para compreender de que maneira o indivíduo moderno podia fazer a experiência dele mesmo enquanto sujeito de uma "sexualidade", seria indispensável distinguir previamente a maneira pela qual, durante séculos, o homem ocidental fora levado a se reconhecer como sujeito de desejo.

Um deslocamento teórico me pareceu necessário para analisar o que frequentemente era designado como progresso dos conhecimentos: ele me levara a interrogar-me sobre as formas de práticas discursivas que articulavam o saber. E foi preciso também um deslocamento teórico para analisar o que frequentemente se descreve como manifestações do "poder": ele me levara a interrogar-me sobretudo sobre as relações múltiplas, as estratégias abertas e as técnicas racionais que articulam o exercício dos poderes. Parecia agora que seria preciso empreender um terceiro deslocamento a fim de analisar o que é designado como "o sujeito"; convinha pesquisar quais são as formas e as modalidades da relação consigo através das quais o indivíduo se constitui e se reconhece como sujeito. Após o estudo dos jogos da verdade considerados entre si — a partir do exemplo de um certo número de ciências empíricas nos séculos XVII e XVIII — e, posteriormente, ao estudo dos jogos da verdade em referência às relações de poder, a partir do exemplo das práticas punitivas, outro trabalho parecia se impor: estudar os jogos da verdade na relação de si para si e a constituição de si mesmo como sujeito, tomando como espaço de referência e campo de investigação aquilo que poderia chamar-se "história do homem de desejo".

Entretanto, ficou claro que empreender essa genealogia me afastava muito de meu projeto primitivo. Devia escolher: ou manter o plano estabelecido, fazendo-o acompanhar de um rápido exame histórico desse tema do desejo, ou reorganizar todo o estudo em torno da lenta formação, durante a Antiguidade, de uma hermenêutica de si. E foi por este último partido que optei ao pensar que, afinal de contas, aquilo a que me atenho — a que me ative há tantos anos — é a tarefa de evidenciar alguns elementos que possam servir para uma história da verdade. Uma história que não seria aquela do que poderia haver de verdadeiro nos conhecimentos; mas uma análise dos "jogos da verdade", dos jogos entre o verdadeiro e o falso, através dos quais o ser se constitui historicamente como experiência, isto é, como podendo e devendo ser pensado. Através de quais jogos da verdade o homem se dá seu ser próprio a pensar quando se percebe como louco, quando se olha como doente, quando reflete sobre si como ser vivo, ser falante e ser trabalhador, quando ele se julga e se pune enquanto criminoso? Através de quais jogos da verdade o ser humano se reconheceu como homem de desejo? Pareceu-me que, colocando assim essa questão e tentando elaborá-la a propósito de um período tão afastado dos meus horizontes, outrora familiares, abandonava, sem dúvida, o plano pretendido, mas estaria mais próximo da interrogação que desde há muito tempo me esforço em colocar. Ainda que essa abordagem exigisse de mim alguns anos suplementares de trabalho. Certamente havia riscos nesse longo desvio; mas tinha um motivo e pareceu-me ter encontrado nessa pesquisa um certo proveito teórico.

Os riscos? Eram os de retardar e desorganizar o programa de publicação previsto. Agradeço àqueles que seguiram os trajetos e os desvios de meu trabalho — penso nos ouvintes do Collège de France — e àqueles que tiveram a paciência de esperar o término desse trabalho: em primeiro lugar, Pierre Nora. Quanto àqueles para quem esforçar-se, começar e recomeçar, experimentar, enganar-se, retomar tudo de cima a baixo e ainda encontrar meios de hesitar a cada passo, àqueles para quem, em suma, trabalhar mantendo-se em reserva e inquietação equivale a demissão, pois bem, é evidente que não somos do mesmo planeta.

O perigo era também o de abordar documentos por mim mal conhecidos.[1] Corria o risco de submetê-los, sem me dar conta, a formas de análise ou a modos de questionamento que, vindos de outros lugares, não lhes convinham; os livros de P. Brown, os de P. Hadot e, em várias ocasiões, seus pareceres e as conversações que mantivemos me foram de grande valia. Também, corria o risco, inversamente, de perder, no esforço para me familiarizar com os textos antigos, o fio das questões que queria colocar; H. Dreyfus e P. Rabinow, em Berkeley, permitiram-me, por meio de suas reflexões, suas questões, e graças à sua exigência, um trabalho de reformulação teórica e metodológica. F. Wahl deu-me conselhos preciosos.

Paul Veyne ajudou-me constantemente no decorrer desses anos. Ele sabe o que é pesquisar o verdadeiro, como historiador de verdade; mas também conhece o labirinto em que se entra quando se quer fazer a história dos jogos entre o verdadeiro e o falso; ele é daqueles, raros hoje em dia, que aceitam enfrentar o perigo, para todo e qualquer pensamento, que a questão da história da verdade traz consigo. Seria difícil circunscrever sua influência sobre estas páginas.

Quanto ao motivo que me impulsionou foi muito simples. Para alguns, espero, esse motivo poderá ser suficiente por ele mesmo. É a curiosidade — em todo caso, a única espécie de curiosidade que vale a pena ser praticada com um pouco de obstinação: não aquela que procura assimilar o que convém conhecer, mas a que permite separar-se de si mesmo. De que valeria a obstinação do saber se ele assegurasse apenas a aquisição dos conhecimentos e não, de certa maneira, e tanto quanto possível, o descaminho daquele que conhece? Existem momentos na vida em que a questão de saber se se pode pensar diferentemente do que se pensa, e perceber diferentemente do que se vê, é indispensável para continuar a olhar ou a refletir. Talvez me digam que esses jogos consigo mesmo têm que permanecer nos bastidores; e que no máximo eles fazem parte desses trabalhos de preparação que desaparecem por si sós a partir do momento em que produzem seus efeitos. Mas o que é filosofar hoje em dia — quero dizer, a atividade filosófica — senão o trabalho crítico do pensamento sobre o próprio pensamento? Senão consistir em tentar saber de que maneira e até onde seria possível pensar diferentemente em vez de legitimar o que já se sabe? Existe sempre algo de irrisório no discurso filosófico quando ele quer, do exterior, fazer a lei para os outros, dizer-lhes onde está a sua verdade e de que maneira encontrá-la, ou quando pretende demonstrar-se por positividade ingênua; mas é seu direito explorar o que pode ser mudado, no seu próprio pensamento, através do exercício de um saber que lhe é estranho. O "ensaio" — que é necessário entender como experiência modificadora de si no jogo da verdade, e não como apropriação simplificadora de outrem para fins de comunicação — é o corpo vivo da filosofia, se, pelo menos, ela for ainda hoje o que era outrora, ou seja, uma "ascese", um exercício de si, no pensamento.

Os estudos que se seguem, assim como outros que anteriormente empreendi, são estudos de "história" pelos campos que tratam e pelas referências que assumem; mas não são trabalhos de "historiador". O que não quer dizer que eles resumam ou sintetizem o trabalho feito por outros; eles são — se quisermos encará-los do ponto de vista de sua "pragmática" — o protocolo de um exercício que foi longo, hesitante, e que frequentemente precisou se retomar e se corrigir. Um exercício filosófico: sua articulação foi a de saber em que medida o trabalho de pensar sua própria história pode liberar o pensamento daquilo que ele pensa silenciosamente, e permitir-lhe pensar diferentemente.

Teria eu razão em correr esses riscos? Não cabe a mim dizê-lo. Sei apenas que, deslocando assim o tema e os balizamentos cronológicos de meu estudo, encontrei algum proveito teórico; foi-me possível proceder a duas generalizações que me permitiram, ao mesmo tempo, situá-lo num horizonte mais amplo e precisar melhor seu método e seu objeto.

Ao retornar assim, da época moderna, através do cristianismo, até a Antiguidade, pareceu-me que não se poderia evitar colocar uma questão ao mesmo tempo muito simples e geral: por que o comportamento sexual, as atividades e os prazeres a ele relacionados são objeto de uma preocupação moral? Por que esse cuidado ético que, pelo menos em certos momentos, em certas sociedades ou em certos grupos, parece mais importante do que a atenção moral que se presta a outros campos, não obstante essenciais na vida individual ou coletiva, como as condutas alimentares ou a realização dos deveres cívicos? Sei que uma resposta ocorre de imediato: é que eles são objeto de interdições fundamentais cuja transgressão é considerada falta grave. Mas isso seria dar como solução a própria questão; e, sobretudo, implicaria desconhecer que o cuidado* ético a respeito da conduta sexual não está sempre, em sua intensidade ou em suas formas, em relação direta com o sistema de interdições; ocorre frequentemente que a preocupação

* A palavra *souci* será sempre traduzida "cuidado", para diferençar de *soin*, sempre traduzida "cuidados", e de *préoccupation*, sempre traduzida "preocupação". [*N. T.*]

moral seja forte, lá onde precisamente não há obrigação nem proibição. Em suma, a interdição é uma coisa, a problematização moral é outra. Portanto, pareceu-me que a questão que deveria servir de fio condutor era a seguinte: de que maneira, por que e sob que forma a atividade sexual foi constituída como campo moral? Por que esse cuidado ético tão insistente, apesar de variável em suas formas e em sua intensidade? Por que essa "problematização"? E, afinal, é esta a tarefa de uma história do pensamento por oposição à história dos comportamentos ou das representações: definir as condições nas quais o ser humano "problematiza" o que ele é, e o mundo no qual ele vive.

Mas, ao colocar essa questão muito geral, e ao colocá-la à cultura grega e greco-latina, pareceu-me que essa problematização estava relacionada a um conjunto de práticas que, certamente, tiveram uma importância considerável em nossas sociedades: é o que se poderia chamar "artes da existência". Deve-se entender, com isso, práticas refletidas e voluntárias através das quais os homens não somente se fixam regras de conduta, como também procuram se transformar, modificar-se em seu ser singular e fazer de sua vida uma obra que seja portadora de certos valores estéticos e responda a certos critérios de estilo. Essas "artes de existência", essas "técnicas de si", perderam, sem dúvida, uma certa parte de sua importância e de sua autonomia quando, com o cristianismo, foram integradas no exercício de um poder pastoral e, mais tarde, em práticas de tipo educativo, médico ou psicológico. De qualquer modo, dever-se-ia, sem dúvida, fazer e refazer a longa história dessas estéticas da existência e dessas tecnologias de si. Já há algum tempo que Burckhardt sublinhou sua importância na época do Renascimento; mas sua sobrevivência, sua história e seu desenvolvimento não param aí.[2] Em todo caso, pareceu-me que o estudo da problematização do comportamento sexual na Antiguidade podia ser considerado um capítulo — um dos primeiros capítulos — dessa história geral das "técnicas de si".

Tal é a ironia desses esforços feitos a fim de mudar-se a maneira de ver, para modificar o horizonte daquilo que se conhece e para tentar distanciar-se um pouco. Levam eles, efetivamente, a pensar diferentemente? Talvez tenham, no máximo, permitido pensar de modo diferente o que já se pensava e perceber o que se fez segundo um ângulo diferente e sob uma luz mais nítida. Acreditava-se tomar distância e no entanto fica-se na vertical de si mesmo. A viagem rejuvenesce as coisas e envelhece a relação consigo. Parece-me que seria melhor perceber agora de que maneira, um tanto cegamente, e por meio de fragmentos sucessivos e diferentes, eu me conduzi nessa empreitada de uma história da verdade: analisar, não os comportamentos, nem as ideias, não as sociedades, nem suas "ideologias", mas as *problematizações* através das quais o ser se dá como podendo e devendo ser pensado, e as *práticas* a partir das quais essas problematizações se formam. A dimensão arqueológica da análise permite analisar as próprias formas da problematização; a dimensão genealógica, sua formação a partir das práticas e de suas modificações. Problematização da loucura e da doença a partir de práticas sociais e médicas, definindo um certo perfil de "normalização"; problematização da vida, da linguagem e do trabalho em práticas discursivas obedecendo a certas regras "epistêmicas"; problematização do crime e do comportamento criminoso a partir de certas práticas punitivas obedecendo a um modelo "disciplinar". Gostaria de mostrar, agora, de que maneira, na Antiguidade, a atividade e os prazeres sexuais foram problematizados através de práticas de si, pondo em jogo os critérios de uma "estética da existência".

Eis as razões pelas quais recentrei todo o estudo sobre a genealogia do homem de desejo, desde a Antiguidade clássica até os primeiros séculos do cristianismo. Segui uma distribuição cronológica simples: um primeiro volume, *O uso dos prazeres*, é dedicado à maneira pela qual a atividade sexual foi problematizada pelos filósofos e pelos médicos, na cultura grega clássica, no século IV a.C.; *O cuidado de si* é dedicado a essa problematização nos textos gregos e latinos nos dois primeiros séculos de nossa era; finalmente, *As confissões da carne* trata da formação da doutrina e da pastoral da carne. Em relação aos documentos que utilizarei, eles serão na maior parte textos "prescritivos"; com isso, quero me referir a textos que, qualquer que seja sua forma (discurso, diálogo, tratado, coletânea de preceitos, cartas etc.), têm como objetivo principal propor regras de conduta. Só recorrerei aos textos teóricos sobre a doutrina do prazer ou das paixões para encontrar esclarecimentos. O campo que analisarei é constituído por textos que pretendem estabelecer regras, dar opiniões, conselhos, para se comportar como convém: textos "práticos" que são, eles próprios, objeto de "prática" na medida em que eram feitos para serem lidos, aprendidos, meditados, utilizados, postos à prova, e visavam, no final das contas, constituir a armadura da conduta cotidiana. O papel desses textos era o de serem operadores que permitiam aos indivíduos interrogar-se sobre sua própria conduta, velar por ela, formá-la e conformar-se, eles próprios, como sujeito ético; em suma, eles participam de uma função "etopoética", para transpor uma expressão que se encontra em Plutarco.

Mas como essa análise do homem de desejo se encontra no ponto de interseção entre uma arqueologia das problematizações e uma genealogia das práticas de si, gostaria de deter-me, antes de começar, nessas duas noções: justificar as formas de "problematização" que considerei, indicar o que se pode entender por "prática de si" e explicar através de que paradoxos e dificuldades fui levado a substituir uma história dos sistemas de moral, feita a partir das interdições, por uma história das problematizações éticas, feita a partir das práticas de si.

2 – As formas de problematização

Suponhamos que aceitemos por um momento categorias tão gerais como as de "paganismo", de "cristianismo", de "moral" e de "moral sexual". Suponhamos que perguntemos em que pontos a "moral sexual do cristianismo" opôs-se, o mais nitidamente, à "moral sexual do paganismo antigo": proibição do incesto, dominação masculina, sujeição da mulher? Sem dúvida não serão essas as respostas dadas: conhece-se a extensão e a constância desses fenômenos sob suas variadas formas. Mais provavelmente, propor-se-iam outros pontos de diferenciação. O valor do próprio ato sexual: o cristianismo o teria associado ao mal, ao pecado, à queda, à morte, ao passo que a Antiguidade o teria dotado de significações positivas. A delimitação do parceiro legítimo: o cristianismo, diferentemente do que se passava nas sociedades gregas ou romanas, só o teria aceito no casamento monogâmico e, no interior dessa conjugalidade, lhe teria imposto o princípio de uma finalidade exclusivamente procriadora. A desqualificação das relações entre indivíduos do mesmo sexo: o cristianismo as teria excluído rigorosamente, ao passo que a Grécia as teria exaltado — e Roma, aceito — pelo menos entre homens. A esses três pontos de oposição maior, poder-se-ia acrescentar o alto valor moral e espiritual que o cristianismo, diferentemente da moral pagã, teria atribuído à abstinência rigorosa, à castidade permanente e à virgindade. Em suma, sobre todos esses pontos que foram considerados, durante tanto tempo, como tão importantes — natureza do ato sexual, fidelidade monogâmica, relações homossexuais, castidade —, parece que os antigos teriam sido um tanto indiferentes, e que nada disso teria atraído muito sua atenção, nem constituído para eles problemas muito agudos.

Ora, isso não é exato; e poder-se-ia mostrá-lo facilmente. Poder-se-ia comprová-lo ressaltando as reproduções diretas e as continuidades muito estreitas que se pode constatar entre as primeiras doutrinas cristãs e a filosofia moral da Antiguidade: o primeiro grande texto cristão dedicado à prática sexual na vida de casado — o capítulo X do livro II do *Pedagogo* de Clemente de Alexandria — apoia-se num certo número de referências às Escrituras, mas também num conjunto de princípios e de preceitos diretamente tomados à filosofia pagã. Já encontramos ali uma certa associação entre a atividade sexual e o mal, a regra de uma monogamia procriadora, a condenação das relações de mesmo sexo, a exaltação da continência. Não é só: numa escala histórica bem mais longa, poder-se-ia acompanhar a permanência de temas, inquietações e exigências, que, sem dúvida, marcaram a ética cristã e a moral das sociedades europeias modernas, mas que já estavam claramente presentes no cerne do pensamento grego ou greco-romano. Eis aqui diversos testemunhos: a expressão de um medo, um modelo de comportamento, a imagem de uma atitude desqualificada, um exemplo de abstinência.

1. Um medo

Os jovens com uma perda de sêmen "carregam em todos os hábitos do corpo a marca da caducidade e da velhice; eles se tornam relaxados, sem força, entorpecidos, estúpidos, prostrados, curvados, incapazes de qualquer coisa, com a tez pálida, branca, efeminada, sem apetite, sem calor, os membros pesados, as pernas dormentes, uma extrema fraqueza, enfim, numa palavra, quase que totalmente perdidos. Essa doença chega a ser, para muitos, uma via para a paralisia; de fato, como a potência nervosa não seria atingida se a natureza está enfraquecida no princípio regenerador e na própria fonte da vida?" Essa doença "em si mesma vergonhosa" é "perigosa no que leva ao marasmo, nociva à sociedade na medida em que se opõe à propagação da espécie: porque ela é, em todos os aspectos, a fonte de uma infinidade de males, exige socorros urgentes".[3]

Reconhece-se facilmente, nesse texto, as obsessões que a medicina e a pedagogia alimentaram, a partir dos séculos XVII e XVIII, em torno do puro dispêndio sexual — aquele em que não existe fecundidade nem parceiro; o esgotamento progressivo do organismo, a morte do indivíduo, a destruição de sua raça e, finalmente, o dano causado a toda a humanidade, foram, regularmente, ao longo de uma literatura loquaz, prometidos para aqueles que abusassem de seu sexo. Esses medos induzidos parecem ter constituído a herança "naturalista" e "científica", no pensamento médico do século XIX, de uma tradição cristã que colocava o prazer no campo da morte e do mal.

Ora, essa descrição é, de fato, uma tradução — uma tradução livre, no estilo da época — de um texto escrito por um médico grego, Areteu, no primeiro século de nossa era. Desse temor do ato sexual, suscetível, se for desregrado, de produzir na vida do indivíduo os mais nocivos efeitos, encontrar-se-ão muitos testemunhos na mesma época: Soranus, por exemplo, considerava que a atividade sexual seria, em qualquer hipótese, menos favorável à saúde do que a pura e simples abstenção e a virgindade. Mais cedo, ainda, a medicina tinha dado insistentes conselhos de prudência e de economia no uso dos prazeres sexuais: evitar seu uso intempestivo, levar em conta as condições nas quais eles são praticados, temer a sua própria violência e os erros de regime. Alguns chegam a dizer que não se deve praticá-los "a não ser que se queira prejudicar a si próprio". Medo muito antigo por conseguinte.

2. *Um esquema de comportamento*

Conhece-se a maneira pela qual são Francisco de Sales exortava à virtude conjugal: para as pessoas casadas ele oferecia um espelho natural propondo-lhes o modelo do elefante e dos belos costumes que demonstrava com sua esposa. O elefante "não passa de um grande animal, entretanto, é o mais digno que vive sobre a terra e que possui mais senso... Ele nunca troca de fêmea, e ama ternamente aquela que escolheu e com a qual, no entanto, só acasala a cada três anos, e somente por cinco dias, e tão secretamente que jamais alguém o viu nesse ato: entretanto, ele é visto no sexto dia, quando, antes de qualquer outra coisa, vai diretamente ao rio no qual lava todo o corpo, não querendo de modo algum retornar à sua manada sem antes purificar-se. Não temos aí belas e honestas disposições?".[4] Ora, esse mesmo texto é uma variação de um tema que foi transmitido por uma longa tradição (por intermédio de Aldrovandi, Gessner, Vincent de Beauvais e do famoso *Physiologus*); sua formulação já se encontra em Plínio, que a *Introdução à vida devota* segue bem de perto: "É por pudor que os elefantes só se acasalam em segredo... A fêmea só se deixa cobrir a cada dois anos e, como se diz, durante cinco dias de cada ano, não mais; no sexto dia eles se banham no rio, e só se reúnem à manada após o banho. Eles não conhecem o adultério..."[5] Plínio não pretendia, certamente, propor um esquema tão explicitamente didático como o de são Francisco de Sales; entretanto, referia-se a um modelo de conduta visivelmente valorizado. Isso não significa que a fidelidade recíproca dos cônjuges tenha sido um imperativo geralmente recebido e aceito pelos gregos e pelos romanos. Mas ela constituía um ensinamento dado com insistência em certas correntes filosóficas, como no estoicismo tardio; constituía também um comportamento apreciado como manifestação de virtude, de firmeza da alma e de domínio de si. Louvava-se Catão, o Jovem, que, na idade em que decidiu se casar, não havia tido ainda relação com mulher alguma, e, melhor ainda, Lelius, que "em toda a sua longa vida só se aproximou de uma mulher, a primeira e única com quem se casou".[6] Poder-se-ia voltar ainda mais longe na definição desse modelo de conjugalidade recíproca e fiel. Nicocles, no discurso que lhe atribui Isócrates, mostra toda a importância moral e política que ele dá ao fato de "não ter tido, a partir de seu casamento, relação sexual com outra pessoa a não ser sua mulher".[7] E na sua cidade ideal, Aristóteles quer que seja considerada como "ação desonrosa" (e isso de "maneira absoluta e sem exceção") a relação do marido com uma outra mulher ou da esposa com um outro homem.[8] A "fidelidade" sexual do marido com relação à sua esposa legítima não era exigida pelas leis nem pelos costumes; não deixava de ser, contudo, uma questão que se colocava e uma forma de austeridade a que certos moralistas conferiam grande valor.

3. *Uma imagem*

Nos textos do século XIX existe um perfil-tipo do homossexual ou do invertido: seus gestos, sua postura, a maneira pela qual ele se enfeita, seu coquetismo, como também a forma e as expressões de seu rosto, sua anatomia, a morfologia feminina de todo o seu corpo fazem, regularmente, parte dessa descrição desqualificadora; a qual se refere, ao mesmo tempo, ao tema de uma inversão dos papéis sexuais e ao princípio de um estigma natural dessa ofensa à natureza; seria de acreditar-se, diziam, que "a própria natureza se fez cúmplice da mentira sexual".[9] Dever-se-ia, sem dúvida, estabelecer a longa história dessa imagem (à qual puderam corresponder comportamentos efetivos, através de um complexo jogo de indução e desafio). Ler-se-ia, na intensidade tão vivamente negativa desse estereótipo, a dificuldade secular, em nossas sociedades, para integrar os dois fenômenos, aliás, diferentes, que são a inversão dos papéis sexuais e a relação entre indivíduos do mesmo sexo. Ora, essa imagem, com a aura repulsiva que a envolve, percorreu séculos; ela já estava muito nitidamente delineada na literatura greco-romana da época imperial. Encontra-se no perfil do *Effeminatus* traçado pelo autor de uma *Physiognomonis* anônima do século IV; na descrição dos padres de Atargatis, dos quais zomba Apuleu nas *Metamorfoses*;[10] na simbolização que Dion de Prusa propõe do *daimōn* da intemperança, numa de suas conferências sobre a monarquia;[11] na evocação fugaz dos pequenos retóricos, todos perfumados e encaracolados, que Epiteto interpela no fundo de sua sala e aos quais pergunta se são homens ou mulheres.[12] Poder-se-ia ver essa imagem também no retrato da juventude decadente tal como a vê Sêneca, o Retórico, com grande repugnância, ao seu redor: "A paixão doentia de cantar e dançar enche a alma de nossos efeminados; ondular os cabelos, tornar a voz suficientemente tênue para igualar a carícia das vozes femininas, rivalizar com as mulheres através da lassidão de atitudes, estudar-se em perquirições muito obscenas, eis o ideal de nossos adolescentes... Enfraquecidos e enervados desde o nascimento, eles assim permanecem, sempre prontos a atacar o pudor dos outros sem se ocupar com o próprio."[13] Porém esse perfil, com seus traços essenciais, é ainda mais antigo. O primeiro discurso de Sócrates no *Fedro* a ele faz alusão quando repreende o amor que se tem aos rapazes flácidos, educados na delicadeza da sombra, ornados de maquilagens e adereços.[14] É também com esses traços que Ágaton aparece nas *Tesmoforias* — tez pálida, faces escanhoadas, voz de mulher, roupas de açafrão, redes —, a ponto de o seu interlocutor se perguntar se na verdade ele está na presença de um homem ou de uma mulher.[15] Seria inexato ver aí uma condenação do amor pelos rapazes ou daquilo que, em geral, chamamos de relações homossexuais; entretanto, é necessário reconhecer aí o efeito de apreciações fortemente negativas a propósito de certos aspectos possíveis da relação entre homens, assim como uma viva repugnância a respeito de tudo o que pudesse marcar uma renúncia voluntária aos prestígios e às marcas do papel viril. O domínio dos amores masculinos pôde muito bem ser "livre" na Antiguidade grega, em todo caso bem mais do que o foi nas sociedades europeias modernas; não resta dúvida, entretanto, que bem cedo se vê marcar intensas reações negativas e formas de desqualificação que se prolongarão por muito tempo.

4. *Um modelo de abstenção*

O herói virtuoso que é capaz de se desviar do prazer, como uma tentação na qual ele sabe não cair, é uma figura familiar ao cristianismo, como foi corrente a ideia de que essa renúncia é capaz de dar acesso a uma experiência espiritual da verdade e do amor, a qual seria excluída pela atividade sexual. Mas é igualmente conhecida da Antiguidade pagã a figura desses atletas da temperança que são suficientemente senhores de si e de suas concupiscências para renunciar ao prazer sexual. Bem antes disso, a Grécia conheceu e honrou modelos como o de Apolônio de Tiana, um taumaturgo, que certa vez fez voto de castidade e que, por toda a vida, nunca mais teve relações sexuais.[16] Para alguns, essa extrema virtude era a marca visível do domínio que exerciam sobre eles próprios e, portanto, do poder que eram dignos de assumir sobre os outros: assim, Agésilas de Xenofonte não somente "não tocava naqueles que não lhe inspiravam desejo", como também até renunciava a beijar o rapaz a quem amava; e tomava cuidado para só alojar-se nos templos ou nos lugares visíveis "para que todos pudessem ser testemunhas de sua temperança".[17] Porém, para outros essa abstenção estava ligada diretamente a uma forma de sabedoria que os colocava imediatamente em contato com algum elemento superior à natureza humana, e que lhes dava acesso ao próprio ser da verdade: tal era o caso do Sócrates do *Banquete* do qual todos queriam se aproximar, do qual todos se enamoravam, de cuja sabedoria todos buscavam se apropriar — sabedoria essa que se manifestava e se experimentava, justamente, pelo fato de que ele próprio era capaz de não tocar na beleza provocadora de Alcebíades.[18] A temática de uma relação entre a abstinência sexual e o acesso à verdade já estava fortemente marcada.

Entretanto, é preciso não esperar demasiado dessas referências. Não se poderia delas inferir que a moral sexual do cristianismo e a do paganismo formem continuidade. Diversos temas, princípios e noções podem perfeitamente se encontrar num e noutro; não possuem, no entanto, o mesmo lugar e o mesmo valor em ambos. Sócrates não é um padre do deserto lutando contra a tentação, e Nicocles não é nenhum marido cristão; o riso de Aristófanes diante de Ágaton travestido tem muito pouco a ver com a desqualificação do invertido que mais tarde se encontrará no discurso médico. Além disso, é preciso ter em mente que a Igreja e a pastoral cristã fizeram valer o princípio de uma moral cujos preceitos eram constritivos e cujo alcance era universal (o que não excluía as diferenças de prescrição relativas ao *status* dos indivíduos nem a existência de movimentos ascéticos com suas próprias aspirações). Em compensação, no pensamento antigo, as exigências de austeridade não eram organizadas numa moral unificada, coerente, autoritária e imposta a todos da mesma maneira; elas eram, antes de mais nada, um suplemento, como que um "luxo" em relação à moral aceita correntemente; além disso, elas se apresentavam em "focos dispersos": e estes tinham origem em diferentes movimentos filosóficos ou religiosos: e encontravam seu meio de desenvolvimento em múltiplos grupos; e propunham, mais do que impunham, estilos de moderação ou de rigor, cada qual com sua fisionomia particular: a austeridade pitagórica não era a dos estoicos, que, por sua vez, era bem diferente daquela recomendada por Epicuro. É preciso não concluir dessas poucas aproximações que puderam ser esboçadas que a moral cristã do sexo estava, de certa forma, "pré-formada" no pensamento antigo; deve-se, antes, considerar que, bem cedo, na reflexão moral da Antiguidade, formou-se uma temática — uma "quadritemática" — da austeridade sexual em torno e a propósito da vida do corpo, da instituição do casamento, das relações entre homens e da existência de sabedoria. E essa temática, por meio de instituições, de conjuntos de preceitos, de referências teóricas extremamente diversas e a despeito de muitos remanejamentos, guardou, através do tempo, uma certa constância: como se houvesse, desde a Antiguidade, quatro pontos de problematização a partir dos quais se reformulava, de maneira incessante — e segundo esquemas frequentemente diferentes —, o cuidado com a austeridade sexual.

Ora, é preciso notar que esses temas de austeridade não coincidiam com as delimitações que as grandes interdições sociais, civis ou religiosas, podiam traçar. Poder-se-ia pensar, com efeito, que lá onde as proibições são mais fundamentais, lá onde as obrigações são mais coercitivas é que, de forma geral, as morais desenvolvem as mais insistentes exigências de austeridade: o caso pode se produzir; e a história do cristianismo ou da Europa moderna, sem dúvida, dariam exemplos disso.[19] Entretanto, parece que tal não foi o caso na Antiguidade. Em primeiro lugar, isso aparece muito claramente na dissimetria bem particular a toda essa reflexão moral sobre o comportamento sexual: as mulheres são adstritas, em geral (salvo a liberdade que um *status*, como o de cortesã, pode lhes dar), a obrigações extremamente estritas; contudo, não é às mulheres que essa moral é endereçada; não são seus deveres, nem suas obrigações, que aí são lembrados, justificados ou desenvolvidos. Trata-se de uma moral de homens: uma moral pensada, escrita, ensinada por homens e endereçada a homens, evidentemente livres. Como consequência, uma moral viril em que as mulheres só aparecem a título de objetos ou no máximo como parceiras às quais convém formar, educar e vigiar, quando as tem sob seu poder, e das quais, ao contrário, é preciso abster-se quando estão sob o poder de um outro (pai, marido, tutor). Aí está, sem dúvida, um dos pontos mais notáveis dessa reflexão moral: ela não tenta definir um campo de conduta e um domínio de regras válidas — segundo as modulações necessárias — para os dois sexos; ela é uma elaboração da conduta masculina feita do ponto de vista dos homens e para dar forma à sua conduta.

Melhor ainda: essa reflexão moral não se dirige aos homens com referência a condutas que poderiam dizer respeito a algumas interdições reconhecidas por todos e solenemente lembradas nos códigos, costumes ou prescrições religiosas. Ela se dirige a eles a respeito das condutas em que, justamente, eles devem fazer uso de seu direito, de seu poder, de sua autoridade e de sua liberdade: nas práticas dos prazeres que não são condenados, numa vida de casamento em que, no exercício de um poder marital, nenhuma regra nem costume impede o homem de ter relações sexuais extraconjugais, em relações com os rapazes que, pelo menos dentro de certos limites, são admitidas, correntes e até mesmo valorizadas. É preciso entender esses temas da austeridade sexual não como uma tradução ou um comentário de proibições profundas e essenciais, mas como elaboração e estilização de uma atividade no exercício de seu poder e na prática de sua liberdade.

O que não quer dizer que essa temática da austeridade sexual não represente algo mais do que um refinamento sem consequência e uma especulação sem vínculo com qualquer preocupação precisa. Ao contrário, é fácil ver que cada uma dessas grandes figuras da austeridade sexual se relaciona com um eixo da experiência e com um feixe de relações concretas: relações com o corpo, com a questão da saúde e, por trás dessa questão, todo o jogo da vida e da morte; relação com o outro sexo, com a questão da esposa como parceira privilegiada, no jogo entre a instituição familiar e o vínculo que ela cria; relação com o seu próprio sexo, com a questão dos parceiros que nele se pode escolher, e o problema do ajustamento entre papéis sociais e papéis sexuais; finalmente, relação com a verdade, onde se coloca a questão das condições espirituais que permitem ter acesso à sabedoria.

Pareceu-me, assim, que haveria que operar todo um recentramento. Em vez de buscar as interdições de base que se escondem ou se manifestam nas exigências da austeridade sexual, era preciso pesquisar a partir de quais regiões da experiência, e sob que formas, o comportamento sexual foi problematizado, tornando-se objeto de cuidado, elemento para reflexão, matéria para estilização. Mais precisamente, era preciso perguntar-se por que justamente os quatro grandes domínios de relações onde parecia que o homem livre, nas sociedades antigas, teria podido desenvolver sua atividade sem encontrar maiores proibições foram objeto de uma problematização intensa da prática sexual. Por que foi aí, a propósito do corpo, da esposa, dos rapazes e da verdade, que a prática dos prazeres foi questionada? Por que a interferência da atividade sexual nessas relações tornou-se objeto de inquietação, de debate e de reflexão? Por que esses eixos da experiência cotidiana deram lugar a um pensamento que buscava a rarefação do comportamento sexual, sua moderação, sua conformação e a definição de um estilo austero na prática dos prazeres? De que maneira o comportamento sexual, na medida em que implicava esses diferentes tipos de relação, foi objeto de reflexão como domínio de experiência moral?

3 – Moral e prática de si

A fim de responder a essa questão é necessário introduzir algumas considerações de método; ou, mais precisamente, convém se interrogar sobre o objeto proposto quando se empreende o estudo das formas e transformações de uma "moral".

Conhece-se a ambiguidade dessa palavra. Por "moral" entende-se um conjunto de valores e regras de ação proposto aos indivíduos e aos grupos por intermédio de aparelhos prescritivos diversos, como podem ser a família, as instituições educativas, as Igrejas etc. Acontece de essas regras e valores serem bem explicitamente formulados numa doutrina coerente e num ensinamento explícito. Mas acontece também de elas serem transmitidas de maneira difusa e, longe de formarem um conjunto sistemático, constituírem um jogo complexo de elementos que se compensam, se corrigem, se anulam em certos pontos, permitindo, assim, compromissos ou escapatórias. Com essas reservas pode-se chamar "código moral" esse conjunto prescritivo. Porém por "moral" entende-se igualmente o comportamento real dos indivíduos em relação aos valores e regras que lhes são propostos: designa-se, assim, a maneira pela qual eles se submetem mais ou menos completamente a um princípio de conduta; pela qual eles obedecem ou resistem a uma interdição ou a uma prescrição; pela qual eles respeitam ou negligenciam um conjunto de valores; o estudo desse aspecto da moral deve determinar de que maneira, e com que margens de variação ou de transgressão, os indivíduos ou os grupos se conduzem em referência a um sistema prescritivo que é explícita ou implicitamente dado em sua cultura, e do qual eles têm uma consciência mais ou menos clara. Chamemos a esse nível de fenômenos a "moralidade dos comportamentos".

Mas não é só isso. Com efeito, uma coisa é uma regra de conduta; outra, a conduta que se pode medir a essa regra. Mas outra coisa ainda é a maneira pela qual é necessário "conduzir-se" — isto é, a maneira pela qual se deve constituir a si mesmo como sujeito moral, agindo em referência aos elementos prescritivos que constituem o código. Dado um código de ação, e para um determinado tipo de ações (que se pode definir por seu grau de conformidade ou de divergência em relação a esse código), existem diferentes maneiras de "se conduzir" moralmente, diferentes maneiras, para o indivíduo que age, de operar não simplesmente como agente, mas sim como sujeito moral dessa ação. Seja um código de prescrições sexuais que determina para os dois cônjuges uma fidelidade conjugal estrita e simétrica, assim como a permanência de uma vontade procriadora; mesmo nesse quadro tão rigoroso, haverá várias maneiras de praticar essa austeridade, de "ser fiel". Essas diferenças podem dizer respeito a vários pontos.

Elas concernem ao que se poderia chamar *determinação da substância ética*, isto é, a maneira pela qual o indivíduo deve constituir tal parte dele mesmo como matéria principal de sua conduta moral. Assim, pode-se ter como essencial da prática de fidelidade o estrito respeito das interdições e das obrigações nos próprios atos que se realizam. Mas pode-se também ter como essencial da fidelidade o domínio dos desejos, o combate obstinado que se tem contra eles, a força com a qual se sabe resistir às tentações: o que constitui, então, o conteúdo da fidelidade é essa vigilância e essa luta; os movimentos contraditórios da alma, muito mais que os próprios atos em sua efetivação, é que serão, nessas condições, a matéria da prática moral. Pode-se, ainda, ter como essencial da prática de fidelidade a intensidade, a continuidade, a reciprocidade dos sentimentos que se experimenta pelo cônjuge e a qualidade da relação que liga, em permanência, os dois esposos.

As diferenças podem, assim, dizer respeito ao *modo de sujeição*, isto é, à maneira pela qual o indivíduo estabelece sua relação com essa regra e se reconhece como ligado à obrigação de pô-la em prática. Pode-se, por exemplo, praticar a fidelidade conjugal e se submeter ao preceito que a impõe por reconhecer-se como parte do grupo social que a aceita, e que a proclama abertamente, e que dela conserva o hábito silencioso; porém, pode-se também praticá-la por considerar-se herdeiro de uma tradição espiritual a qual se tem a responsabilidade de preservar ou de fazer reviver; como também se pode exercer essa fidelidade respondendo a um apelo, propondo-se como exemplo ou buscando dar à vida pessoal uma forma que corresponda a critérios de esplendor, beleza, nobreza ou perfeição.

Existem também diferenças possíveis nas formas da *elaboração* do *trabalho ético* que se efetua sobre si mesmo, não somente para tornar seu próprio comportamento conforme a uma regra dada, mas também para tentar transformar a si mesmo em sujeito moral de sua própria conduta. Dessa forma, a austeridade sexual pode ser praticada por meio de um longo trabalho de aprendizagem, de memorização, de assimilação de um conjunto sistemático de preceitos e através de um controle regular da conduta, destinado a medir a exatidão com que se aplicam essas regras; pode-se praticá-la sob a forma de uma renúncia brusca, global e definitiva aos prazeres; como também sob a forma de um combate permanente, cujas peripécias — até os fracassos passageiros — podem ter sentido e valor; ela pode também ser exercida por meio de uma decifração tão cuidada, permanente e detalhada quanto possível, dos movimentos do desejo, sob todas as formas, mesmo aquelas mais obscuras sob as quais ele se oculta.

Finalmente, outras diferenças dizem respeito ao que se poderia chamar *teleologia* do sujeito moral: pois uma ação não é moral somente em si mesma e na sua singularidade; ela o é também por sua inserção e pelo lugar que ocupa no conjunto de uma conduta; ela é um elemento e um aspecto dessa conduta, e marca uma etapa em sua duração e um progresso eventual em sua continuidade. Uma ação moral tende à sua própria realização; além disso, ela visa, através dessa realização, à constituição de uma conduta moral que leva o indivíduo não simplesmente a ações sempre conformes aos valores e às regras, mas também a um certo modo de ser característico do sujeito moral. E existem muitas diferenças possíveis nesse ponto: a fidelidade conjugal pode dizer respeito a uma conduta moral que leva a um domínio de si cada vez mais completo; ela pode ser uma conduta moral que manifesta um distanciamento repentino e radical a respeito do mundo; ela pode tender a uma tranquilidade perfeita da alma, a uma total insensibilidade às agitações das paixões, ou a uma purificação que assegura a salvação após a morte e a imortalidade bem-aventurada.

Em suma, para ser dita "moral" uma ação não deve se reduzir a um ato ou a uma série de atos conformes a uma regra, lei ou valor. É verdade que toda ação moral comporta uma relação ao real em que se efetua, e uma relação ao código a que se refere; mas ela implica também uma certa relação a si; essa relação não é simplesmente "consciência de si", mas constituição de si enquanto "sujeito moral", na qual o indivíduo circunscreve a parte dele mesmo que constitui o objeto dessa prática moral, define sua posição em relação ao preceito que respeita, estabelece para si um certo modo de ser que valerá como realização moral dele mesmo; e, para tal, age sobre si mesmo, procura conhecer-se, controla-se, põe-se à prova, aperfeiçoa-se, transforma-se. Não existe ação moral particular que não se refira à unidade de uma conduta moral; nem conduta moral que não implique a constituição de si mesmo como sujeito moral; nem tampouco constituição do sujeito moral sem "modos de subjetivação", sem uma "ascética" ou sem "práticas de si" que as apoiem. A ação moral é indissociável dessas formas de atividades sobre si, formas essas que não são menos diferentes de uma moral a outra do que os sistemas de valores, de regras e de interdições.

Essas distinções não devem ter somente efeitos teóricos. Elas têm também suas consequências para a análise histórica. Quem quiser fazer a história de uma "moral" deve levar em conta diferentes realidades que essa palavra engloba. História das "moralidades": aquela que estuda em que medida as ações de tais indivíduos ou tais grupos são conformes ou não às regras e aos valores que são propostos por diferentes instâncias. História dos "códigos", a que analisa os diferentes sistemas de regras e valores que vigoram numa determinada sociedade ou num grupo dado, as instâncias ou aparelhos de coerção que lhes dão vigência, e as formas tomadas por sua multiplicidade, suas divergências ou suas contradições. E, finalmente, história da maneira pela qual os indivíduos são chamados a se constituir como sujeitos de conduta moral: essa história será aquela dos modelos propostos para a instauração e o desenvolvimento das relações para consigo, para a reflexão sobre si, para o conhecimento, o exame, a decifração de si por si mesmo, as transformações que procura efetuar sobre si. Eis aí o que se poderia chamar uma história da "ética" e da "ascética", entendida como história das formas da subjetivação moral e das práticas de si destinadas a assegurá-la.

Se de fato for verdade que toda "moral", no sentido amplo, comporta os dois aspectos que acabo de indicar, ou seja, o dos códigos de comportamento e os das formas de subjetivação; se for verdade que eles jamais podem estar inteiramente dissociados, mas que acontece de eles se desenvolverem, tanto um quanto o outro, numa relativa autonomia, é necessário também admitir que em certas morais a importância é dada sobretudo ao código, à sua sistematicidade e riqueza, à sua capacidade de ajustar-se a todos os casos possíveis, e a cobrir todos os campos de comportamento; em tais morais a importância deve ser procurada do lado das instâncias de autoridade que fazem valer esse código, que o impõem à aprendizagem e à observação, que sancionam as infrações; nessas condições, a subjetivação se efetua, no essencial, de uma forma quase jurídica, em que o sujeito moral se refere a uma lei ou a um conjunto de leis às quais ele deve se submeter sob pena de incorrer em faltas que o expõem a um castigo. Seria totalmente inexato reduzir a moral cristã — dever-se-ia, sem dúvida, dizer "as morais cristãs" — a um tal modelo; talvez não seja falso pensar que a organização do sistema penitencial no início do século XIII e seu desenvolvimento até as vésperas da Reforma provocaram uma fortíssima "juridificação" — no sentido estrito, uma fortíssima "codificação" — da experiência moral: foi contra ela que reagiram muitos movimentos espirituais e ascéticos que se desenvolveram antes da Reforma.

Em compensação, pode-se muito bem conceber morais cujo elemento forte e dinâmico deve ser procurado do lado das formas de subjetivação e das práticas de si. Nesse caso, o sistema dos códigos e das regras de comportamento pode ser bem rudimentar. Sua observação exata pode ser relativamente pouco relevante, pelo menos comparada ao que se exige do indivíduo para que, na relação que tem consigo, em suas diferentes ações, pensamentos ou sentimentos, ele se constitua como sujeito moral; a ênfase é dada, então, às formas das relações consigo, aos procedimentos e às técnicas pelas quais são elaboradas, aos exercícios pelos quais o próprio sujeito se dá como objeto a conhecer, e às práticas que permitam transformar seu próprio modo de ser. Essas morais "orientadas para a ética" (e que não coincidem, forçosamente, com as morais daquilo que se chama renúncia ascética) foram muito importantes no cristianismo ao lado das morais "orientadas para o código": entre elas houve justaposições, por vezes rivalidades e conflitos, e por vezes composição.

Ora, parece, pelo menos numa primeira abordagem, que as reflexões morais na Antiguidade grega ou greco-romana foram muito mais orientadas para as práticas de si, e para a questão da *askēsis*, do que para as codificações de condutas e para a definição estrita do permitido e do proibido. Se excetuarmos a *República* e as *Leis*, encontraremos muito poucas referências ao princípio de um código que definiria, no varejo, a conduta conveniente, à necessidade de uma instância encarregada de vigiar sua aplicação, à possibilidade de castigos que sancionariam as infrações cometidas. Mesmo se a necessidade de respeitar a lei e os costumes — os *nomoi* — é frequentemente sublinhada, o importante está menos no conteúdo da lei e nas suas condições de aplicação do que na atitude que faz com que elas sejam respeitadas. A ênfase é colocada na relação consigo que permite não se deixar levar pelos apetites e pelos prazeres, que permite ter, em relação a eles, domínio e superioridade, manter seus sentidos num estado de tranquilidade, permanecer livre de qualquer escravidão interna das paixões e atingir um modo de ser que pode ser definido pelo pleno gozo de si ou pela soberania de si sobre si mesmo.

Daí a opção de método que fiz ao longo desse estudo sobre as morais sexuais da Antiguidade pagã e cristã: manter em mente a distinção entre os elementos de código de uma moral e os elementos de ascese; não esquecer sua coexistência, suas relações, sua relativa autonomia, nem suas diferenças possíveis de ênfase; levar em conta tudo o que parece indicar, nessas morais, o privilégio das práticas de si, o interesse que elas podiam ter, o esforço que era feito para desenvolvê-las, aperfeiçoá-las e ensiná-las, o debate que se realizava a seu respeito. De tal modo que teríamos de transformar, assim, a questão tão frequentemente colocada a propósito da continuidade (ou da ruptura) entre as morais filosóficas da Antiguidade e a moral cristã; em vez de perguntar quais são os elementos de código que o cristianismo pôde tomar emprestado ao pensamento antigo, e quais são os que acrescentou por sua própria conta, a fim de definir o que é permitido e o que é proibido na ordem de uma sexualidade supostamente constante, conviria perguntar de que maneira, na continuidade, transferência ou modificação dos códigos, as formas da relação para consigo (e as práticas de si que lhes são associadas) foram definidas, modificadas, reelaboradas e diversificadas.

Não se supõe que os códigos não tenham importância nem que permaneçam constantes. Entretanto, pode-se observar que, no final das contas, eles giram em torno de alguns princípios bastante simples e pouco numerosos: talvez os homens não inventem muito mais na ordem das proibições do que na dos prazeres. Sua permanência também é grande: a proliferação sensível das codificações (que dizem respeito aos lugares, parceiros, e gestos permitidos ou proibidos) se produzirá bem mais tarde no cristianismo. Em compensação, parece — em todo caso é a hipótese que gostaria de explorar aqui — haver todo um campo de historicidade complexa e rica na maneira pela qual o indivíduo é chamado a se reconhecer como sujeito moral da conduta sexual. Tratar-se-ia de ver de que maneira, a partir do pensamento grego clássico até a constituição da doutrina e da pastoral cristã da carne, essa subjetivação se definiu e se transformou.

Neste volume gostaria de marcar alguns traços gerais que caracterizam a maneira pela qual o comportamento sexual foi refletido, pelo pensamento grego clássico, como campo de apreciação e de escolhas morais. Partirei da noção, então corrente, de "uso dos prazeres" — *chrèsis aphrodisiōn* — para distinguir os modos de subjetivação aos quais ela se refere: substância ética, tipos de sujeição, formas de elaboração de si e de teleologia moral. Em seguida, partindo cada vez de uma prática que, na cultura grega, tinha sua existência, seu *status* e suas regras (a prática do regime de saúde, a da gestão da casa e da corte amorosa), estudarei a maneira pela qual o pensamento médico e filosófico elaborou esse "uso dos prazeres" e formulou alguns temas de austeridade que se tornariam recorrentes sobre quatro grandes eixos da experiência: a relação com o corpo, a relação com a esposa, a relação com os rapazes e a relação com a verdade.

Notas

1. Não sou helenista nem latinista. Mas me pareceu que, com bastante cuidado, paciência, modéstia e atenção, era possível adquirir familiaridade suficiente com os textos da Antiguidade grega e romana: quero dizer essa familiaridade que permita, de acordo com uma prática sem dúvida constitutiva da filosofia ocidental, interrogar, ao mesmo tempo, a diferença que nos mantém à distância de um pensamento em que reconhecemos a origem do nosso, e a proximidade que permanece a despeito desse distanciamento que nós aprofundamos sem cessar.
2. Não seria exato acreditar-se que, desde Burckhardt, o estudo dessas artes e dessa estética da existência foi completamente negligenciado. Podemos pensar no estudo de Benjamin sobre Baudelaire. Pode-se encontrar, também, uma análise interessante no recente livro de S. GREENBLATT, *Renaissance Self-fashioning*, 1980.
3. ARETÉE, *Des Signes et de la cure de maladies chroniques*, II, 5. Na tradução francesa, L. Renaud (1834) comenta essa passagem da seguinte maneira (p. 163): "A gonorreia da qual se fala aqui difere essencialmente da doença que tem esse nome hoje em dia, que é chamada, com mais razão, blenorragia... A gonorreia simples ou verdadeira, da qual Areteu fala aqui é caracterizada por um fluxo, involuntário e fora do coito, do humor espermático e misturado com humor prostático. Essa doença vergonhosa é frequentemente excitada pela masturbação e é sua consequência." A tradução modifica um pouco o sentido do texto grego que se pode encontrar no *Corpus Medicorum Graecorum*.
4. FRANÇOIS DE SALES. *Introduction à la vie dévote*, III, 39.

5. PLINE, *Histoire naturelle*, VIII, 5, 13.
6. PLUTARQUE, *Vie de Caton*, VII.
7. ISOCRATE, *Nicoclès*, 36.
8. ARISTOTE, *Politique*, VII, 16, 1 335 b.
9. H. DAUVERGNE, *Les Forçats*, 1841, p. 289.
10. APULÉE, *Metamorphoses*, VIII, 26 e ss.
11. DION DE PRUSE, *Discours*, IV, 101-115.
12. EPICTÈTE, Entretiens, III, 1.
13. SÉNÈQUE LE RHÉTEUR, *Controverses*, I, Prefácio, 8.
14. PLATON, *Phèdre*, 239 c-d.
15. ARISTOFHANE, *Thesmophories*, v. 130 sq.
16. PHILOSTRATE, *Vie d'Apollonius de Tyane*, I, 13.
17. XÉNOPHON, *Agésilas*, 6.
18. PLATON, *Banquet*, 217 a-219 e.
19. Pode-se pensar que o desenvolvimento de uma moral das relações do casamento e, mais precisamente, das reflexões sobre o comportamento sexual dos esposos na relação conjugal (que assumiram tão grande importância na pastoral cristã) é uma consequência da instauração, aliás lenta, tardia e difícil, do modelo cristão do casamento no decorrer da Alta Idade Média (cf. G. DUBY, *Le Chevalier, la femme et le prêtre*, 1981).

I

A problematização moral dos prazeres

Teríamos muita dificuldade em encontrar nos gregos (como, aliás, nos latinos) uma noção semelhante à de "sexualidade" e à de "carne". Quero dizer: uma noção que se refira: a uma entidade única e que permita agrupar, como sendo da mesma natureza, derivando de uma mesma origem ou fazendo intervir o mesmo tipo de causalidade, fenômenos diversos e aparentemente afastados uns dos outros: comportamentos como também sensações, imagens, desejos, instintos e paixões.[1]

É evidente que os gregos dispõem de uma série de palavras para designar diferentes gestos ou atos que nós chamamos "sexuais". Eles dispõem de um vocabulário para designar práticas precisas; possuem termos mais vagos que se referem, de forma geral, ao que chamamos "relação", "conjunção" ou "relações sexuais": *como sunousia, homilia, plēsiasmos, mixis, ocheia*. Porém a categoria geral sob a qual todos esses gestos, atos e práticas são subsumidos é muito mais difícil de apreender. Os gregos utilizam facilmente um adjetivo substantivado: *ta aphrodisia*,[2] que os latinos traduzem aproximadamente por *venerea*. *"Choses"* ou *"plaisirs de l'amour"*, *"rapports sexuels"*, *"actes de la chair"*, *"voluptés"*,*

* "Coisas" ou "prazeres do amor", "relações sexuais", "atos da carne", "volúpias". [*N. T.*]

tenta-se tanto quanto possível dar a esse termo um equivalente em francês. Mas a diferença entre os conjuntos nocionais torna difícil a tradução exata do termo. Nossa ideia de "sexualidade" não apenas cobre um campo muito mais amplo, como visa também a uma realidade de outro tipo: e possui, em nossa moral e em nosso saber, funções inteiramente diversas. Em troca, não dispomos, de nossa parte, de uma noção que opere um recorte e que reúna um conjunto análogo ao dos *aphrodisia*. Perdoem-me se, mais de uma vez, deixo o termo grego em sua forma original.

Não pretendo neste capítulo fazer uma exposição exaustiva, nem mesmo um resumo sistemático das diferentes doutrinas filosóficas ou médicas que, do século V ao início do século III, se referiram ao prazer em geral e aos prazeres sexuais em particular. Como preliminar ao estudo dos quatro tipos principais de estilização da conduta sexual desenvolvidos na *Dietética*, a propósito do corpo, na *Econômica*, a propósito do casamento, na *Erótica*, a propósito dos rapazes, e na *Filosofia*, a propósito da verdade, minha intenção é somente distinguir alguns traços gerais que lhes serviram de quadro de referência porque eram comuns às diferentes reflexões sobre os *aphrodisia*. Pode-se muito bem admitir a tese corrente de que os gregos dessa época aceitavam muito mais facilmente que os cristãos da Idade Média, ou que os europeus do período moderno, certos comportamentos sexuais: pode-se muito bem admitir, igualmente, que as faltas e as más condutas nesse campo suscitavam, então, menos escândalo, e expunham a menos retorsão, tanto mais que nenhuma instituição — pastoral ou médica — pretendia determinar o que, nessa ordem de coisas, é permitido ou proibido, normal ou anormal: pode-se também admitir que eles atribuíam a todas essas questões muito menos importância que nós. Entretanto, mesmo que tudo isso seja admitido ou suposto, um ponto permanece irredutível: eles se preocuparam, não obstante, com essas questões. Existiram pensadores, moralistas, filósofos e médicos para estimar que o que as leis da cidade prescreviam ou interditavam, o que o costume geral tolerava ou refutava, não podia ser suficiente para regular devidamente a conduta sexual de um homem cuidadoso de si: eles reconheciam, na maneira de ter essa espécie de prazer, um problema moral.

O que gostaria de determinar nessas poucas páginas são, justamente, os aspectos gerais com que se preocuparam, a forma geral da interrogação moral que colocaram a propósito dos *aphrodisia*. Para isso, recorrerei a textos bem diferentes uns dos outros — essencialmente os de Xenofonte, Platão e Aristóteles: e não tentarei restituir o "contexto doutrinário" que pode dar a cada um seu sentido particular e seu valor diferencial, mas sim o "campo de problematização" que lhes foi comum e que os tornou possíveis. Trataremos de fazer surgir, em seus caracteres gerais, a constituição dos *aphrodisia* como campo de cuidado moral. Focalizarei quatro noções que frequentemente se encontram na reflexão sobre a moral sexual: a noção de *aphrodisia*, através da qual pode-se apreender o que, no comportamento sexual, era reconhecido como "substância ética"; a de "uso" de *chrēsis*, que permite aprender o tipo de sujeição ao qual a prática desses prazeres deveria submeter-se para ser moralmente valorizada; a noção de *enkrateia*, de domínio que define a atitude que se deve ter a respeito de si mesmo para constituir-se como sujeito moral; e, finalmente, a de "temperança", de "sabedoria" de *sōphrosunē*, que caracteriza o sujeito moral, em sua realização. Assim se poderá circunscrever o que estrutura a experiência moral dos prazeres sexuais — sua ontologia, sua deontologia, sua ascética e sua teleologia.

1 – *Aphrodisia*

O Suda propõe a seguinte definição que Hesíquio repetirá: os *aphrodisia* são "as obras", "os atos de Afrodite" — *erga Aphroditēs*. Sem dúvida, é necessário não esperar nesse gênero de obra um esforço de conceituação muito rigorosa. Entretanto, é um fato que os gregos não deram testemunho no seu pensamento histórico, nem na sua reflexão prática, de um cuidado insistente em delimitar o que eles entendiam, exatamente, pelos *aphrodisia* — quer se tratasse de fixar a natureza da coisa designada, de delimitar a extensão de seu campo ou de estabelecer o catálogo de seus elementos. Em todo caso, nada que se assemelhasse às longas listas de atos possíveis que serão encontrados nos penitenciais, nos manuais de confissão ou nos livros de psicopatologia; nenhum quadro que sirva para definir o legítimo, o permitido ou o normal, e a descrever a vasta família dos gestos proibidos. Nada, também, que se assemelhe ao cuidado — tão característico da questão da carne ou da sexualidade — em revelar sob o inofensivo ou o inocente a presença insidiosa de uma potência de limites incertos e múltiplas máscaras. Nem classificação nem decifração. Serão fixadas com esmero qual a melhor idade para se casar e ter filhos e em que estações as relações sexuais devem ser praticadas;

nunca se dirá, como um diretor cristão, que gesto fazer ou evitar, que carícias preliminares são permitidas, que posição tomar, ou em quais condições pode-se interromper o ato. Para aqueles que não eram suficientemente armados, Sócrates recomendava fugir da vista de um belo rapaz, mesmo se para isso fosse necessário exilar-se por um ano;[3] e o *Fedro* evocava a longa luta do amante contra seu próprio desejo: mas em nenhum lugar são expressas, como serão na espiritualidade cristã, as precauções necessárias a fim de impedir que o desejo se introduza sub-repticiamente na alma, ou a fim de desalojar seus vestígios secretos. E o que talvez seja mais estranho: os médicos que propõem, um tanto detalhadamente, os elementos do regime dos *aphrodisia* são praticamente mudos quanto às formas que os próprios atos possam tomar; eles dizem muito pouco fora algumas referências quanto à posição "natural" — sobre o que é conforme ou contrário à vontade da natureza.

Pudor? Talvez: pois embora se possa muito bem atribuir aos gregos uma grande liberdade de costumes, contudo a representação dos atos sexuais que eles mostram em obras escritas — e mesmo na literatura Erótica — parece ser marcada por uma grande reserva:[4] e isso contrariamente aos espetáculos que eles se davam ou às representações iconográficas que puderam ser encontradas.[5] De qualquer forma, sente-se claramente que Xenofonte, Aristóteles e, posteriormente, Plutarco não teriam achado decente dar, a propósito das relações sexuais com a esposa legítima, os conselhos suspeitosos e aplicados que os autores cristãos prodigalizaram a propósito dos prazeres conjugais; eles não estavam prontos, como mais tarde os diretores de consciência, a regular o jogo das demandas e recusas, das primeiras carícias, das modalidades da conjunção, dos prazeres que se experimenta e da conclusão que convém dar-lhes:

Mas existe uma razão positiva para aquilo que poderíamos perceber, retrospectivamente, como "reticência" ou "reserva". É que a maneira pela qual se considerava os *aphrodisia*, o tipo de interrogação que se lhes endereçava, era orientada de modo totalmente diverso de uma busca de sua natureza profunda, de suas formas canônicas ou de sua potência secreta.

1. Os *aphrodisia* são atos, gestos, contatos que proporcionam uma certa forma de prazer. Quando santo Agostinho, em suas *Confissões*, for lembrar de suas amizades de juventude, da intensidade de suas afeições, do prazer dos dias vividos juntos, das conversas, dos fervores e dos ritos, ele se perguntará se tudo isso não fazia parte, apesar da aparente inocência, da carne e dessa "glute" que a ela nos liga.[6] Entretanto, quando Aristóteles, na *Ética a Nicômaco,*[7] se interroga para saber exatamente quais são aqueles que merecem ser chamados "intemperantes", sua definição é cuidadosamente restritiva: fazem parte da intemperança, da *akolasia*, somente os prazeres do corpo; e, dentre estes, é necessário excluir os da visão, os do ouvido ou os do olfato. Não é ser intemperante "ter prazer" (*chairein*) com as cores, com os gestos, desenhos, como também com o teatro ou com a música; pode-se, sem intemperança, encantar-se com o perfume dos frutos, das rosas e do incenso; e como diz a *Ética a Eudemo*[8], não se poderia reprovar por intemperança alguém que se concentrasse tão intensamente

na contemplação de uma estátua ou na audição de um canto a ponto de perder o apetite ou o gosto para praticar o amor, nem alguém que se deixasse seduzir pelas Sereias. Pois só existe prazer suscetível de *akolasia* lá onde existe o toque e o contato: com a boca, a língua e a garganta (para os prazeres da alimentação e da bebida), com outras partes do corpo (para o prazer do sexo). E Aristóteles ainda observa que seria injusto suspeitar de intemperança certos prazeres que se experimentam através da superfície do corpo — como os prazeres nobres que, no ginásio, são proporcionados pelas massagens e pelo calor: "pois para o intemperante o tocar não é difundido em todo o corpo; só concerne a certas partes".[9]

Um dos traços característicos da experiência cristã da "carne", e posteriormente a da "sexualidade", será a de que o sujeito é levado nessas experiências a desconfiar frequentemente, e a reconhecer de longe, das manifestações de um poder surdo, ágil e temível que é tanto mais necessário decifrar quanto é capaz de se emboscar sob outras formas que não a dos atos sexuais. Uma tal suspeita não habita a experiência dos *aphrodisia*. É verdade que na educação e no exercício da temperança recomenda-se desconfiar dos sons, imagens e perfumes. Mas não porque a importância que se lhes dá seja a forma mascarada de um desejo, cuja essência consistiria em ser sexual; e sim porque existem músicas que por seus ritmos são capazes de enfraquecer a alma, porque existem espetáculos que são capazes de tocar a alma como um veneno e porque tal perfume, tal imagem são de molde a evocar a "lembrança da coisa desejada".[10] E quando se rir dos filósofos que pretendem amar nos rapazes somente as belas almas, não se suspeitará que eles alimentem sentimentos perturbadores dos quais talvez não tenham consciência, mas simplesmente que eles desejam um face a face a fim de introduzir a mão sob a túnica do bem-amado.[11]

Desses atos, quais a forma e a variedade? A história natural fornece algumas descrições, pelo menos quando se trata dos animais: o acasalamento, observa Aristóteles, não é o mesmo em todos e não é feito da mesma maneira.[12] E na parte do livro IV da *História dos animais*, consagrada especificamente aos vivíparos, ele descreve as diferentes formas de copulação que se podem observar: elas variam segundo a forma e a localização dos órgãos, a posição que os parceiros tomam, a duração do ato; mas ele evoca, igualmente, os tipos de comportamentos que marcam as estações do amor; os javalis se preparando para a batalha,[13] os elefantes, cujo furor chega até a destruir a casa de seu mestre, ou os garanhões que reúnem suas fêmeas traçando em torno delas um grande círculo antes de se lançarem sobre os rivais.[14] Quanto ao gênero humano, mesmo que as descrições dos órgãos e de seu funcionamento sejam detalhadas, os comportamentos sexuais, com suas possíveis variantes, são apenas evocados. O que não quer dizer, contudo, que haja em torno da atividade sexual dos humanos, na medicina, na filosofia ou na moral gregas, uma zona de silêncio rigoroso. O fato não é que se evite falar desses atos de prazer: mas, quando se reflete a respeito deles, o que se torna problema não é a forma que tomam mas sim a atividade que manifestam. Sua dinâmica muito mais do que sua morfologia.

Essa dinâmica é definida pelo movimento que liga entre si os *aphrodisia*, pelo prazer que lhes é associado e pelo desejo que suscitam. A atração exercida pelo prazer e a força do desejo que tende para ele constituem uma unidade sólida com o próprio ato dos *aphrodisia*. Será, em seguida, um dos traços fundamentais da ética da carne e da concepção da sexualidade, a dissociação — pelo menos parcial — desse conjunto. Essa dissociação se marcará, de um lado, por uma certa "elisão" do prazer (desvalorização moral através da injunção dada na pastoral cristã a não buscar a volúpia como fim da prática sexual; desvalorização teórica que se traduz pela extrema dificuldade em dar lugar ao prazer na concepção da sexualidade); ela se marcará, igualmente, por uma problematização cada vez mais intensa do desejo (no qual se verá a marca originária da natureza decaída ou da estrutura própria ao ser humano). Na experiência dos *aphrodisia*, em compensação, ato, desejo e prazer formam um conjunto cujos elementos, é verdade, podem ser distinguidos, mas que são fortemente associados uns aos outros. E é precisamente seu vínculo estreito que constitui um dos caracteres essenciais dessa forma de atividade. Quis a natureza (por razões que serão vistas mais adiante) que a realização do ato seja associada a um prazer; e é esse prazer que suscita a *epithumia*, o desejo, movimento dirigido por natureza para o que "dá prazer", em função do princípio lembrado por Aristóteles: o desejo é sempre "desejo da coisa agradável" (*hē gar epithumia tou hēdeos estin*).[15] É verdade — e Platão insiste frequentemente sobre isso — que não poderia haver desejo sem privação, sem falta da coisa desejada e sem mescla, portanto, de um certo sofrimento; mas o apetite, explica ele no *Filebo*, só pode ser provocado pela representação, a imagem ou a lembrança da coisa que dá prazer; ele conclui daí que não poderia haver desejo a não ser na alma, pois se o corpo é atingido pela privação, é a alma, e somente ela, que, através da lembrança, pode tornar presente a coisa a ser desejada e, portanto, suscitar a *epithumia*.[16] O que na ordem da conduta sexual parece, assim, constituir para os gregos objeto da reflexão moral não é, portanto, exatamente o próprio ato (visto sob as suas diferentes modalidades), nem o desejo (considerado segundo sua origem ou direção), nem mesmo o prazer (avaliado segundo os diferentes objetos ou práticas que podem provocá-lo); é sobretudo a dinâmica que une os três de maneira circular (o desejo que leva ao ato, o ato que é ligado ao prazer e o prazer que suscita o desejo). A questão ética colocada não é: Quais desejos? Quais atos? Quais prazeres? Mas: com que força se é levado "pelos prazeres e pelos desejos?" A ontologia a que se refere essa ética do comportamento sexual não é, pelo menos em sua forma geral, uma ontologia da falta e do desejo; não é a de uma natureza fixando a norma dos atos; mas sim a de uma força que liga entre si atos, prazeres e desejos. É essa relação dinâmica que constitui o que se poderia chamar o grão da experiência ética dos *aphrodisia*.[17]

Essa dinâmica é analisada segundo duas grandes variáveis. Uma é quantitativa; ela diz respeito ao grau de atividade traduzida no número e na frequência dos atos. O que distingue os homens entre si, para a medicina como para a moral, não é tanto o tipo de objeto para o qual eles são orientados, nem o modo de prática sexual que preferem; é, antes de mais nada, a intensidade dessa prática. A divisão está entre o menos e o mais: moderação ou incontinência. Quando se traça o perfil de uma personagem é raro que se faça valer sua preferência por tal ou tal forma de prazer sexual;[18] em compensação, é sempre importante para a sua caracterização moral marcar se, em sua prática com as mulheres ou com os rapazes, ele soube dar provas de comedimento, como Agésilas, que levava a temperança a ponto de recusar o beijo do jovem que amava,[19] ou se ele se entregava, como Alcebíades e Arcésilas, ao apetite dos prazeres que se pode ter com ambos os sexos.[20] Podemos notar a esse respeito a célebre passagem do 1° livro das *Leis*: é verdade que ali Platão opõe muito claramente a relação "conforme à natureza", que liga o homem e a mulher para os fins da geração, e a relação "antinatural" do macho com o macho, da fêmea com a fêmea.[21] Entretanto, essa oposição, por mais que seja marcada em termos de natureza, é referida por Platão à distinção mais fundamental entre a continência e a incontinência: as práticas que contravêm à natureza e ao princípio da procriação não são explicadas como efeito de uma natureza anormal ou de uma forma particular de desejo; elas nada mais são do que a consequência do desmesurado: "é a intemperança no prazer" (*akrateia hedones*) que está na sua origem.[22] E quando Platão no *Timeu* expõe que a luxúria deve ser tomada como efeito, não de uma má vontade da alma, mas de uma doença do corpo, esse mal é descrito segundo uma grande patologia do excesso: ao invés de permanecer encerrado na medula e em sua armadura óssea, o esperma transbordaria e começaria a escorrer em todo o corpo; este passaria a ser igual a uma árvore cuja potência de vegetação ultrapassasse qualquer medida: assim também o indivíduo, durante uma grande parte de sua existência, enlouqueceria pelo "excesso de prazeres e de dores".[23] Que a imoralidade nos prazeres do sexo seja sempre da ordem do exagero, do a mais e do excesso é uma ideia que se encontra no 3º livro da *Ética a Nicômaco*; para os desejos naturais que são comuns a todos, as únicas faltas que se possam cometer, explica Aristóteles, são da ordem da quantidade: elas concernem ao "mais" (*to pleion*); ao passo que o desejo natural consiste somente em satisfazer a necessidade, "beber e comer, não importa o quê, até ficar supersaturado é ultrapassar em quantidade (*tōi plēthēi*) o que a natureza demanda". É verdade que Aristóteles também admite os prazeres específicos aos indivíduos; acontece de se cometerem diferentes tipos de faltas, seja que não se tenha prazer "lá onde se deveria", seja o fato de se comportar "como a multidão", ou ainda que não se tenha prazer "como convém". Entretanto, acrescenta Aristóteles, "os intemperantes excedem (*huperballousi*) de todas essas formas, quer tenham prazer com satisfações que devam ser evitadas, quer, se esses atos são permitidos, tenham mais prazer do que a maior parte das pessoas". O que constitui a intemperança é o excesso nesse campo, "e isso é algo reprovável".[24] Parece, assim, que a primeira linha de divisão que terá sido marcada, no campo do comportamento sexual, pela apreciação moral, não foi traçada a partir da natureza do ato, com suas variantes possíveis, mas a partir da atividade e de suas gradações quantitativas.

A prática dos prazeres diz respeito, igualmente, a uma outra variável que se poderia chamar de "papel" ou de "polaridade". Ao termo *aphrodisia* corresponde o verbo *aphrodisiazein*; ele se refere à atividade sexual em geral: assim, fala-se do momento em que os animais chegam à idade em que são capazes de *aphrodisiazein*;[25] também designa a realização de um ato sexual qualquer: assim, Antístenes evoca em Xenofonte a vontade que ele tem, às vezes, de *aphrodisiazein*.[26] Mas o verbo pode, igualmente, ser empregado com seu valor ativo; nesse caso, ele se refere particularmente ao papel dito "masculino" na relação sexual, e à função "ativa" definida pela penetração. E, inversamente, pode-se empregá-lo em sua forma passiva; nesse caso, ele designa o outro papel na conjunção sexual: o papel "passivo" do parceiro-objeto. Esse papel é o que a natureza reservou às mulheres — Aristóteles fala da idade em que as jovens tornam-se suscetíveis de *aphrodisiasthenai*;[27] é também aquele que pode ser imposto pela violência a alguém que se encontra reduzido a objeto do prazer do outro;[28] é igualmente o papel aceito pelo rapaz ou pelo homem que se deixa penetrar por seu parceiro — o autor de *Problemas* se interroga, dessa maneira, sobre a razão pela qual certos homens obtêm prazer no *aphrodisiazesthai*.[29]

Temos, sem dúvida, razão em dizer que não existe no vocabulário grego substantivo que agrupe numa noção comum o que pode haver de específico na sexualidade masculina e na sexualidade feminina.[30] Mas é preciso sublinhar que, na prática dos prazeres sexuais, distinguem-se claramente dois papéis e dois polos, como também podem ser distinguidos na função generativa; são dois valores de posição — a do sujeito e a do objeto, a do agente e a do paciente: como diz Aristóteles, "a fêmea enquanto fêmea é de fato um elemento passivo, e o macho, enquanto macho, um elemento ativo".[31] Enquanto a experiência da "carne" será considerada uma experiência comum aos homens e às mulheres, mesmo se não toma a mesma forma em ambos, e enquanto a "sexualidade" será marcada pela cesura entre sexualidade masculina e feminina, os *aphrodisia* são pensados como uma atividade implicando dois atores, cada qual com seu papel e função — aquele que exerce a atividade e aquele sobre o qual ela se exerce.

Desse ponto de vista e nessa ética (a qual é sempre necessário lembrar que é uma moral de homem, feita pelos e para os homens), pode-se dizer que a linha de demarcação passa, principalmente, entre os homens e as mulheres — por causa mesmo da forte diferenciação entre o mundo dos homens e o das mulheres em muitas sociedades antigas. Mas, de maneira ainda mais geral, ela passa sobretudo entre o que se poderia chamar os "atores ativos" no cenário dos prazeres e os "atores passivos": de um lado aqueles que são sujeitos da atividade sexual (e que devem cuidar de exercê-la de maneira comedida e oportuna); e de outro aqueles que são os parceiros-objetos, os figurantes, sobre os quais e com os quais ela se exerce. Os primeiros, evidentemente, são os homens, mais precisamente os homens adultos e livres; os segundos, bem entendido, compreendem as mulheres, mas elas aí figuram apenas como um dos elementos de um conjunto mais amplo, cuja referência se faz às vezes para designar os objetos de prazer possível: "as mulheres, os rapazes, os escravos". No texto conhecido como o juramento de Hipócrates, o médico se compromete a se abster, em qualquer casa em que entre, de *erga aphrodisia*, com qualquer pessoa, mulher, homem livre ou escravo.[32] Manter-se em seu papel ou abandoná-lo, ser sujeito da atividade ou dela ser objeto, passar para o lado daqueles que a sofrem quando se é um homem, ou permanecer no lado daqueles que a exercem, eis a segunda grande variável que, juntamente com a da "quantidade de atividade", alimenta a apreciação moral. O excesso e a passividade são, para um homem, as duas formas principais de imoralidade na prática dos *aphrodisia*.

2. Se a atividade sexual deve ser, assim, objeto de diferenciação e de apreciação moral, a razão disso não é que o ato sexual seja um mal em si mesmo; também não é porque traga consigo a marca de uma decadência primeira. Mesmo quando a forma atual da relação sexual e do amor é referida, como é o caso por Aristófanes no *Banquete*, a algum drama originário — orgulho dos humanos e castigo dos deuses —, nem o ato nem o prazer são por isso considerados maus; ao contrário, eles tendem à restauração daquilo que era para os humanos o modo de ser mais completo.[33] De forma geral, a atividade sexual é percebida como natural (natural e indispensável), posto que é por meio dela que os seres vivos podem se reproduzir, que a espécie em seu conjunto escapa à morte[34] e que as cidades, as famílias, os nomes e os cultos podem se prolongar muito além dos indivíduos destinados a desaparecer. É entre os desejos mais naturais e necessários que Platão classifica aqueles que nos levam aos *aphrodisia*,[35] e os prazeres que estes nos proporcionam têm como causa, no dizer de Aristóteles, coisas necessárias que interessam ao corpo e à vida do corpo em geral.[36] Em suma, a atividade sexual, tão profundamente ancorada na natureza e de maneira tão natural, não poderia ser — e Rufus de Éfeso o lembrará — considerada má.[37] E nisso, evidentemente, a experiência moral dos *aphrodisia* é radicalmente diferente daquela que virá a ser a da carne.

Entretanto, por mais natural e mesmo necessária que possa ser, ela não é menos objeto de um cuidado moral; ela pede uma delimitação que permita fixar até que ponto, e em que medida, é conveniente praticá-la. Entretanto, se ela pode ter algo a ver com o bem e com o mal, não é em detrimento de sua naturalidade, ou porque esta teria sido alterada; é em razão mesmo da maneira pela qual a natureza a dispôs. Com efeito, dois traços marcam o prazer ao qual ela está associada. Primeiro, seu caráter inferior: sem esquecer, entretanto, que para Aristipo e os cirenaicos "os prazeres não diferem entre si",[38] caracteriza-se em geral o prazer sexual como sendo não portador de males, mas ontologicamente ou qualitativamente inferior: porque comum aos animais e aos homens (não constituindo uma marca específica destes últimos); porque misturados à privação e ao sofrimento (e nisso eles se opõem aos prazeres dados pela visão e a audição); porque dependente do corpo e de suas necessidades; e porque destinado a restabelecer o organismo em seu estado anterior à necessidade.[39] Mas por outro lado esse prazer condicionado, subordinado e inferior é um prazer de extrema vivacidade; como explica Platão no início das *Leis*, se a natureza fez de sorte que os homens e as mulheres fossem atraídos uns pelos outros, foi para que a procriação fosse possível e a sobrevivência da espécie, assegurada.[40] Ora, esse objetivo é tão importante, e tão essencial, que os humanos se deem uma descendência, que a natureza vinculou ao ato de procriação um prazer extremamente intenso; do mesmo modo que a necessidade de se alimentar e de assegurar, assim, sua sobrevivência individual é lembrada aos animais pelo prazer natural ligado ao alimento e à bebida, assim também a necessidade de engendrar e de deixar atrás de si uma progenitura lhes é incessantemente lembrada pelo prazer e pelo desejo que são associados à conjunção dos sexos. As *Leis* evocam, assim, a existência desses três grandes apetites fundamentais que dizem respeito ao alimento, à bebida e à geração: todos três são fortes, imperiosos, ardentes, mas sobretudo o terceiro, apesar de ser o "último a despontar", é "o mais vivo de nossos amores".[41] Ao seu interlocutor da *República*, Sócrates perguntava se ele conhecia "prazer maior e mais vivo do que o prazer do amor".[42]

É justamente essa vivacidade natural do prazer, com a atração que ele exerce sobre o desejo, que leva a atividade sexual a transbordar dos limites fixados pela natureza quando ela fez do prazer dos *aphrodisia* um prazer inferior, subordinado e condicionado. Por causa dessa vivacidade se é levado a inverter a hierarquia, a colocar esses apetites e sua satisfação em primeiro lugar, a lhes dar poder absoluto sobre a alma. Também por causa dela se é levado a continuar além da satisfação das necessidades, e a buscar o prazer mesmo após a restauração do corpo. Tendência à revolta e à sublevação, eis a virtualidade "estasiástica" do apetite sexual; tendência à superação, ao excesso, eis a virtude "hiperbólica".[43] A natureza colocou no ser humano essa força necessária e temível sempre pronta a ir além do objetivo que lhe foi fixado. Vemos por que, nessas condições, a atividade sexual exige uma discriminação moral, a qual já vimos que era muito mais dinâmica do que morfológica. Se é preciso, como diz Platão, impor-lhe os três mais fortes freios — o temor, a lei e o discurso verdadeiro[44] —, se é preciso, segundo Aristóteles, que a faculdade de desejar obedeça à razão como a criança aos mandamentos de seu mestre,[45] se o próprio Aristipo queria que, sem deixar de "servir-se" dos prazeres, se velasse a não se deixar levar por eles,[46] a razão não é que a atividade sexual seja um mal; também não é porque ela arriscaria desviar-se em relação a um modelo canônico; mas sim porque ela depende de uma força, de uma *energeia* que é por si mesma levada ao excesso. Na doutrina cristã da carne, a força excessiva do prazer encontra seu princípio na queda e na falta que marca desde então a natureza humana. Para o pensamento grego clássico essa força é por natureza virtualmente excessiva e a questão moral consistirá em saber de que maneira enfrentar essa força, de que maneira dominá-la e garantir a economia conveniente dessa mesma força.

Como a atividade sexual aparece sob a forma de um jogo de forças estabelecidas pela natureza, mas suscetível de abuso, isso a aproxima do alimento e dos problemas morais que ele pode colocar. Essa associação entre a moral do sexo e a da mesa é um fato constante na cultura antiga. Dela encontrar-se-ão mil exemplos. Quando no primeiro livro dos *Memoráveis* Xenofonte quer mostrar o quanto Sócrates, por seu exemplo e seus propósitos, era útil a seus discípulos, ele expõe os preceitos e a conduta de seu mestre "sobre o beber, o comer e os prazeres do amor".[47] Os interlocutores da *República*, quando tratam da educação dos guardiães, concordam que a temperança, a *sōphrosunē*, exige o triplo domínio dos prazeres do vinho, do amor e da mesa (*potoi, aphrodisia, edōdai*).[48] Do mesmo modo Aristóteles: na *Ética a Nicômaco*, os três exemplos que ele dá de "prazeres comuns" são os da comida, da bebida e, para os jovens e os homens na força da idade, as volúpias da cama;[49] nessas três formas de prazer ele reconhece o mesmo tipo de perigo, o do excesso que vai além da necessidade; ele chega até a encontrar um princípio fisiológico comum, já que encara uns e outros como prazeres de contato e de toque (alimento e bebida só provocam, segundo ele, o prazer que lhes é próprio quando entram em contato com a língua e, sobretudo, a garganta).[50] Quando o médico Erixímaco toma a palavra no *Banquete*, reivindica para sua arte a capacidade de dar conselhos sobre a maneira pela qual é necessário fazer uso dos prazeres da mesa e da cama; segundo ele, são os médicos que devem dizer como ter prazer com a boa mesa sem ficar doente; são eles também que devem prescrever para aqueles que praticam o amor físico — "o pandêmico" — como obter o gozo sem que isso resulte num desregramento.[51]

Sem dúvida, seria interessante seguir a longa história das relações entre moral alimentar e moral sexual através das doutrinas, como também dos ritos religiosos ou das regras dietéticas; seria necessário ver de que maneira pôde-se operar, no decorrer do tempo, o descolamento entre o jogo das prescrições alimentares e o da moral sexual: a evolução de sua importância respectiva (com o momento, sem dúvida bem tardio, em que o problema da conduta sexual tornou-se mais preocupante que o dos comportamentos alimentares) e a diferenciação progressiva de sua estrutura própria (momento em que o desejo sexual foi interrogado em outros termos que não os do apetite alimentar). De todo modo, na reflexão dos gregos na época clássica, parece claro que a problematização moral do alimento, da bebida e da atividade sexual tenha sido feita de maneira bem semelhante. As iguarias, os vinhos, as relações com as mulheres e com os rapazes constituem uma matéria ética análoga; eles instauram forças naturais, mas que tendem sempre a ser excessivas: e tanto uns como os outros colocam a mesma questão: como se pode e como convém "se servir" (*chrēsthai*) dessa dinâmica dos prazeres, dos desejos e dos atos? Questão do bom uso. Como diz Aristóteles: "Todo mundo, em certa medida, usufrui o prazer da mesa, do vinho e do amor; mas nem todos o fazem como convém (*ouch'hōs dei*)."[52]

2 – *Chrēsis*

De que maneira obter o prazer "como convém"? A que princípio referir-se a fim de moderar, limitar e regular essa atividade? Que tipo de validade reconhecer nesses princípios que possa justificar que se lhes tenha que submeter-se? Ou, em outros termos, qual é o modo de sujeição implicado nessa problematização moral da conduta sexual?

A reflexão moral sobre os *aphrodisia* tende muito menos a estabelecer um código sistemático que fixaria a forma canônica dos atos sexuais, traçaria a fronteira das interdições, e distribuiria as práticas de um lado e de outro de uma linha de demarcação, do que a elaborar as condições e as moralidades de um "uso": o estilo daquilo que os gregos chamavam *chrēsis aphrodisiōn*, o uso dos prazeres. A expressão corrente *chrēsis aphrodisiōn* se refere, de modo geral, à atividade sexual (assim se falará dos momentos do ano ou da idade da vida que são bons para *chresthai aphrodisiois*).[53] Mas o termo se refere também à maneira pela qual um indivíduo dirige sua atividade sexual, sua maneira de se conduzir nessa ordem de coisas, o regime que ele se permite ou se impõe, as condições em que ele realiza os atos sexuais, a importância que ele lhes atribui na sua vida.[54] Questão não do que é permitido ou proibido entre os desejos experimentados ou os atos que se cometem, mas questão de prudência, de reflexão, de cálculo na maneira pela qual são distribuídos e controlados seus atos. No uso dos prazeres, embora seja preciso respeitar as leis e os costumes do país, não ofender aos deuses e se referir ao que quer a natureza, as regras morais às quais os indivíduos se submetem são muito distantes daquilo que pode constituir uma sujeição a um código bem-definido.[55] Trata-se muito mais de um ajustamento variado e no qual se deve levar em consideração diferentes elementos: um que é o da necessidade e daquilo que a natureza tornou necessário;* o outro, temporal e circunstancial, que é o da oportunidade; e o terceiro, que é o do *status* do próprio indivíduo. A *chrēsis* deve se decidir levando em conta essas diferentes considerações. Pode-se reconhecer, na reflexão sobre o uso dos prazeres, o cuidado com uma tripla estratégia: a da necessidade, a do momento e a do *status*.

1. A estratégia da necessidade. É conhecido o gesto escandaloso de Diógenes: quando tinha necessidade de satisfazer seu apetite sexual, ele se satisfazia em praça pública.[56] Como muitas das provocações cínicas, esta permite duplo entendimento. De fato, a provocação está no caráter público da coisa — o que na Grécia era contra todos os hábitos; dava-se, facilmente, como razão de não se praticar o amor a não ser durante a noite, a necessidade de ocultar-se

* No original: "necessidade" (*besoin*)... "necessário" (*nécessaire*). (*N. T.*)

aos olhares; e na precaução a não se deixar observar nesse gênero de relações, via-se o sinal de que a prática dos *aphrodisia* não era algo que honrasse o que havia de mais nobre no homem. É contra essa regra de não publicidade que Diógenes dirige sua crítica "gestual"; Diógenes Laércio relata, efetivamente, que ele tinha costume "de tudo fazer em público, as refeições e o amor", e que raciocinava assim: "se não há mal em comer, também não há em comer em público".[57] Mas, com essa aproximação com o alimento, o gesto de Diógenes adquire também outra significação: a prática dos *aphrodisia*, que não pode ser vergonhosa já que é natural, não é nada de mais nem de menos do que a satisfação de uma necessidade; e assim como o cínico buscava o alimento que pudesse satisfazer o mais simplesmente seu estômago (ele teria tentado comer carne crua), também encontrava na masturbação o meio mais direto de acalmar seu apetite; e até sentia muito que não houvesse a possibilidade de dar satisfação tão simples à fome e à sede: "Praza ao céu que bastasse esfregar a barriga para acalmar a fome."

Com isso Diógenes nada mais fazia do que levar ao extremo um dos grandes preceitos da *chrēsis aphrodisiōn*. Ele reduzia ao mínimo a conduta que Antístenes já expunha no *Banquete* de Xenofonte: "Quando sou solicitado, dizia ele, por algum desejo amoroso, contento-me com a primeira que encontro, e as mulheres a quem me dirijo me cobrem de carícias, pois ninguém mais consente em se aproximar delas. E todos esses gozos me parecem tão vivos que me abandonando a cada um deles não desejo obter gozos mais vivos; gostaria até que fossem menos vivos, já que alguns deles ultrapassam os limites do útil."[58] Esse regime de Antístenes não se afasta muito, em seu princípio (mesmo que as consequências práticas sejam bem diferentes), de vários preceitos ou exemplos que Sócrates, segundo Xenofonte, dava a seus discípulos. Porque se ele recomendava, àqueles que eram insuficientemente armados contra os prazeres do amor, fugir dos belos rapazes e até mesmo, se fosse o caso, exilar-se, não prescrevia, apesar de tudo, uma abstenção total, definitiva e incondicional; "a alma — é assim pelo menos que Xenofonte apresenta a lição socrática — só aprova esses prazeres se a necessidade física for urgente e puder ser satisfeita sem dano".[59]

Mas nesse uso dos *aphrodisia* regulado pela necessidade, o objetivo não é o de anular o prazer; trata-se, ao contrário, de sustentá-lo e de sustentá-lo pela necessidade que o desejo suscita; sabe-se muito bem que o prazer se embota quando não oferece satisfação à vivacidade de um desejo: "Meus amigos", diz a Virtude no discurso de Pródicos relatado por Sócrates, "gozam do comer e do beber com prazer (*hedeia... apolausis*) e sem esforço (*apragmon*): porque eles esperam sentir o desejo."[60] E numa discussão com Eutídemo, Sócrates lembra que "a fome, a sede, o desejo amoroso (*aphrodision epithumia*), as vigílias são as únicas causas do prazer que se tem em comer, em beber, em fazer amor, em repousar e em dormir, quando se esperou e se suportou essas necessidades até que sua satisfação fosse tão agradável quanto possível (*hos eni hedista*)".[61] Mas se é preciso sustentar a sensação de prazer pelo desejo, não se deve, inversamente, multiplicar os desejos pelo recurso a prazeres que não estão na natureza; é o cansaço, como ainda é dito no discurso de Pródicos, e não a ociosidade cultivada que deve dar vontade de dormir; e se é possível satisfazer os desejos sexuais quando eles se manifestam, não se devem criar desejos que vão além das necessidades. A necessidade deve servir de princípio diretor nessa estratégia, a qual, como se vê, nunca pode tomar a forma de uma codificação precisa ou de uma lei aplicável a todos da mesma maneira e em todas as circunstâncias. Ela permite um equilíbrio na dinâmica do prazer e do desejo: ela o impede de "encher-se de ímpeto" e de cair no excesso fixando-lhe, como limite interno, a satisfação de uma necessidade; e ela evita que essa força natural entre em sedição e usurpe um lugar que não é o seu: porque ela só aceita o que, necessário ao corpo, é querido pela natureza, sem nada a mais.

Essa estratégia permite conjurar a intemperança, que é, em suma, uma conduta que não tem sua referência na necessidade. E por isso ela pode tomar duas formas contra as quais o regime moral dos prazeres deve lutar. Existe uma intemperança que se poderia dizer de "pletora", de "preenchimento":[62] ela concede ao corpo todos os prazeres possíveis antes mesmo que ele tenha experimentado a necessidade, não lhe dando tempo de experimentar "nem fome, nem sede, nem desejos amorosos, nem vigílias", abafando, com isso, qualquer sensação de prazer. Existe, igualmente, uma intemperança que se poderia dizer de "artifício" e que é a consequência da primeira: ela consiste em ir buscar as volúpias na satisfação de desejos extranatureza: é ela que "para comer com prazer procura cozinheiros, que para beber com prazer obtém vinhos caros, e que no verão vai atrás da neve"; é ela que para encontrar novos prazeres nos *aphrodisia*, se serve de "homens como se fossem mulheres".[63] Concebida assim, a temperança não pode tomar a forma de uma obediência a um sistema de leis ou a uma codificação das condutas; ela também não pode valer como um princípio de anulação dos prazeres; ela é uma arte, uma prática dos prazeres que é capaz, ao "usar" daqueles que são baseados na necessidade de se limitar ela própria: "A temperança", diz Sócrates, "é a única que nos faz suportar as necessidades de que falei e é a única, igualmente, que nos faz experimentar um prazer digno de memória".[64] E era assim que o próprio Sócrates usava a temperança na vida cotidiana, se acreditarmos em Xenofonte: "Ele só se alimentava na medida em que tinha prazer em comer, e chegava às refeições com uma disposição tal que o apetite lhe servia de tempero. Toda bebida lhe era agradável, já que ele nunca bebia sem ter sede."[65]

2. Uma outra estratégia consiste em determinar o momento oportuno, o *kairos*. Trata-se de um dos mais importantes objetivos e dos mais delicados na arte de fazer uso dos prazeres. Platão o lembra nas *Leis*: feliz daquele que, nessa ordem de coisas (quer se trate de um particular, quer se trate de um Estado), sabe o que convém fazer, "quando e o tanto que convém"; aquele, ao contrário, que age "sem saber como (*anepistemonōs*)" e "fora dos momentos oportunos" (*ektos ton kairon*), tem "uma vida completamente diferente".[66]

Deve-se ter em mente que esse tema do "quando convém" sempre ocupou, para os gregos, um lugar importante, não somente como problema moral, mas também como questão de ciência e de técnica. Esses saberes práticos, que são — segundo uma aproximação bem tradicional — a medicina, o governo e a pilotagem, implicam, com efeito, que não se fique restrito a conhecer os princípios gerais, mas que se tenha capacidade para determinar o momento em que é preciso intervir e a maneira precisa de fazê-lo em função das circunstâncias na sua atualidade. E é justamente um dos aspectos essenciais da virtude de prudência dar aptidão para conduzir como convém a "política do momento", nos diferentes domínios — quer se trate da cidade, quer se trate do indivíduo, do corpo ou da alma — onde importa aproveitar o *kairos*. No uso dos prazeres, também a moral é uma arte do "momento".

Esse momento pode ser determinado segundo várias escalas. Há a escala da vida como um todo; os médicos pensam que não é bom iniciar a prática desses prazeres quando se é muito jovem; eles também estimam que ela pode ser nociva se for prolongada até uma idade muito avançada; ela possui a sua estação na existência: ela é fixada, em geral, num período que é caracterizado não somente como aquele em que a procriação é possível, mas aquele em que a descendência é sadia, bem-formada, saudável.[67] Há também a escala do ano com as estações: os regimes dietéticos, como veremos adiante, atribuem uma grande importância à correlação entre a atividade sexual e a mudança de equilíbrio no clima, entre o quente e o frio, o úmido e o seco.[68] Convém, também, escolher o momento durante o dia: uma das *Questões de convivas* de Plutarco tratará desse problema propondo-lhe uma solução que parece ter sido tradicional; razões dietéticas, como também argumentos de decência e motivos religiosos, recomendam preferir a noite: porque é o momento mais favorável para o corpo, o momento em que a sombra oculta as imagens pouco convenientes, e o que permite intercalar o tempo de uma noite antes das práticas religiosas da manhã seguinte.[69] A escolha do momento — do *kairos* — deve depender igualmente das outras atividades. Se Xenofonte cita Ciro como exemplo de temperança não é porque este tivesse renunciado aos prazeres; é porque ele sabia distribuí-los como convinha no curso de sua existência, não se deixando por eles desviar de suas atividades e somente os permitindo após um trabalho preliminar que conduzia a entretenimentos honrosos.[70]

A importância do "bom momento" na ética sexual aparece claramente numa passagem dos *Memoráveis* consagrada ao incesto. Sócrates coloca sem equívoco que "a interdição das relações entre um pai e suas filhas, entre um filho e sua mãe" constitui uma lei universal e estabelecida pelos deuses: ele vê uma prova disso no fato de que aqueles que a transgridem recebem um castigo. Ora, esse castigo consiste em que, apesar das qualidades intrínsecas que os pais incestuosos podem ter, sua descendência não é bem-vinda. E por quê? Porque eles desconheceram esse princípio do "momento" e misturaram fora do tempo o sêmen de genitores dos quais um é forçosamente muito mais velho do que o outro: engendrar quando não se está mais "na flor da idade" é sempre "procriar em más condições".[71] Xenofonte ou Sócrates não dizem que o incesto seja condenável somente sob a forma de um "contratempo"; mas é de notar que o mal do incesto se manifesta da mesma maneira e pelos mesmos efeitos que o desconhecimento do tempo.

3. A arte de usar do prazer deve também se modular em consideração àquele que a usa e segundo o seu *status*. O autor do *Eróticos*, atribuído a Demóstenes, lembra-o segundo o *Banquete*: qualquer espírito sensato sabe muito bem que as relações amorosas de um rapaz não são "virtuosas ou desonestas de forma absoluta", mas que "elas diferem completamente segundo os interessados"; portanto, "não seria razoável seguir a mesma máxima em todos os casos".[72]

É, sem dúvida, um traço comum a muitas sociedades que as regras de conduta sexual variem segundo a idade, o sexo, a condição dos indivíduos, e que obrigações e interdições não sejam impostas a todos da mesma maneira. Mas, para se ater ao caso da moral cristã, essa especificação se faz no quadro de um sistema global que define, de acordo com princípios gerais, o valor do ato sexual, e indica sob que condições ele poderá ou não ser legítimo, sendo a pessoa casada ou não, ligada ou não por votos etc.; trata-se aí de uma universalidade modulada. Parece que na moral antiga, salvo alguns preceitos que valem para todo mundo, a moral sexual sempre faz parte do modo de vida, ele próprio determinado pelo *status* que se recebeu e as finalidades que se escolheu. É ainda o pseudo-Demóstenes do *Eróticos* que se dirige a Epícrato para lhe "dar conselhos que sirvam para colocar sua conduta em alta estima"; de fato, ele não queria que o jovem tomasse resoluções sobre si mesmo "que não fossem conformes às melhores opiniões"; e esses bons conselhos não têm como função lembrar princípios gerais de conduta, mas fazer valer a legítima diferença entre os critérios morais: "alguém que seja de condição obscura e humilde, nós não o criticamos, mesmo em caso de falta pouco honrosa"; em troca, se ele for como o próprio Epícrato, que "atingiu a notoriedade, a menor negligência sobre um ponto que interessa à honra cobre-o de vergonha".[73] Um princípio geralmente admitido é o de que quanto mais se for visado, mais se tiver ou se quiser ter autoridade sobre os outros, mais se buscar fazer de sua vida uma obra resplandecente, cuja reputação se estenderá longe e por muito tempo, mais será preciso se impor, por escolha e vontade, princípios rigorosos de conduta sexual. Tal era o conselho dado por Simônides a Hieron a propósito "do beber, do comer, do sono, do amor": esses "gozos são comuns a todos os animais indistintamente", ao passo que o amor pela honra e o louvor é próprio aos humanos; e é esse amor que permite suportar os perigos como as privações.[74] E tal era também a maneira pela qual Agésilas se conduzia, sempre segundo Xenofonte, no que concerne aos prazeres "pelos quais muitos homens se deixavam dominar"; ele estimava, de fato, que "um chefe deve se distinguir dos particulares, não pela lassidão, mas sim pela resistência".[75]

A temperança é representada com grande regularidade entre as qualidades que pertencem — ou que pelo menos deveriam pertencer — não a todos e a qualquer um, mas, de forma privilegiada, àqueles que têm posição, *status* e responsabilidade na cidade. Quando o Sócrates dos *Memoráveis* traça para Critóbulo o perfil do homem de bem cuja amizade é útil buscar, ele situa a temperança no quadro das qualidades que caracterizam um homem socialmente estimável: estar pronto a prestar serviço a um amigo, estar disposto a retribuir os benefícios recebidos, ser acomodatício nos negócios.[76] Sócrates, sempre segundo Xenofonte, mostra a seu discípulo Aristipo — aquele que "levava o desregramento ao excesso" — as vantagens da temperança, colocando-lhe a seguinte questão: se tivesse que formar dois alunos, um que levasse uma vida qualquer e o outro que fosse destinado a comandar, para qual dos dois ele ensinaria a ser "mestre de seus desejos amorosos", a fim de que esses desejos não o impedissem de fazer o que teria a fazer?[77] Nós preferimos, dizem em outra parte os *Memoráveis*, ter escravos que não são intemperantes; e com mais razão ainda, se quiséssemos escolher um chefe, "iríamos escolher aquele que saberíamos escravo de seu ventre, do vinho, dos prazeres do amor, da lassidão e do sono?".[78] É verdade que Platão quer dar ao Estado inteiro a virtude da temperança; mas ele não entende com isso que todos serão igualmente temperantes; a *sōphrosunē* caracterizará o Estado onde aqueles que devem ser dirigidos obedecerão e onde aqueles que devem comandar comandarão efetivamente: encontrar-se-á, portanto, uma multidão "de desejos, de prazeres e de dores" do lado das crianças, das mulheres, dos escravos, assim como do lado da massa de gente sem valor. "Mas os desejos simples e moderados que, sensíveis ao raciocínio, se deixam levar pela inteligência e pela opinião justa", só serão encontrados "num pequeno número, naqueles que acrescentam, ao natural mais belo, a mais bela educação". No Estado temperante, as paixões da multidão viciosa são dominadas pelas "paixões e pela inteligência de uma minoria virtuosa".[79]

Estamos bem longe de uma forma de austeridade que tenda a sujeitar todos os indivíduos da mesma forma, os mais orgulhosos como os mais humildes, sob uma lei universal, da qual apenas a aplicação poderia ser modulada pela instauração de uma casuística. Ao contrário, tudo aqui é questão de ajustamento, de circunstância, de posição pessoal. As poucas grandes leis comuns — da cidade, da religião ou da natureza — permanecem presentes, mas como se elas desenhassem ao longe um círculo bem largo no interior do qual o pensamento prático deve definir o que convém fazer. E para isso ela não tem necessidade de algo como um texto que faça a lei, mas de uma *tēchnē* ou de uma "prática", de um *savoir-faire* que, levando em conta os princípios gerais, guie a ação no seu próprio momento, de acordo com o contexto e em função de seus próprios fins. Portanto, não é universalizando a regra de sua ação que, nessa forma de moral, o indivíduo se constitui como sujeito ético; é, ao contrário, por meio de uma atitude e de uma procura que individualizam sua ação, que modulam e que até podem dar um brilho singular pela estrutura racional e refletida que lhe confere.

3 – *Enkrateia*

Opõe-se, frequentemente, a interioridade da moral cristã à exterioridade de uma moral pagã que consideraria os atos apenas em sua efetivação real, em sua forma visível e manifesta, em sua adequação a regras e segundo o aspecto que eles podem tomar na opinião ou na lembrança que deixam em seu rastro. Mas essa oposição tradicionalmente aceita corre o risco de deixar escapar o essencial. O que se chama interioridade cristã é um modo particular de relação consigo que comporta formas precisas de atenção, de suspeita, de decifração, de verbalização, de confissão, de autoacusação, de luta contra as tentações, de renúncia, de combate espiritual etc. E o que é designado como "exterioridade" da moral antiga implica também o princípio de um trabalho sobre si, mas sob uma forma bem diferente. A evolução que se produzirá, aliás com muita lentidão, entre paganismo e cristianismo, não consistirá numa interiorização progressiva da regra, do ato e da falta; ela operará, antes de mais nada, uma reestruturação das formas da relação consigo e uma transformação das práticas e das técnicas sobre as quais essa relação se apoiava.

Um termo é utilizado na língua clássica para designar essa forma de relação consigo, essa "atitude" que é necessária à moral dos prazeres, e que se manifesta no bom uso que se faz deles: *enkrateia*. Na verdade, essa palavra permaneceu por muito tempo bem próxima de *sōphrosunē*: elas são, frequentemente, encontradas juntas ou alternativamente, com acepções bem próximas. Xenofonte, para designar a temperança — que faz parte juntamente com a devoção, a sabedoria, a coragem e a justiça, das cinco virtudes que ele em geral reconhece —, emprega às vezes a palavra *sōphrosunē*, às vezes *enkrateia*.[80] Platão se refere a essa proximidade das duas palavras quando Sócrates, interrogado por Cálicles sobre o que é "comandar a si mesmo (*auton heauton archein*)", responde: consiste em "ser sábio e se dominar (*sōphrōna onta kai enkrate auton heautou*), em comandar os prazeres e os desejos em si próprio (*archein ton hedonon kai epithumion*)".[81] E quando na *República* ele trata de cada uma das quatro virtudes fundamentais — sabedoria, coragem, justiça e temperança (*sōphrosunē*) — define esta última pela *enkrateia*: "A temperança (*sōphrosunē*) é uma espécie de ordem e de império (*kosmos kai enkrateia*) sobre certos prazeres e desejos."[82]

Pode-se notar, entretanto, que apesar das significações dessas duas palavras serem bastante próximas, ainda faltaria muito para serem exatamente sinônimas. Cada uma delas se refere a um modo um tanto diferente de relação consigo. A virtude de *sōphrosunē* é sobretudo descrita como um estado bastante geral que garante uma conduta "como convém para com os deuses e para com os homens", isto é, ser não somente temperante, mas devoto e justo, como também corajoso.[83] Em troca, a *enkrateia* se caracteriza sobretudo por uma forma ativa de domínio de si que permite resistir ou lutar e garantir sua dominação no terreno dos desejos e dos prazeres. Aristóteles teria sido o primeiro, segundo H. North, a distinguir sistematicamente entre *sōphrosunē* e *enkrateia*.[84] A primeira é caracterizada, na *Ética a Nicômaco*, pelo fato de que o sujeito escolhe deliberadamente princípios de ação conformes à razão, que ele é capaz de segui-los e aplicá-los, e que ele sustenta assim, em sua conduta, o "*juste-milieu*"* entre a insensibilidade e os excessos (*juste-milieu* que não é uma equidistância, já que de fato a temperança está mais longe dos excessos do que da insensibilidade), e que ele tem prazer na moderação que demonstra; à *sōphrosunē* se opõe a intemperança (*akolasia*) na qual se segue, voluntariamente e por escolha deliberada, maus princípios, abandonando-se até aos mais fracos desejos e obtendo prazer com essa má conduta: o intemperante não tem pesar nem cura possível.

* Entre aspas no original. (*N. T.*)

A *enkrateia*, com seu oposto *akrasia*, se situa sobre o eixo da luta, da resistência e do combate: ela é comedimento, tensão, "continência". A *enkrateia* domina os prazeres e os desejos, mas tem necessidade de lutar para vencê-los. Diferentemente do homem "temperante", o "continente" experimenta outros prazeres que não aqueles conformes à razão; mas não se deixa mais levar por eles, e seu mérito será tanto maior quanto mais forte forem seus desejos. Em contraposição, a *akrasia* não é, como a intemperança, uma escolha deliberada de maus princípios; convém compará-la de preferência a essas cidades que possuem boas leis mas não são capazes de aplicá-las; o incontinente se deixa levar, contra sua vontade e a despeito de seus princípios razoáveis, seja porque não tem força para operá-los, seja porque não refletiu suficientemente sobre eles: e é isso mesmo que faz com que o incontinente possa curar-se e aceder ao domínio de si.[85] Nesse sentido a *enkrateia* é a condição da *sōphrosunē*, a forma de trabalho e de controle que o indivíduo deve exercer sobre si para tornar-se temperante (*sōphrōn*).

Em todo caso, o termo *enkrateia* no vocabulário clássico parece referir-se, em geral, à dinâmica de uma dominação de si por si e ao esforço que ela exige.

1. Esse exercício da dominação implica, em primeiro lugar, uma relação agonística. O Ateniense, nas *Leis*, lembra a Clínias: se é verdade que o homem mais bem-dotado para a coragem seria apenas "a metade de si mesmo" sem a "prova e o exercício" dos combates, pode-se pensar que não seria possível tornar-se temperante (*sōphrōn*) "sem ter sustentado a luta contra tantos prazeres e desejos (*pollais hedonais kai*

epithumiais diamemachēmenos), nem alcançado a vitória graças à razão, ao exercício, à arte (*logos*, *ergon*, *technē*), tanto nos jogos como na ação".[86] São quase as mesmas palavras que empregava por sua vez Antifonte, o Sofista: "não é sábio (*sōphrōn*) aquele que não desejou (*epithumein*) o feio e o mal nem deles se aproximou: pois nesse caso não há nada sobre o qual tenha triunfado (*kratein*), e que lhe permita afirmar-se como virtuoso (*kosmios*)".[87] Somente instaurando, em relação aos prazeres, uma atitude de combate, é que se pode conduzir-se moralmente. Os *aphrodisia*, como vimos, tornam-se não somente possíveis, mas desejáveis através de um jogo de forças cuja origem e finalidade são naturais, mas cujas virtualidades, devido à sua energia própria, levam à revolta e ao excesso. Só se pode usar dessas forças com a moderação que convém quando se é capaz de opor-se a elas, de lhes resistir e dominá-las. Certamente, se é necessário enfrentá-las é porque se trata de apetites inferiores que nós compartilhamos — como a fome e a sede — com os animais;[88] mas essa inferioridade natural não seria em si mesma uma razão para combatê-la se não fosse o perigo de que, predominando sobre todo o resto, elas estendessem sua dominação sobre todo o indivíduo, reduzindo-o, finalmente, à escravidão. Em outras palavras, não é a sua natureza intrínseca, sua desqualificação de princípio que demanda a atitude "polêmica" consigo mesmo, mas sim seu domínio eventual e seu império. À conduta moral, em matéria de prazeres, está subjacente uma batalha pelo poder. Essa percepção dos *hedonai* e *epithumai* como força temível e inimiga, e a constituição correlativa de si como adversário vigilante que os enfrenta, que entra em justa contra eles e procura dominá-los, traduz-se numa série de expressões empregadas tradicionalmente para caracterizar a temperança e a intemperança: opor-se aos prazeres e aos desejos, não ceder a eles, resistir às suas investidas ou, ao contrário, deixar-se levar por eles,[89] vencê-los ou ser vencido por eles,[90] estar armado ou equipado contra eles.[91] Ela também se traduz por metáforas como a da batalha a ser travada contra adversários armados,[92] ou como a da alma-acrópole, atacada por uma tropa hostil e que deveria se defender graças a um sólido destacamento;[93] ou como a das vespas que atacam os desejos sábios e moderados, matam-nos e os expulsam[94] se não se conseguir livrar-se delas. Também se exprime através de temas como o das forças selvagens do desejo que invadem a alma durante o sono se ela não soube se proteger anteriormente com as precauções necessárias.[95] A relação com os desejos e com os prazeres é concebida como uma relação de batalha: é necessário se colocar, em relação a eles, na posição e no papel do adversário, tanto no modelo do soldado que combate quanto no modelo do lutador num concurso. Não esqueçamos que quando o Ateniense das *Leis* se refere à necessidade de conter os três grandes apetites fundamentais, ele evoca "o apoio das Musas e dos deuses que presidem os jogos (*theoi agōnioi*)".[96] A longa tradição do combate espiritual, que deveria assumir tantas formas diversas, já estava claramente articulada no pensamento grego clássico.

2. Essa relação de combate com adversários é também uma relação agonística consigo mesmo. A batalha a ser travada, a vitória a ser conseguida e a derrota que se corre o risco de sofrer são processos e acontecimentos que ocorrem

de si para consigo. Os adversários que o indivíduo deve combater não estão simplesmente nele ou perto dele. São parte dele mesmo. Evidentemente, seria necessário levar em conta as diversas elaborações teóricas que foram propostas sobre essa diferenciação entre a parte de si mesmo que deve combater e a que deve ser combatida: partes da alma que deveriam respeitar certa relação hierárquica entre si? Corpo e alma entendidos como duas realidades de origem diferente, uma das quais deve procurar se liberar da outra? Forças que tendem para objetivos diferentes e que se opõem entre si como os dois cavalos de uma equipagem? Mas, de qualquer modo, o que se deve reter para definir o estilo geral dessa "ascética" é que o adversário a ser combatido, por mais afastado que esteja, por sua natureza, daquilo que pode ser a alma, a razão ou a virtude, não representa uma outra potência, ontologicamente estranha. Um dos traços essenciais da ética da carne será o vínculo de princípio entre o movimento da concupiscência, sob suas mais insidiosas e secretas formas, e a presença do Outro, com suas artimanhas e seu poder de ilusão. Na ética dos *aphrodisia*, a necessidade e a dificuldade do combate se deve, ao contrário, a que ele se desenrola como uma justa consigo mesmo: lutar contra "os desejos e os prazeres" é se medir consigo.

Na *República*, Platão sublinha o quanto é simultaneamente estranha, um tanto risível e desgastada uma expressão familiar, à qual ele próprio recorre várias vezes:[97] é a que consiste em dizer que alguém é "mais forte" ou "mais fraco" do que ele mesmo (*kreittōn, hēttōn, heautou*). De fato, existe um paradoxo em dizer que alguém é mais forte do que ele mesmo, já que isso implica que ele seja, ao mesmo tempo e por isso mesmo, mais fraco do que ele mesmo. Mas, segundo Platão, a expressão se sustenta porque supõe a distinção entre duas partes da alma, uma que é a melhor e a outra menos boa e que, partindo da vitória ou da derrota de si sobre si, é do ponto de vista da primeira que se pode situar-se: "Quando a parte que é naturalmente a melhor mantém a menos boa sob seu império, isso é marcado pela expressão 'ser mais forte do que ele mesmo', e é um elogio. Quando, ao contrário, em consequência de uma educação ruim ou de certas convivências, a melhor parte, que se encontra enfraquecida, é vencida pelas forças da parte má, então se diz do homem que está nesse estado, e nesse caso trata-se de reprovação e censura, que ele é 'escravo de si mesmo e intemperante'."[98] E que esse antagonismo de si para consigo tenha de estruturar a atitude ética do indivíduo, no que diz respeito aos desejos e aos prazeres, é o que está claramente afirmado no início das *Leis*: a razão dada para que haja em cada Estado um comando e uma legislação é que, mesmo na paz, todos os Estados estão em guerra uns com os outros; do mesmo modo, é preciso entender que, se "na vida pública todo homem é para todo homem um inimigo", na vida privada "cada um, em face de si próprio, é um inimigo de si mesmo"; e de todas as vitórias possíveis de serem obtidas, "a primeira e a mais gloriosa" é a que se consegue "sobre si mesmo", ao passo que "o mais vergonhoso" dos fracassos, "o mais desprezível", "consiste em ser vencido por si mesmo".[99]

3. Uma tal atitude "polêmica" a respeito de si tende a um resultado que é naturalmente expresso em termos de vitória — vitória muito mais bela, dizem as *Leis*, do que aquelas

da palestra e dos concursos.[100] Acontece de essa vitória ser caracterizada pela extirpação total ou pela expulsão dos desejos.[101] Mas é muito mais frequente que ela seja definida pela instauração de um estado sólido e estável de dominação de si sobre si; a vivacidade dos desejos e dos prazeres não desaparece, mas o sujeito temperante exerce sobre ela um domínio suficientemente completo para nunca ser levado pela violência. A famosa provação de Sócrates, capaz de não se deixar seduzir por Alcebíades, não o apresenta "purificado" de todo e qualquer desejo para com os rapazes: ela torna visível sua aptidão para resistir-lhe exatamente quando quer e da maneira que quer. Os cristãos irão censurar uma tal provação porque ela atesta a presença sustentada, para eles imoral, do desejo; entretanto, muito tempo antes, Bion de Borístenes fazia pouco caso disso afirmando que, se Sócrates sentia desejo por Alcebíades, era tolo em se abster, e que não tinha mérito algum se não o sentisse.[102] Do mesmo modo, na análise de Aristóteles, a *enkrateia*, definida como domínio e vitória, supõe a presença dos desejos, e tanto mais valor possui quanto mais conseguir dominar aqueles que são violentos.[103] Mas a própria *sōphrosunē*, que Aristóteles define, entretanto, como um estado de virtude, não implica a supressão dos desejos, mas sua dominação: ele a situa numa posição intermediária entre um desregramento (*akolasia*), no qual há um abandono deliberado a esses prazeres, e uma insensibilidade (*anaisthesia*), aliás extremamente rara, na qual não se experimentará prazer algum; o temperante não é aquele que não tem mais desejos, mas aquele que deseja "com moderação, não mais do que convém nem quando não convém".[104]

A virtude na ordem dos prazeres não é concebida como um estado de integridade, mas como uma relação de dominação, uma relação de domínio: é o que mostram os termos que são utilizados — seja por Platão, Xenofonte, Diógenes, Antifonte ou Aristóteles — para definir a temperança: "dominar os desejos e os prazeres", "exercer poder sobre eles", "comandá-los" (*kratein*, *archein*). Relata-se de Aristipo, o qual, todavia, possuía uma teoria sobre o prazer bem diferente da de Sócrates, o seguinte aforismo que revela uma concepção geral da temperança: "O melhor é dominar os prazeres sem se deixar vencer por eles; e não o fato de não recorrer a eles" (*to kratein kai mē hettasthai hēdonōn ariston, ou to mē chrēsthai*).[105] Em outras palavras, para se constituir como sujeito virtuoso e temperante no uso de seus prazeres, o indivíduo deve instaurar uma relação de si para consigo que é do tipo "dominação-obediência", "comando-submissão", "domínio-docilidade" (e não, como será o caso na espiritualidade cristã, uma relação do tipo "elucidação-renúncia", "decifração-purificação"). É o que se poderia chamar de estrutura "heautocrática" do sujeito na prática moral dos prazeres.

4. Essa forma heautocrática é desenvolvida seguindo vários modelos: assim em Platão, o da equipagem com seu cocheiro, e em Aristóteles, o da criança com o adulto (nossa faculdade de desejar deve conformar-se às prescrições da razão "como à criança deve viver segundo os preceitos de seu pedagogo").[106] Mas ela é, sobretudo, relacionada a dois outros grandes esquemas. O da vida doméstica: assim como a casa só pode estar em ordem se a hierarquia e a autoridade do seu dono forem respeitadas, assim também

o homem será temperante na medida em que souber comandar seus desejos como comanda seus serviçais. Inversamente, a intemperança pode ser lida como um interior malgerido. Xenofonte, no início da *Econômica* — em que, justamente, trata do papel de chefe da casa e da arte de governar a esposa, o patrimônio e os serviçais —, descreve a alma desordenada; é ao mesmo tempo um contraexemplo do que deve ser uma casa bem dirigida e um perfil desses maus senhores que, incapazes de governarem a si próprios, levam seus patrimônios à ruína; na alma do homem intemperante, senhores "maus", "intratáveis" — trata-se da voracidade, da embriaguez, da lubricidade e da ambição — reduzem à escravidão aquele que deveria comandar e, após tê-lo explorado na sua juventude, preparam-lhe uma velhice miserável.[107] Recorre-se também ao modelo da vida cívica para definir a atitude de temperança. A assimilação dos desejos a um povo inferior que se agita e que sempre está procurando se revoltar se não se lhes mantém a rédea[108] é um tema conhecido em Platão; entretanto, a estrita correlação entre indivíduo e cidade, que sustenta a reflexão da *República*, permite desenvolver inteiramente o modelo "cívico" da temperança e de seu contrário. Nele, a ética dos prazeres é da mesma ordem que a estrutura política: "Se o indivíduo se assemelha à cidade, não é uma necessidade que se passem nele as mesmas coisas?"; e o homem será intemperante quando fracassa a estrutura de poder, a *arche* que lhe permite vencer, dominar (*kratein*) as potências inferiores; então, "uma servidão e uma baixeza extrema" tomarão sua alma; e as partes "mais honestas" dessa alma cairão na escravidão e "uma minoria, formada pela parte pior e mais furiosa, nela comandará como senhora e mestra".[109] No final do penúltimo livro da *República*, após construir o modelo da cidade, Platão reconhece que o filósofo terá muito pouca oportunidade de encontrar nesse mundo Estados tão perfeitos e de neles exercer a sua atividade; entretanto, acrescenta ele, o "paradigma" da cidade se encontra no céu para quem quiser contemplá-lo; e o filósofo, olhando-o, poderá "dirigir seu governo particular" (*heauton katoikizein*): "Pouco importa que esse Estado esteja realizado em alguma parte ou que esteja ainda por se realizar: é desse Estado e de nenhum outro que ele seguirá as leis."[110] A virtude individual tem que se estruturar como uma cidade.

5. Para uma luta dessa natureza, os exercícios são necessários. A metáfora da justa, do combate esportivo ou da batalha não serve simplesmente para designar a natureza da relação com os desejos e com os prazeres e a sua força sempre pronta à sedição e à revolta; ela se refere também à preparação que permite sustentar esse confronto.
É Platão quem o diz: não é possível opor-se a eles, nem vencê-los quando se é *agumnastos*.[111] O exercício não é menos indispensável nessa ordem de coisas do que quando se trata de adquirir qualquer outra técnica: a *mathesis* apenas não seria suficiente se não se apoiasse num exercício, numa *askēsis*. Temos aí uma das grandes lições socráticas; ela não desmente o princípio de que não se poderia cometer o mal voluntariamente e conhecendo-o; ela confere a esse saber uma forma que não se reduz unicamente ao conhecimento de um princípio. Xenofonte, a propósito das acusações lançadas contra Sócrates, toma cuidado em distinguir seu ensino

daquele dos filósofos — ou dos "pretensos filósofos" — para quem, uma vez que o homem tenha aprendido o que é ser justo ou temperante (*sōphrōn*) não pode tornarse injusto e devasso. Como Sócrates, Xenofonte também se opõe a essa teoria: se não se exerce o corpo não se pode cumprir as funções do corpo (*ta tou somatos erga*); do mesmo modo, se não se exerce a alma não se pode cumprir as funções da alma: fica-se, então, incapaz de "fazer o que convém e abster-se do que é preciso evitar".[112] É por isso que Xenofonte não quer que se tome Sócrates por responsável pela má conduta de Alcebíades: este não foi vítima do ensinamento recebido, mas, após todos os sucessos junto aos homens e mulheres, e ao povo inteiro que o levou aos píncaros, ele procedeu como muitos atletas: uma vez obtida a vitória, acreditou que podia "negligenciar o exercício (*amelein tes askēseōs*)".[113]

Platão retomará frequentemente esse princípio socrático da *askēsis*. Ele evocará Sócrates, mostrando a Alcebíades ou a Cálicles que eles não poderiam pretender ocupar-se da cidade e governar os outros se não aprendessem primeiro o que é necessário, e se não se exercitassem para isso: "Quando juntos tivermos praticado suficientemente esse exercício (*askesantes*), então poderemos, se quisermos, abordar a política."[114] E ele associará essa exigência do exercício à necessidade de se ocupar de si: a *epimeleia heautou*, a aplicação consigo que é uma condição prévia para poder se ocupar com os outros e dirigi-los, comporta não somente a necessidade de conhecer (de conhecer o que se ignora, de conhecer que se é ignorante, de conhecer o que se é), como também a necessidade de se aplicar efetivamente a si e de se exercer e se transformar.[115] A doutrina e a prática dos cínicos atribuem, igualmente, uma grande importância à *askēsis*, a tal ponto que a vida cínica pode parecer inteiramente uma espécie de exercício permanente. Diógenes achava que se devia exercitar ao mesmo tempo o corpo e a alma; cada um dos dois exercícios "é impotente sem o outro, a boa saúde e a força não são menos úteis que o resto porque o que concerne ao corpo concerne também à alma". Esse duplo exercício visa ao mesmo tempo permitir enfrentar sem sofrer as privações quando elas se apresentam, e reduzir permanentemente os prazeres à exclusiva satisfação elementar das necessidades. O exercício é ao mesmo tempo redução à natureza, vitória sobre si e economia natural de uma vida de verdadeiras satisfações: "Não se pode fazer nada na vida — dizia Diógenes — sem exercício, e o exercício permite aos homens tudo vencer (*pan eknikesai*)... Deixando de lado os sofrimentos fúteis que nós nos damos e exercitando-nos em conformidade com a natureza, poderíamos e deveríamos viver felizes... O próprio desprezo do prazer nos daria, se nos exercitássemos, muita satisfação. Se aqueles que adquiriram o hábito de viver nos prazeres sofrem quando lhes é necessário mudar de vida, aqueles que se exercitaram em suportar as coisas penosas desprezam sem sofrimento os prazeres (*hedio auton ton hedonon kataphronousi*)."[116]

A importância do exercício não será mais esquecida na tradição filosófica ulterior. E terá mesmo uma amplidão considerável: multiplicar-se-ão os exercícios, definir-se-ão os procedimentos, os objetivos, as variantes possíveis; sua eficácia será discutida; a *askēsis*, sob diferentes formas (exercícios, meditação, provas de pensamento, exame de consciência, controle das representações), tornar-se-á matéria de ensino e constituirá um dos instrumentos essenciais da direção de almas. Em compensação, encontram-se nos textos da época clássica poucos detalhes sobre a forma concreta que a *askēsis* moral pode tomar. Sem dúvida, a tradição pitagórica reconhecia numerosos exercícios: regime alimentar, inventários das faltas no fim do dia, ou ainda práticas de meditação que devem preceder o sono de maneira a conjurar os maus sonhos e favorecer as visões que podem vir dos deuses: Platão, aliás, faz uma referência precisa a essas preparações espirituais da noite numa passagem da *República*, onde evoca o perigo dos desejos sempre prontos para invadir a alma.[117] Entretanto, fora dessas práticas pitagóricas, não se encontra — tanto em Xenofonte, Platão, Diógenes quanto em Aristóteles — especificação da *askēsis* como exercício de continência. Existem, sem dúvida, duas razões para isso. A primeira é que o exercício é concebido como a própria prática daquilo para o que é preciso se preparar; não há especificidade do exercício em relação ao objetivo a atingir: através da preparação cria-se o hábito da conduta que será preciso manter daí em diante.[118] Assim Xenofonte louvava a educação espartana, que ensina as crianças a suportar a fome racionando seus alimentos, a suportar o frio dando-lhes uma única roupa, a suportar o sofrimento expondo-as aos castigos físicos, assim como lhes ensina a praticar a continência impondo-lhes a mais estrita modéstia de postura (andar nas ruas em silêncio, com os olhos baixos e as mãos sob o manto).[119] Assim também Platão pretende submeter os jovens a provas de coragem que consistiriam em expô-los a perigos fictícios; seria um meio de habituá-los, de aperfeiçoá-los, e ao mesmo tempo de aferir seu valor; do mesmo modo que são colocados "os potros no barulho e no alarido para ver se eles são medrosos", conviria "conduzir nossos guerreiros quando jovens em meio a objetos assustadores e depois devolvê-los aos prazeres"; dessa forma ter-se-ia um meio de pô-los à prova "com mais cuidados do que quando se põe à prova o ouro pelo fogo, para saber se eles resistem às seduções, se guardam a decência em qualquer circunstância, se são os fiéis guardiães de si mesmos e da música cujas lições receberam".[120] Nas *Leis* ele chega até a sonhar com uma droga que ainda não foi inventada: ela faria qualquer coisa parecer assustadora aos olhos daquele que a tivesse absorvido; e seria possível servir-se dela a fim de se exercitar na coragem: tanto só, se se pensar que "não se deve deixar-se ver antes de estar bem treinado", quanto em grupo, e mesmo em público, "com numerosos convivas" para mostrar que se é capaz de dominar "a inevitável perturbação da bebida";[121] é sob esse modelo artificial e ideal que os banquetes podem ser aceitos e organizados como espécies de provas de temperança. Aristóteles o disse numa frase que mostra a circularidade entre a aprendizagem moral e a virtude que se aprende: "É se afastando dos prazeres que se pode tornar-se temperante; mas é quando se chega à temperança que melhor se pode afastar-se dos prazeres."[122]

Quanto à outra razão para explicar por que não existe uma arte específica do exercício da alma, ela se deve ao fato de que o domínio de si e o domínio dos outros são considerados como tendo a mesma forma: já que se deve governar a si mesmo como se governa a própria casa e da maneira como se desempenha o próprio papel na cidade, segue-se que a formação das virtudes pessoais, e particularmente da *enkrateia*, não será diferente, por natureza, da formação que permite sobressair sobre os outros cidadãos e dirigi-los. A mesma aprendizagem deve tornar capaz de virtude e de poder. Assegurar a direção de si mesmo, exercer a gestão da própria casa, participar do governo da cidade são três práticas do mesmo tipo. A *Econômica* de Xenofonte mostra bem, entre essas três artes, a continuidade, o isomorfismo, assim como a sucessão cronológica de sua instauração na existência de um indivíduo. O jovem Critóbulo afirma que daí para diante ele é capaz de se dominar e de não mais se deixar levar por seus desejos e prazeres (e Sócrates lembra-lhe que estes são como serviçais sobre os quais convém manter a autoridade); portanto, é chegado o momento, para ele, de se casar e de assegurar com sua esposa a direção da casa; e esse governo doméstico — entendido como gestão de um interior e exploração de um domínio, manutenção ou desenvolvimento do patrimônio — Xenofonte faz notar várias vezes que ele constitui, quando acontece de a ele dedicar-se como convém, uma notável preparação física e moral para quem quiser exercer seus deveres cívicos, firmar sua autoridade pública e assumir tarefas de comando. De modo geral, tudo o que servir para a educação política do homem enquanto cidadão lhe servirá também para exercitar a virtude e inversamente: os dois vão juntos. A *askēsis* moral faz parte da *paideia* do homem livre que tem um papel a desempenhar na cidade e com relação aos outros: ela não tem que utilizar procedimentos diferentes; a ginástica e as provas de resistência, a música e a aprendizagem dos ritmos viris e vigorosos, a prática da caça e das armas, o cuidado em se apresentar bem em público, a aquisição do *aidos* que faz com que se respeite a si mesmo através do respeito que se tem para com o outro — tudo isso é, ao mesmo tempo, formação do homem que será útil para a cidade, e exercício moral daquele que quer se dominar a si mesmo. Ao evocar as provas de medo artificial que ele recomenda, Platão vê nelas um meio para destacar, dentre os jovens, aqueles que serão mais capazes de ser "úteis a eles próprios e ao Estado"; são aqueles que serão recrutados para governar: "Estabeleceremos como chefe e guardião da cidade aquele que, tendo sofrido todas as provas sucessivas da infância, da juventude e da idade madura, saia intacto (*akeratos*) de todas elas."[123] E quando nas *Leis* o Ateniense dá a definição daquilo que ele entende por *paideia*, ele a caracteriza como aquilo que forma "desde a infância para a virtude" e que inspira "o desejo apaixonado de tornar-se um cidadão realizado, sabendo comandar e obedecer segundo a justiça".[124]

Pode-se dizer, numa palavra, que o tema de uma *askēsis*, como preparação prática indispensável para que o indivíduo se constitua como sujeito moral, é importante e até mesmo insistente — no pensamento grego clássico e, em todo caso, na tradição proveniente de Sócrates. No entanto, essa "ascética" não é organizada nem refletida como um *corpus* de práticas singulares que constituiriam uma espécie de arte específica da alma, com suas técnicas, seus procedimentos, suas receitas. Por um lado, ela não se distingue da própria prática da virtude; ela é sua repetição antecipadora. Por outro lado, ela se serve dos mesmos exercícios que os que formam o cidadão: o mestre de si e dos outros se forma ao mesmo tempo. Essa ascética logo começará a adquirir sua independência ou, pelo menos, uma autonomia parcial e relativa. E isso de duas maneiras; ocorrerá um descolamento entre os exercícios que permitem governar-se e a aprendizagem do que é necessário para governar os outros; também haverá descolamento entre os exercícios em sua forma própria e a virtude, a moderação, a temperança, à qual eles servem de preparação: seus procedimentos (provas, exames, controle de si) tenderão a constituir uma técnica particular, mais complexa do que a simples repetição da conduta moral para a qual eles tendem. Ver-se-á, então, a arte de si assumir sua própria figura em relação à *paideia* que forma seu contexto e em relação à conduta moral que lhe serve de objetivo. Mas, para o pensamento grego da época clássica a "ascética" que permite constituir-se como sujeito moral faz parte integralmente, até em sua própria forma, do exercício de uma vida virtuosa que é também a vida do homem "livre" no sentido pleno, positivo e político do termo.

4 — Liberdade e verdade

1. "Dize-me, Eutidemo, acreditas que a liberdade seja um bem nobre e magnífico, quer se trate de um particular ou de um Estado? É o mais belo que é possível ter, responde Eutidemo. — Mas aquele que se deixa dominar pelos prazeres do corpo e que, em seguida, torna-se incapaz de praticar o bem, tu o consideras um homem livre? — De jeito nenhum, diz ele."[125] A *sōphrosunē*, o estado que se tende a alcançar pelo exercício do domínio e pelo comedimento na prática dos prazeres é caracterizada como uma liberdade. Embora seja tão importante governar desejos e prazeres, e apesar do uso que se faz deles constituir um alvo moral de tal preço, não é

para conservar ou reencontrar uma inocência de origem; não é, em geral — salvo, evidentemente, na tradição pitagórica para conservar uma pureza;[126] é para ser livre e poder permanecê-lo. Poder-se-ia ver nisso, se ainda fosse necessário, a prova de que a liberdade, no pensamento grego, não é simplesmente refletida como a independência de toda a cidade, ao passo que os cidadãos seriam por si mesmos elementos sem individualidade nem interioridade. A liberdade que convém instaurar e preservar é, evidentemente, aquela dos cidadãos no seu conjunto, mas é também, para cada um, uma certa forma de reação do indivíduo para consigo. É claro que a constituição da cidade, o caráter das leis, as formas da educação, a maneira pela qual os chefes se conduzem são fatores importantes para o comportamento dos cidadãos: mas, em troca, a liberdade dos indivíduos, entendida como o domínio que eles são capazes de exercer sobre si mesmos, é indispensável a todo o Estado. Escutemos Aristóteles na *Política*: "Uma cidade é virtuosa pelo fato de que os cidadãos que participam em seu governo são eles próprios virtuosos; ora, em nosso Estado todos os cidadãos participam do governo. O ponto a ser considerado é o seguinte: de que maneira um homem se torna virtuoso? Pois mesmo no caso de ser possível a todo o corpo dos cidadãos ser virtuoso sem que nenhum entre eles o seja individualmente, é a virtude individual, no entanto, que é necessário preferir, já que a virtude de todo o corpo social segue logicamente a virtude de cada cidadão."[127] A atitude do indivíduo em relação a si mesmo, a maneira pela qual ele garante sua própria liberdade no que diz respeito aos seus desejos, a forma de soberania que ele exerce sobre si são elementos constitutivos da felicidade e da boa ordem da cidade.

Essa liberdade individual, no entanto, não deve ser compreendida como a independência de um livre-arbítrio. O seu *vis-à-vis*, a polaridade à qual ela se opõe, não é um determinismo natural nem a vontade de uma onipotência: é uma escravidão — e a escravidão de si para consigo. Ser livre em relação aos prazeres é não estar a seu serviço, é não ser seu escravo. O perigo que os *aphrodisia* trazem consigo é muito mais a servidão do que a mácula. Diógenes dizia que os servos eram escravos de seus senhores e que a gente imoral o era de seus desejos (*tous de phaulous tais epithumiais douleuein*).[128] Sócrates, no início da *Econômica*,[129] advertia Critóbulo contra essa servidão, assim como também advertia Eutidemo num diálogo dos *Memoráveis* que é um hino à temperança considerada liberdade: "Acreditas, sem dúvida, que praticar o bem é ser livre, e que ter senhores que impedem de fazê-lo é ser escravo? — É este, verdadeiramente, o meu pensamento diz ele. — Portanto é verdade para ti que os intemperantes são escravos...

"— E qual é para ti a pior servidão? — Para mim, diz ele, é aquela em que se tem os piores senhores. — Então, a pior das servidões é aquela dos intemperantes... — Se te compreendo bem, Sócrates, pretendes que o homem subjugado aos prazeres dos sentidos nada tem em comum com qualquer virtude? — Sim, Eutidemo, diz Sócrates: pois em que o homem intemperante supera o mais estúpido dos animais?"[130]

No entanto, essa liberdade é mais do que uma não escravidão, mais do que uma liberação que tornaria o indivíduo independente de qualquer coerção exterior ou interior; na sua forma plena e positiva ela é poder que se exerce sobre si, no poder que se exerce sobre os outros. Com efeito, aquele que, por *status*, se encontra situado sob a autoridade dos outros não tem que esperar de si mesmo o princípio de sua temperança; basta-lhe obedecer às ordens e às prescrições que se lhe dá. É o que explica Platão a propósito do artesão: o que existe de degradante nele é que a melhor parte de sua alma "é tão fraca por natureza que ele não pode comandar suas feras interiores, que ele as deleita, não podendo aprender outra coisa a não ser bajulá-las"; ora, o que fazer se quisermos que esse homem seja regido por um princípio racional como aquele "que governa o homem superior?". O único meio é colocá-lo sob a autoridade e o poder desse homem superior: "Que ele se faça escravo daquele em quem o elemento divino comanda."[131] Em troca, quem deve comandar os outros é aquele que deve ser capaz de exercer uma autoridade perfeita sobre si mesmo: ao mesmo tempo porque, em sua posição e com o poder que ele exerce, lhe seria fácil satisfazer todos os seus desejos e, portanto, entregar-se a eles, como também porque as desordens de sua conduta têm efeitos sobre todos e na vida coletiva da cidade. Para não ser excessivo e não cometer violência, para escapar à dupla constituída pela autoridade tirânica (sobre os outros) e pela alma tiranizada (por seus próprios desejos), o exercício do poder político exigirá como seu próprio princípio de regulação interna o poder sobre si. A temperança entendida como um dos aspectos de soberania sobre si é, não menos do que a justiça, a coragem ou a prudência, uma virtude qualificadora daquele que tem a exercer domínio sobre os outros. O mais real dos homens é rei de si mesmo (*basilikos, basileuon heautou*).[132]

Daí a importância atribuída, na moral dos prazeres, a duas altas figuras da exemplificação moral. De um lado, o mau tirano; ele é incapaz de dominar suas próprias paixões; e, por causa disso, ele se encontra sempre inclinado a abusar de seu próprio poder e a fazer violência (*hubrizein*) sobre seus súditos; ele introduz a perturbação em seu Estado e assiste à revolta dos cidadãos contra ele; os abusos sexuais do déspota, quando ele se põe a desonrar os filhos — meninos ou meninas — dos cidadãos, são frequentemente invocados como motivo inicial dos complôs para derrubar as tiranias e restabelecer a liberdade: assim foi com Pisistrátides em Atenas, Periandro em Ambrácia e outros mais que Aristóteles menciona no V livro da *Política*.[133] Em face da figura do tirano desenha-se a imagem positiva do chefe que é capaz de exercer um estrito poder sobre si na autoridade que exerce sobre os outros; seu domínio de si modera o seu domínio sobre outrem. É testemunho o Ciro de Xenofonte, que poderia mais do que qualquer outro abusar do seu poder e que, contudo, em meio à sua própria corte, manifestava o domínio de seus sentimentos: "Assim, um tal comportamento criava na corte, entre os inferiores, um sentimento exato de sua posição, que os fazia ceder aos superiores e, deles entre si, um exato sentimento de respeito e cortesia."[134] Assim também, quando o próprio Nicocles de Isócrates elogia a sua temperança e a sua fidelidade conjugal, ele se refere às exigências de seu *status* político: como pretender obter a obediência dos outros se não pudesse assegurar a submissão de seus próprios desejos?[135] É em termos de prudência que Aristóteles recomendará, ao soberano absoluto, não se entregar a qualquer desregramento; ele deve, efetivamente, ter em conta o apreço dos homens de bem por sua honra; por essa razão seria imprudente se os expusesse à humilhação dos castigos corporais; pela mesma razão lhe seria necessário abster-se "das ofensas ao pudor da juventude". "Que suas relações íntimas com a juventude sejam ditadas por razões de ordem sentimental, e não pela ideia de que tudo lhe é permitido e que, de maneira geral, ele resgate tudo o que pareça perda de consideração com honras maiores.[136] E podemos lembrar que era isso o que se encontrava em jogo no debate entre Sócrates e Cálicles: devem-se considerar aqueles que governam os outros em relação a eles próprios como "governantes ou governados (*archontas e archomenous*)" — sendo esse governo de si definido pelo fato de ser *sōphrōn* e *enkrates*, isto é, de "comandar em si próprio os prazeres e os desejos"?[137]

Chegará o dia em que o paradigma utilizado mais frequentemente para ilustrar a virtude sexual será o da mulher ou da jovem que se defende contra os avanços daquele que tem todo o poder sobre ela; a salvaguarda da pureza e da virgindade, a fidelidade aos compromissos e aos votos constituirão, então, a prova típica da virtude. Essa figura não é, certamente, desconhecida na Antiguidade; mas parece claramente que o homem, o chefe, o senhor capaz de controlar seu próprio apetite no momento em que seu poder sobre outrem lhe fornece a possibilidade de usá-lo à vontade, representa melhor, para o pensamento grego, um modelo daquilo que é, na sua própria natureza, a virtude de temperança.

2. O que é afirmado através dessa concepção do domínio como liberdade ativa é o caráter "viril" da temperança.

Assim como na casa cabe ao homem comandar, assim como na cidade não é aos escravos, às crianças nem às mulheres que compete exercer o poder, mas aos homens e somente a eles, do mesmo modo cada um deve pôr em obra sobre si mesmo suas qualidades de homem. O domínio de si é uma maneira de ser homem em relação a si próprio, isto é, comandar o que deve ser comandado, obrigar à obediência o que não é capaz de se dirigir por si só, impor os princípios da razão ao que desses princípios é desprovido; em suma, é uma maneira de ser ativo em relação ao que, por natureza, é passivo e que deve permanecê-lo. Nessa moral de homens feita para os homens, a elaboração de si como sujeito moral consiste em instaurar de si para consigo uma estrutura de virilidade: é sendo homem em relação a si que se poderá controlar e dominar a atividade de homem que se exerce em face dos outros na prática sexual. Na justa agonística consigo mesmo e na luta para dominar os desejos é necessário encaminhar-se para o ponto em que a relação consigo torna-se isomorfa à relação de dominação, de hierarquia e de autoridade que, na condição de homem, e de homem livre, pretende-se estabelecer com os subordinados; sob essa condição de "virilidade ética" é que se poderá, segundo um modelo de "virilidade social", estabelecer a medida que convém ao exercício da "virilidade sexual". No uso desses prazeres de macho é necessário ser viril consigo como se é masculino no papel social. A temperança é, no sentido pleno, uma virtude de homem.

O que não quer dizer, evidentemente, que as mulheres não tenham que ser temperantes, que elas não sejam capazes de *enkrateia* ou que elas ignorem a virtude de *sōphrosunē*.

Entretanto, essa virtude nelas é sempre referida, de certa forma, à virilidade. Referência institucional, visto que é seu *status* de dependência em relação à família e ao marido e sua função procriadora possibilitando a permanência do nome, a transmissão dos bens e a sobrevivência da cidade, que lhes impõem a temperança. Mas, também, referência estrutural, já que uma mulher, para poder ser temperante, deve estabelecer consigo uma relação de superioridade e de dominação que é em si mesma uma relação de tipo viril. É significativo que Sócrates, na *Econômica* de Xenofonte, após ter ouvido Isômaco vangloriar-se dos méritos da esposa que ele próprio formou, declara (não sem antes invocar a deusa da matrimonialidade austera): "Por Hera! Eis que se revela em tua mulher uma alma bem viril (*andrike dianoia*)." Ao que Isômaco, para introduzir a lição de postura sem coquetismo que tinha dado à sua esposa, acrescenta a seguinte réplica em que se leem os dois elementos essenciais dessa virilidade virtuosa da mulher — força de espírito própria e dependência em relação ao marido: "Quero ainda te citar outros traços de sua força de espírito (*megafophron*) e mostrar-te com que prontidão ela me obedecia após ouvir meus conselhos."[138]

Como se sabe, Aristóteles se opôs explicitamente à tese socrática de uma unidade essencial da virtude e, portanto, de uma identidade da virtude nos homens e nas mulheres. Contudo, ele não descreve virtudes femininas que seriam estritamente femininas; as virtudes que ele reconhece nas mulheres se definem em referência a uma virtude essencial e que encontra sua forma plena e acabada no homem. E ele vê a razão disso no fato de a relação entre homem e mulher ser "política": é a relação entre um governo e um governado. É necessário para a boa ordem da relação que ambos participem das mesmas virtudes; porém cada um participará à sua maneira. Aquele que comanda — o homem, portanto — "possui a virtude ética em sua plenitude", enquanto para os governados — e para a mulher — basta ter "o quanto de virtude apropriado a cada um". Portanto, a temperança e a coragem são no homem virtude plena e completa "de comando"; quanto à temperança ou à coragem da mulher, são virtudes "de subordinação", o que significa que elas encontram no homem, ao mesmo tempo, seu modelo perfeito e acabado e o seu princípio de funcionamento.[139]

Outra consequência, simétrica e inversa da precedente, decorre do fato de ter a temperança uma estrutura essencialmente viril: é que a intemperança implica uma passividade que a aparenta à feminidade. Ser intemperante, com efeito, é encontrar-se num estado de não resistência e em posição de fraqueza e de submissão em relação à força dos prazeres; é ser incapaz dessa atitude de virilidade consigo que permite ser mais forte do que a si próprio. Nesse sentido, o homem de prazeres e de desejos, o homem do não domínio (*akrasia*) ou da intemperança (*akofasia*) é um homem que se poderia dizer feminino e, em relação a ele próprio, ainda mais essencialmente do que em relação aos outros. Numa experiência da sexualidade como a nossa, em que uma cesura fundamental opõe o masculino e o feminino, a feminidade do homem é percebida na transgressão efetiva ou virtual de seu papel sexual. Ninguém será tentado a dizer de um homem cujo amor às mulheres o leva ao excesso que ele seja efeminado — a não ser operando sobre o seu desejo todo um trabalho de decifração e desentocando "a homossexualidade latente" que habita em segredo sua relação instável e multiplicada com as mulheres. Ao contrário, para os gregos, é a oposição entre atividade e passividade que é essencial e marca tanto o domínio dos comportamentos sexuais como o das atitudes morais; vê-se, então, por que um homem pode preferir os amores masculinos sem que ninguém sonhe em suspeitá-lo de feminidade, desde que ele seja ativo na relação sexual e ativo no domínio de si; em troca, um homem que não é suficientemente dono de seus prazeres — pouco importa a escolha de objeto que faça — é considerado "feminino". A linha de demarcação entre um homem viril e um homem efeminado não coincide com a nossa oposição entre hétero e homossexualidade; ela também não se reduz à oposição entre homossexualidade ativa e passiva. Ela marca a diferença de atitude em relação aos prazeres; e os signos tradicionais dessa feminidade — preguiça, indolência, recusa das atividades um tanto rudes do esporte, gosto pelos perfumes e pelos adornos, lassidão... (*malakia*) — não designarão forçosamente aquele que será chamado no século XIX "o invertido", mas aquele que se deixa levar pelos prazeres que o atraem: ele é submisso aos próprios apetites, assim como aos dos outros. Em face de um rapaz muito afetado Diógenes se zanga; mas ele considera que esse porte feminino pode trair tanto o seu gosto pelas mulheres como pelos homens.[140] O que constitui, para os gregos, a negatividade ética por excelência não é, evidentemente, amar os dois sexos: também não o é preferir seu próprio sexo ao outro; é ser passivo em relação aos prazeres.

3. Essa liberdade-poder que caracteriza o modo de ser do homem temperante não pode conceber-se sem uma relação com a verdade. Dominar os seus próprios prazeres e submetê-los ao *logos* formam uma única e mesma coisa: o temperante, diz Aristóteles, só deseja "o que a justa razão (*orthos logos*) prescreve".[141] É conhecido o longo debate que se desenvolveu a partir da tradição socrática a propósito do papel do conhecimento na virtude em geral e na temperança em particular. Xenofonte, nos *Memoráveis*, lembrou a tese de Sócrates segundo a qual não se poderia separar ciência e temperança: àqueles que evocam a possibilidade de saber o que convém fazer e, contudo, de agir no sentido contrário, Sócrates responde que os intemperantes são sempre, ao mesmo tempo, ignorantes, visto que, de toda forma, os homens "escolhem dentre todas as ações aquelas que julgam ser as mais vantajosas".[142] Esses princípios serão longamente discutidos por Aristóteles sem que sua crítica venha encerrar um debate que ainda continuará no estoicismo e à sua volta. Mas que se admita ou não a possibilidade de cometer o mal sabendo-o, e qualquer que seja o modo de saber suposto naqueles que agem a despeito dos princípios que conhecem, existe um ponto que não é contestado: é que não se pode praticar a temperança sem uma forma de saber que constitui pelo menos uma de suas condições essenciais. Não se pode constituir-se como sujeito moral no uso dos prazeres sem constituir-se ao mesmo tempo como sujeito de conhecimento.

A relação ao *logos* na prática dos prazeres foi descrita pela filosofia grega do século IV sob três formas principais. Uma forma estrutural: a temperança implica que o *logos* seja colocado em posição de soberania no ser humano, que ele possa submeter os desejos, e que seja capaz de regular o comportamento. Enquanto, no intemperante, a potência que deseja usurpa o primeiro lugar e exerce a tirania, naquele que é *sōphrōn* é a razão que comanda e prescreve de acordo com a estrutura do ser humano: "Não cabe à razão, pergunta Sócrates, comandar posto que é sábia e que é encarregada de velar sobre a totalidade da alma?"; e a partir daí ele define o *sōphrōn* como aquele em quem as diferentes partes da alma estão em amizade e harmonia, quando aquela que comanda e as que obedecem estão de acordo em reconhecer que é a razão que deve comandar e que elas não disputam mais sua autoridade.[143] E a despeito de todas as diferenças que opõem a tripartição platônica da alma à concepção aristotélica da época da *Ética a Nicômaco*, é em termos de superioridade da razão sobre o desejo que aí se encontra caracterizada a *sōphrosunē*: "o desejo do prazer é insaciável e tudo o excita no ser desprovido de razão"; o desejo, portanto, crescerá de maneira excessiva "se não se for dócil e submisso à autoridade"; e essa autoridade é a do *logos* à qual deve conformar-se a "faculdade de concupiscência (*to epithumetikon*)".[144]

Mas o exercício do *logos* na temperança é também descrito sob uma forma instrumental. Com efeito, a partir do momento em que a dominação dos prazeres garante um uso que sabe adaptar-se às necessidades, aos momentos e às circunstâncias, uma razão prática torna-se necessária, razão essa que possa determinar, segundo a expressão de Aristóteles, "o que se deve, como se deve e quando se deve".[145] Platão sublinhava a importância, tanto para o indivíduo como para a cidade, de não usar os prazeres "fora das circunstâncias oportunas (*ektos tōn kairōn*) e sem saber (*anepistēmonōs*)".[146] E num espírito bem próximo, Xenofonte mostrava que o homem de temperança era também o homem da dialética — apto a comandar e a discutir, capaz de ser melhor —, visto que, explica Sócrates, nos *Memoráveis*, "só os homens temperantes são capazes de considerar, entre as coisas, aquelas que são as melhores, de classificá-las prática e teoricamente por gênero, de escolher as boas e de abster-se das más".[147]

Finalmente, em Platão, o exercício do *logos* na temperança aparece sob uma terceira forma: a do reconhecimento ontológico de si por si. A necessidade de se conhecer a si mesmo a fim de praticar a virtude e dominar os desejos foi um tema socrático. Mas quanto à forma que esse conhecimento de si deve tomar, um texto como o grande discurso do *Fedro*, em que se conta a viagem das almas e o nascimento do amor, fornece algumas precisões. Tem-se aí, sem dúvida, na literatura antiga, a primeira descrição daquilo que será mais tarde "o combate espiritual". Aí se encontra — bem longe da impassibilidade e das proezas de resistência ou de abstinência das quais Sócrates, segundo o Alcebíades do *Banquete*, sabia dar provas — toda uma dramaturgia da alma lutando consigo mesma e contra a violência de seus desejos; esses diferentes elementos terão um longo destino na história da espiritualidade: a perturbação que se apodera da alma e cujo próprio nome ela ignora, a inquietação que a mantém desperta, a efervescência misteriosa, o sofrimento e o prazer que se alternam e se mesclam, o movimento que arrebata o ser, a luta entre as potências opostas, as quedas, as feridas, os sofrimentos, a recompensa e o apaziguamento final. Ora, ao longo dessa narrativa que se dá como a manifestação daquilo que é, na sua verdade, a natureza da alma tanto humana como divina, a relação com a verdade desempenha um papel fundamental. Com efeito, por ter contemplado "as realidades que estão fora do céu" e percebido o seu reflexo numa beleza deste mundo, a alma é tomada pelo delírio de amor, é colocada fora de si e não se possui mais; mas é também porque essas lembranças levam-na "para a realidade da beleza", é porque ela "a revê, acompanhada da sabedoria e elevada sobre o seu pedestal sagrado", que ela se contém, que toma a si de sofrear o desejo físico e procura liberar-se de tudo o que poderia entorpecê-la e impedi-la de reencontrar a verdade que ela viu.[148] A relação da alma com a verdade é, ao mesmo tempo, o que fundamenta o *Eros* em seu movimento, força e intensidade e o que, ajudando-o a desenredar-se de qualquer gozo físico, permite-lhe tornar-se o verdadeiro amor.

Como vemos, a relação com o verdadeiro constitui um elemento essencial da temperança, quer seja sob a forma de uma estrutura hierárquica do ser humano, sob a forma de uma prática de prudência, quer seja de um reconhecimento pela alma de seu ser próprio. Essa relação é necessária para o uso comedido dos prazeres, necessária para a dominação de sua violência. Mas é preciso ver que essa relação com o verdadeiro jamais assume a forma de uma decifração de si por si e de uma hermenêutica do desejo. Ela é constitutiva do modo de ser do sujeito temperante; não equivale a uma obrigação para o sujeito de dizer a verdade sobre si próprio; nunca abre a alma como um domínio de conhecimento possível em que as marcas dificilmente perceptíveis do desejo deveriam ser lidas e interpretadas. A relação com a verdade é uma condição estrutural instrumental e ontológica da instauração do indivíduo como sujeito temperante e levando uma vida de temperança; ela não é uma condição epistemológica para que o indivíduo se reconheça na sua singularidade de sujeito desejante, e para que possa purificar-se do desejo assim elucidado.

4. Ora, embora essa relação com a verdade, constitutiva do sujeito temperante, não conduza a uma hermenêutica do desejo, como será o caso na espiritualidade cristã, ela abre, em compensação, para uma estética da existência. Deve-se entender com isso uma maneira de viver cujo valor moral não está em sua conformidade a um código de comportamento nem em um trabalho de purificação, mas depende de certas formas, ou melhor, certos princípios formais gerais no uso dos prazeres, na distribuição que deles se faz, nos limites que se observa, na hierarquia que se respeita. Pelo *logos*, pela razão e pela relação com o verdadeiro que a governa, uma tal vida inscreve-se na manutenção ou reprodução de uma ordem ontológica; e, por outro lado, recebe o brilho de uma beleza manifesta aos olhos daqueles que podem contemplá-la ou guardá-la na memória. Essa existência temperante, cuja medida, fundamentada na verdade, é ao mesmo tempo respeito de uma estrutura ontológica e perfil de uma beleza visível, foi frequentemente esboçada

por Xenofonte, Platão e Aristóteles. Eis, por exemplo, em *Górgias* a maneira pela qual Sócrates a descreve dando ele mesmo às suas próprias questões as respostas de Cálicles silencioso: "A qualidade própria a cada coisa móvel, corpo, alma, qualquer animal, não lhe vem por acaso: ela resulta de uma certa ordem, de uma certa justeza, de uma certa arte (*taxis, orthotēs, technē*) adaptadas à natureza dessa coisa. Seria isso verdade? De minha parte, eu o afirmo. — Assim, portanto, a virtude de cada coisa consiste num arranjo e numa disposição feliz resultante da ordem? Eu o sustentaria. — Consequentemente, uma certa beleza de arranjo (*kosmos tis*), própria à natureza de cada coisa, é o que, por sua presença, torna essa coisa boa? Eu o creio. — E por conseguinte, também, uma alma na qual se encontra a ordem que convém à alma vale mais do que aquela em que essa ordem está ausente? Necessariamente. — Ora, uma alma que possui a ordem é uma alma bem-ordenada? Sem dúvida. — E uma alma bem-ordenada é temperante e sábia? Necessariamente. — Portanto uma alma temperante é boa... eis o que, quanto a mim, afirmo e sustento como certo. Se isso é verdade, parece-me, pois, que cada um de nós, para ser feliz, deve buscar a temperança e nela se exercitar (*diōkteon kai askēteon*)."[149]

Fazendo eco a esse texto que liga a temperança e a beleza de uma alma cujo ordenamento corresponde à sua natureza própria, a *República* mostrará, inversamente, a que ponto são incompatíveis o esplendor de uma alma e de um corpo com o excesso e a violência dos prazeres: "Se um homem reúne, ao mesmo tempo, um belo caráter (*kala ēthē*) na sua alma e no seu exterior traços que se combinam e se ajustam ao seu caráter, porque eles participam do mesmo modelo, não é esse o mais belo espetáculo para quem pode vê-lo? — De longe o mais belo. — Ora, o mais belo é também o mais amável (*erasmiōtaton*)? — Sem objeção. — Mas, diga-me, o abuso do prazer se ajusta com a temperança? — Como isso poderia ocorrer visto que ele perturba a alma tanto quanto a dor? — E com a virtude em geral? — Não. — E com a violência e a incontinência (*hubris, akolasia*)? — Mais do que com qualquer outra coisa. Mas podes citar um prazer maior e mais vivo do que o prazer de amor? — Não, mais furioso não existe. — Ao contrário, o amor que é segundo a razão (*ho orthos eros*) é um amor sábio e regrado, da ordem e da beleza? — Certamente. — É preciso, portanto, não deixar aproximar do amor razoável a loucura nem nada que se assemelhe à incontinência."[150]

Também pode-se lembrar a descrição ideal que Xenofonte propunha a respeito da corte de Ciro, que dava a si própria o espetáculo da beleza, mediante o perfeito domínio que cada um exercia sobre si; o soberano manifestava ostensivamente um domínio e um comedimento em torno dos quais se distribuíam em todos, e de acordo com as posições de cada um, uma conduta medida, o respeito de si e dos outros, o controle cuidadoso da alma e do corpo, a economia dos gestos, de tal modo que nenhum movimento involuntário e violento viesse perturbar um ordenamento de beleza que parecia presente no espírito de todos: "Nunca se poderia ouvir alguém vociferar em cólera e em alegria, rir a plenos pulmões, mas vendo-os dir-se-ia que eles tomavam a beleza por modelo."[151] O indivíduo se realiza como sujeito moral na plástica de uma conduta medida com exatidão, bem visível de todos e digna de uma longa memória.

Eis o que é apenas um esboço de caráter preliminar; alguns traços gerais que caracterizam a maneira pela qual se refletiu, no pensamento grego clássico, a prática sexual, e pela qual ela foi constituída como campo moral. Os elementos desse campo — a "substância ética" — eram formados por *aphrodisia*, isto é, atos determinados pela natureza, associados por ela a um prazer intenso, e aos quais ela conduz através de uma força sempre suscetível de excesso e de revolta. O princípio segundo o qual se devia regrar essa atividade, o "modo de sujeição", não era definido por uma legislação universal, determinando os atos permitidos e os proibidos; mas, ao contrário, por um *savoir-faire*, uma arte que prescrevia as modalidades de um uso em função de variáveis diversas (necessidade, momento, *status*). O trabalho que o indivíduo devia exercer sobre si, a ascese necessária, tinha a forma de um combate a ser sustentado, de uma vitória a ser conquistada estabelecendo-se uma dominação de si sobre si, segundo o modelo de um poder doméstico ou político. Enfim, o modo de ser ao qual se acedia por meio desse domínio de si caracterizava-se como uma liberdade ativa, indissociável de uma relação estrutural, instrumental e ontológica com a verdade.

Como veremos agora, essa reflexão moral desenvolveu, a propósito do corpo, do casamento, do amor pelos rapazes, temas de austeridade que se assemelham aos preceitos e interdições que poderão ser encontrados posteriormente. Mas é preciso ter em mente que o sujeito moral não será constituído da mesma maneira sob essa continuidade aparente. Na moral cristã do comportamento sexual, a substância ética não será definida pelos *aphrodisia*, mas por um campo dos desejos que se escondem nos arcanos do coração e por um conjunto de atos cuidadosamente definidos em sua forma e em suas condições; a sujeição não tomará a forma de um *savoir-faire*, mas a de um reconhecimento da lei e de uma obediência à autoridade pastoral; portanto, não é tanto a dominação perfeita de si por si, no exercício de uma atividade de tipo viril, que caracterizará o sujeito moral, mas sim a renúncia de si e uma pureza, cujo modelo deve ser buscado do lado da virgindade. A partir daí, pode-se compreender a importância, na moral cristã, dessas duas práticas, ao mesmo tempo opostas e complementares: uma codificação dos atos sexuais, que se tornará cada vez mais precisa, e o desenvolvimento de uma hermenêutica do desejo e dos procedimentos de decifração de si.

Esquematicamente, pode-se dizer que a reflexão moral da Antiguidade a propósito dos prazeres não se orienta para uma codificação dos atos nem para uma hermenêutica do sujeito, mas para uma estilização da atitude e uma estética da existência. Estilização, visto que a rarefação da atividade sexual se apresenta como uma espécie de exigência aberta: pode-se constatá-lo facilmente: nem os médicos, ao darem conselhos de regime, nem os moralistas, ao pedirem aos maridos que respeitem suas esposas, nem aqueles que dão conselhos sobre a boa conduta no amor pelos rapazes, dirão exatamente o que é preciso ou não fazer na ordem dos atos ou práticas sexuais. E a razão disso não está, sem dúvida, no pudor ou na reserva dos autores, mas no fato de que o problema não é esse: a temperança sexual é um exercício da liberdade que toma forma no domínio de si; e esse domínio se manifesta na maneira pela qual o sujeito se mantém e se contém no exercício de sua atividade viril, na maneira pela qual ele se relaciona consigo mesmo na relação que tem com os outros. Essa atitude, muito mais do que os atos que se cometem ou os desejos que se escondem, dão base aos julgamentos de valor. Valor moral que é também um valor estético, e valor de verdade, visto que, ao manter-se na satisfação das verdadeiras necessidades, ao respeitar a verdadeira hierarquia do ser humano, e não esquecendo jamais o que se é verdadeiramente, é que se poderá dar à sua própria conduta a forma que assegura o renome e merece a memória.

É preciso ver agora de que maneira alguns dos grandes temas da austeridade sexual, que iriam ter um destino histórico muito além da cultura grega, foram formados e desenvolvidos no pensamento do século IV. Não partirei de teorias gerais do prazer ou da virtude; apoiar-me-ei em práticas existentes e reconhecidas, pelas quais os homens procuravam dar forma à sua conduta: prática do regime, prática do governo doméstico, prática da corte no comportamento amoroso; tentarei mostrar de que maneira essas três práticas foram objeto de reflexão na medicina ou na filosofia, e de que maneira essas reflexões propuseram diversos modos, não de codificar com precisão a conduta sexual, mas antes de "estilizar"; estilizações na Dietética, como arte da relação cotidiana do indivíduo com o próprio corpo, na Econômica, como arte da conduta do homem enquanto chefe de família, na Erótica, como arte da conduta recíproca entre o homem e o rapaz na relação de amor.[152]

Notas

1. E. LESKI, "Die Zeugungslehre der Antike", *Abhandlungen der Akademie der Wissenschaften und Literatur*, XIX, Mogúncia, 1950, p. 1248.
2. Cf. K.J. DOVER, "Classical greek attitudes to sexual behaviour", *Arethusa*, 6, nº 1, 1973, p. 59: Id., *Greek popular morality*, 1974, p. 205, e *Homosexualité grecque*, pp. 83-84.
3. XÉNOPHON, *Mémorables*, I, 3, 13.
4. K.J. DOVER observa uma acentuação dessa reserva no decorrer da Idade Clássica: *Greek popular morality*, pp. 206-207.
5. Cf. K.J. DOVER, *Homosexualité grecque*, p. 17 e ss.
6. SAINT-AUGUSTIN, *Confessions*, IV, caps. 8, 9 e 10.
7. ARISTOTE, *Éthique à Nicomaque*, III, 10, 1118 a-b (trad. R.-A. Gauthier e J.-Y. Joly).
8. Id. *Éthique à Eudeme*, III, 2, 8-9, 1230 b. K.J. DOVER observa uma acentuação dessa reserva no decorrer da Idade Clássica, *Greek popular morality*, pp. 206-207.
9. *Éthique à Nicomaque*, loc. cit. Cf. também PSEUDO-ARISTOTE, *Problèmes*, XXVIII, 2. Não obstante, é preciso notar a importância atribuída por muitos textos gregos ao olhar e aos olhos na gênese do desejo ou do amor: não é, entretanto, porque o prazer do olhar seja nele mesmo intemperante, mas sim porque ele constitui uma abertura por onde a alma é atingida. Cf. a esse respeito XÉNOPHON, *Mémorables*, I, 3, 12, 13. Quanto ao beijo, apesar do perigo que ele comporta (cf. XÉNOPHON, ibid.), foi altamente valorizado como prazer físico e comunicação da alma. Na verdade, teria que fazer-se todo um estudo histórico sobre o "corpo de prazer" e suas transformações.

10 Quanto aos perigos da música, cf. PLATON, *République*, III, 398 e (as harmonias lídias são perniciosas até mesmo para as mulheres, *a fortiori* para os homens). No que diz respeito ao papel mnemônico do odor e da imagem visual, cf. ARISTOTE, *Éthique à Nicomaque*, III, 10, 1118 a.

11. Encontrar-se-á bem mais tarde uma censura desse tipo nos *Amours* atribuídos a LUCIEN, 53.

12. ARISTOTE, *Histoire des animaux*, V, 2, 539 b.

13. Ibid., VI, 18, 571 b.

14. Ibid., VI, 18, 571 b e 572 b.

15. ARISTOTE, *Parties des animaux*, 660 b.

16. PLATON, *Philèbe*, 44 e ss.

17. É preciso observar a frequência das expressões que ligam fortemente prazeres e desejos e que mostram que o que está em jogo na moral dos *aphrodisia* é o controle do conjunto dinâmico constituído pelo desejo e pelo prazer ligados ao ato. A dupla *epithumiai-hedonai* encontra-se correntemente em PLATON, *Gorgias*, 484 d, 491 d; *Banquet*, 196 c; *Phèdre*, 237 d; *République*, IV, 430 e, 431 c e d; IX, 571 b; *Lois*, I, 647 e; IV, 714 a; VI, 782 e; VII, 802 e; 864 b, X, 8 886 b etc. Cf. igualmente ARISTOTE, *Éthique à Nicomaque*, VII, 4, I 148 a. São também frequentes as expressões que evocam o prazer como força que persuade, provoca, triunfa; assim em XÉNOPHON, *Mémorables*, I, 2, 23, 1,4, 14; I, 8; IV, 5, 3 etc.

18. Acontece de se mencionar, por necessidade da narrativa, o gosto particular de um homem pelos rapazes. Assim faz XÉNOPHON no *Anabase* a propósito de um certo Episthenes (VII, 4). Mas quando ele traça o perfil negativo de Menon (II, 6), não o censura por esse tipo de gosto, mas

sim por fazer mau uso de tais prazeres: obter, demasiado jovem, um comando; ou amar, ainda imberbe, um rapaz velho demais.

19. XÉNOPHON, *Agésilas*, V.
20. Sobre ARCÉSILAS, cf. DIOGÈNE LAERCE, *Vie des philosophes*, IV, 6. Plutarco notará, assim, que Hipérides era arrebatado pelos *aphrodisia*. *Vie de dix orateurs*, 849 d.
21. PLATON, *Lois*, 1,636 c.
22. Encontrar-se-á igualmente em DION DE PRUSA uma explicação sobre o surgimento do amor pelos rapazes por um excesso de intemperança (*Discours*, VII, 150).
23. PLATON, *Timée*, 86 c-e.
24. ARISTOTE, *Étique a Nicomaque*, III, 11, 1 118 b. Entretanto é preciso observar que Aristóteles se preocupa, em muitas passagens, com a questão dos "prazeres vergonhosos" que alguns podem procurar (*Ética a Nicômaco*, VII, 5, 1 148 b; X, 3, 1 173 b). Sobre a questão do desejo, de seu objeto natural e de suas variações, cf. PLATON, *République*, IV, 437 d-c.
25. ARISTOTE, *Histoire des animaux*, VIII, 1, 581 a. PLATON, *République*, IV, 426, a-b, fala dos doentes que em vez de seguirem um regime continuam a comer, beber e *aphrodisiazein*.
26. XÉNOPHON, *Banquet*, IV, 38. PSEUDO-ARISTOTE, *Sur la stérilité*, V, 636 b.
27. ARISTOTE, *Histoire des animaux*, IX, 5, 637 a; VII, I, 581 b.
28. XÉNOPHON, *Hiéron*, m, 4.
29. PSEUDO-ARISTOTE, *Problèmes*, IV, 26.
30. P. MANOLI, "Fisiologia e patologia del feminile negli scritti hippocratici", *Hippocratica*, 1980, p. 393 e ss.

31. ARISTOTE, *De la génération des animaux*, I, 21, 729 b.
32. HIPPOCRATE, "*Le serment*", in *Oeuvres*, ed. Loeb, I, p. 300.
33. PLATON, *Banquet*, 189 d-193 d. Sobre um tempo mítico sem geração sexual, cf. *Le Politique*, 271 a-272 b.
34. ARISTOTE, *De la génération des animaux*, 1,731 b; d. *D'eâme*, II, 4, 415 a-b.
35. PLATON, *République*, VIII, 559 c.
36. ARISTOTE, *Éthique à Nicomaque*, VII, 4, 2, I 147 b.
37. RUFUS D'ÉPHESE, *Oeuvres*, ed. Oaremberg, p. 318.
38. DIOGÈNE LAERCE, *Vie des philosophes*, II, 8.
39. Sobre a comunidade desse tipo de prazer com os animais, cf. XÉNOPHON, *Hiéron*, VII; sobre o caráter mesclado do prazer físico, cf. PLATON, *République*, IX, 583 b e ss.; *Philèbe*, 44 e ss.; sobre o prazer que acompanha a restauração do estado anterior do corpo, PLATON, *Timée*, 64 d, 65 a; ARISTOTE, *Éthique à Nicomaque*, VII, 4, I 147 b.
40. PLATON, *Lois*, I, 636 c.
41. Ibid., VI, 783 a-b.
42. PLATON, *République*, III, 403 a.
43. Sobre a hipérbole (*huperbole, huperballein*) dos prazeres, ver, por exemplo, PLATON, *République*, 402 e; *Timmé*, 86 b; ARISTOTE, *Étique à Nicomaque*, III, II, 1 118 b; VII, 4, I 148 a; VII, 7, 1 150 a; VII, 7, 1 150 b. Sobre a revolta (*epanastasis, stasiazein*, PLATON, *République*, IV, 442 d; IV, 444 b; IX, 586 e; *Phedre*, 237 d.
44. PLATON, *Lois*, 783 a.
45. ARISTOTE, *Éthique à Nicomaque*, III, 12, 1 119 b.
46. DIOGÈNE LAERCE, *Vie des philosophes*, VI, 8.
47. XÉNOPHON, *Mémorables*, I, 3, 15.
48. PLATON, *République*, III, 389 d-e; cf. também IX, 580 e.

49. ARISTOTE, *Étique à Nicomaque*, III, 11, 1118 b.

50. Ibid., III, 10, 9, 1 118 a.

51. PLATON, *Banquet*, 187 e.

52. ARISTOTE, *Éthique à Nicomaque*, VII, 14, 7, I 154 a.

53. ARISTOTE, *Histoire des animaux*, VII, I, 581 b; *De la génération des animaux*, II, 7, 747 a.

54. PLATON (*République*, V, 451 c) fala do que deve ser a correta "posse e prática" (*ktesis te kai chreia*) das mulheres e das crianças; trata-se, portanto, do conjunto das ligações e das formas de relação que se pode ter com eles. POLYPE evoca a *chreia aphrodision* que, com o luxo das vestimentas e do alimento, caracteriza os costumes dos soberanos hereditários, e provoca o descontentamento e a revolução (*Histoires*, VI, 7).

55. ARISTOTE (*Rhétorique*, 1, 9) define a temperança como o que nos leva a conduzir-nos, no que concerne aos prazeres do corpo, "como quer o *nomos*". Sobre a noção de *nomos*, cf. J. DE ROMILLY, *L'Idée de loi dans la pensée grecque*.

56. DIOGÈNE LAERCE, *Vie des philosophes*, VI, 2, 46. Ver também DION DE PRUSE, *Discours*, VI, 17-20, e GALIEN, *Des lieux affectés*, VI, 5.

57. DIOGÈNE LAERCE, *Vie des philosophes*, VI, 2, 69.

58. XÉNOPHON, *Banquet*, IV, 38.

59. XÉNOPHON, *Mémorables*, I, 3, 14.

60. Ibid., II, I, 33.

61. Ibid., IV, 5, 9.

62. Cf. PLATON, *Gorgias*, 492 a-b, 494 c. 507 e; *République*, VIII, 561 b.

63. XÉNOPHON, *Mémorables*, lI, 1, 30.

64. Ibid., IV, 5, 9.

65. Ibid., I, 3, 5.

66. PLATON, *Lois*, I, 636 d-e. Sobre a noção de *kairos* e sua importância na moral grega, cf. P. AUBENQUE, *La Prudence chez Aristole*, Paris, 1963, p. 95 e ss.

67. Fixava-se uma idade avançada: para Aristóteles, o esperma permanece infecundo até os 21 anos. Porém a idade que um homem deve atingir para poder esperar uma bela descendência é ainda mais tardia: "Após 21 anos as mulheres estão em boas condições para fazer filhos, ao passo que os homens têm ainda que se desenvolver" (*História dos animais*, VII, 1, 582 a).

68. Tudo isso será desenvolvido no capítulo seguinte.

69. PLUTARQUE, *Propos de table*, III, 6.

70. XÉNOPHON, *Cyropédie*, VIII, 1,32.

71. XÉNOPHON, *Mémorables*, IV, 4, 21-23.

72. PLATON, *Banquet*, 180 c-181 a; 183 d. PSEUDO-DEMOSTHENE, *Eroticos*, 4.

73. Ibid.

74. XÉNOPHON, *Hiéron*, VII.

75. Id., *Agésilas*, V.

76. XÉNOPHON, *Mémorables*, II, 6, 1-5.

77. Ibid., II I, 1-4.

78. Ibid., I, 5, I.

79. PLATON, *République*, IV, 431, c-d.

80. XÉNOPHON, *Cyropédie*, VIII, I, 30. Sobre a noção de *sophrosune* e sua evolução, cf. H. NORTH, *Sophrosune*; o autor sublinha a proximidade das duas palavras *sophrosune* e *enkrateia* em Xenofonte, pp. 123-132.

81. PLATON, *Gorgias*, 491 d.

82. PLATON, *République*, IV, 430 b. Aristóteles (*Éthique à Nicomaque*, VII, 1,6, 1 145 b) lembra a opinião segundo a qual aquele que é *sophron* é *enkrates* e *karterikos*.

83. PLATON, *Gorgias*, 507 a-b. Cf. igualmente *Lois*, III, 697 b. Considerar "como os primeiros e os mais preciosos dos bens da alma quando a temperança aí reside".

84. Cf. H. NORTH, *Sophrosune*, op. cit., pp. 202-203.

85. ARISTOTE, *Étique à Nicomaque*, III, 11, e 12, I 118 b- 1119 a e VII, 7, 849, I 150 a- 1 152 a.

86. PLATON, *Lois*, I, 647 c.

87. ANTIPHON, in STODÉE, Florilège, V, 33. É o fragmento nº 16 nas *Oeuvres d'Antiphon* (CUF).

88. XÉNOPHON, *Hiéron*, VII. ARISTOTE, *Éthique à Nicomaque*, III, 10,8, I 117 b.

89. Encontra-se, assim, toda uma série de palavras como *agein*, *ageisthai* (conduzir, ser conduzido); PLATON, *Protagoras*, 355 a; *République*, IV, 431-e; ARISTOTE, *Éthique à Nicomaque*, VII, 7, 3, 1 150 a. *Kolazein* (conter): *Gorgias*, 491 e, *République*, VIII, 559 b; IX, 571 b. *Antiteinein* (opor-se): *Étique à Nicomaque*, VII, 2, 4, I 146 a; VII, 7, 5 e 6, I 150 b. *Emphrassein* (criar obstáculo): ANTIPHON. *Fragm*. 15. *Antechein* (resistir): *Étique à Nicomaque*, VII, 7,4 e 6, 1 150 a e b.

90. *Nikan* (vencer): PLATON, *Phédre*, 238 c; *Lois*, I, 634 b; VIII. 634 b; ARISTOTE, *Étique à Nicomaque*, VII, 7, I 150 a; VII, 9, I 151 a; ANTIPHON, *Fragm*. 15. *Kratein* (dominar): PLATON, *Protagoras*, 353 c; *Phédre*, 237 e 238 a; *République*, IV, 431 a-c; *Lois*, X40 c: XÉNOPHON, *Mémorables*, I, 2, 24; ANTIPHON. *Fragm*. 15 e 16; ARISTOTE, *Étique à Nicomaque*, VII, 4 c, I 148 a; VII, 5, I 149 a; *Hellasthai* (ser vencido): *Protagoras*, 352 e: *Phèdre*, 233 c; *Lois*, VIII, 840 c; *Lettre*, VII, 351 a;

Étique à Nicomaque, VII, 6, I, 1 149 b; VII, 7,4, I 150 a; VII, 7, 6, I 150 b; ISOCRATE, *À Nicoclès*, 39.

91. XÉNOPHON, *Mémorables*, I, X, 14.
92. XÉNOPHON, *Économique*, I, 23.
93. PLATON, *République*, VIII, 560 b.
94. Ibid., IX, 572 d-573 b.
95. Ibid., IX, 571 d.
96. PLATON, *Lois*, VI, 783 a-b.
97. PLATON, *Phèdre*, 232 a; *République*, IV, 430 c; *Leis*, I, 626 e, 633 e; VIII, 840 c; *Lettre*, VI, 337 a.
98. PLATON, *République*, IV, 431 a.
99. PLATON, *Lois*, I, 626 d-e.
100. Ibid., VIII, 840 c.
101. PLATON, *République*, IX, 571 b. Na *Éthique à Nicomaque* trata-se de "dar adeus ao prazer", como os velhos de Troia queriam fazer com Helena (11, 9, 1 109 b).
102. DIOGÈNE LAERCE, *Vie des philosophes*, IV, 7, 49.
103. ARISTOTE, *Éthique à Nicomaque*, VII, 2, I 146 a.
104. Ibid., III, 11, 1 119a.
105. DIOGÈNE LAERCE, *Vie des philosophes*, II, 8, 75.
106. ARISTOTE, *Éthique à Nicomaque*, VII, 2,1119 b. Cf. também PLATON, *République*, IX, 590 e.
107. XÉNOPHON, *Économique*, I, 22-23.
108. PLATON, *Lois*, III, 689 a-b: "A parte que sofre e que goza é na alma o que o povo e a multidão são na cidade."
109. PLATON, *République*, IX, 577 d.
110. Ibid., IX, 592 b.
111. PLATON, *Lois*, 1.647 d.
112. XÉNOPHON, *Mémorables*, 1,2, 19.
113. Ibid., I, 2, 24.

114. PLATON, *Gorgias*, 527 d.

115. Sobre a ligação entre o exercício e o cuidado de si, cf. *Alcibiade*, 123 d.

116. DIOGÈNE LAERCE, *Vie des philosophes*, VI, 2, 70.

117. PLATON, *République*, IX, 571 c-572 b.

118. Cf. PLATON, *Lois*, I, 643 b: "Aquele que quiser sobressair um dia no que quer que seja deve se aplicar (*meletan*) nesse objeto desde a infância, encontrando, ao mesmo tempo, seu divertimento e sua ocupação em tudo que se relaciona a ele."

119. XÉNOPHON, *République des Lacédémoniens*, 2 e 3.

120. PLATON, *République*, III, 413 d e ss.

121. PLATON, *Lois*, I, 647 c-648 c.

122. ARISTOTE, *Étique à Nicomaque*, II, 2, 1 104 a.

123. PLATON, *République*, III, 413 e.

124. PLATON, *Lois*, I, 643 e.

125. XÉNOPHON, *Mémorables*, IV, 5, 2-3.

126. Não se trata, evidentemente, de dizer que o tema da pureza esteve ausente da moral grega dos prazeres na época clássica; ele ocupou um lugar considerável nos pitagóricos; e foi importante para Platão. Entretanto, parece que, de modo geral, no que concerne aos desejos e prazeres físicos, o que estava em jogo na conduta moral foi pensado sobretudo como uma dominação. A ascensão e o desenvolvimento de uma ética da pureza, com as práticas de si que lhe são correlativas, será um fenômeno histórico de longo alcance.

127. ARISTOTE, *Politique*, VII, 14, I 332 a.

128. DIOGÈNE LAERCE, *Vie des philosophes*, VI, 2, 66. A escravidão em relação aos prazeres é uma expressão muito

frequente. XÉNOPHON, *Économique*, I, 22; *Mémorables*, IV, 5. PLATON, *République*, IX, 577 d.

129. XÉNOPHON, *Économique*, I, 1, 17 e ss.
130. Id., *Mémorables*, IV, 5, 2-11.
131. PLATON, *République*, IX, 590 c.
132. Ibid., IX, 580 c.
133. ARISTOTE, *Politique*, V, 10.
134. XÉNOPHON, *Cyropédie*, VIII, I, 30-34.
135. ISOCRATE, *Nicocles*, 37-39.
136. ARISTOTE, *Politique*, V, 11, I 315 a.
137. PLATON, *Gorgias*, 491 d.
138. XÉNOPHON, *Économique*, X, I.
139. ARISTOTE, *Politique*, I, 13, 1 260 a.
140. DIOGÈNE LAERCE, *Vie des philosophes*, VI, 2, 54.
141. ARISTOTE, *Éthique à Nicomaque*, III, 12, I 119 b.
142. XÉNOPHON, *Mémorables*, III, 9, 4.
143. PLATON, *République*, IV, 431 e-432 b.
144. ARISTOTE, *Éthique à Nicomaque*, III, 12, 1 119 b.
145. Ibid.
146. PLATON, *Lois*, I, 636 d-e.
147. XÉNOPHON, *Mémorables*, IV, 5, 11.
148. PLATON, *Phèdre*, 254 b.
149. PLATON, *Gorgias*, 506 d-507 d.
150. PLATON, *République*, III, 402 d-403 b.
151. XÉNOPHON, *Cyropédie*, VIII, 1, 33.
152. O livro de Henri Joly *Le renversement platonicien* dá um exemplo da maneira pela qual se pode analisar, no pensamento grego, as relações entre o campo das práticas e a reflexão filosófica.

II
Dietética

A REFLEXÃO MORAL DOS GREGOS sobre o comportamento sexual não procurou justificar interdições, mas estilizar uma liberdade: aquela que o homem "livre" exerce em sua atividade. Daí o que pode passar, à primeira vista, por paradoxo: os gregos praticaram, aceitaram e valorizaram as relações entre homens e rapazes: e, contudo, seus filósofos conceberam e edificaram, a esse respeito, uma moral da abstenção. Eles admitiram perfeitamente que um homem casado pudesse procurar seus prazeres sexuais fora do casamento, e no entanto, seus moralistas conceberam o princípio de uma vida matrimonial em que o marido só teria relação com a própria esposa. Eles jamais conceberam o prazer sexual como um mal em si mesmo ou podendo fazer parte dos estigmas naturais de um pecado; e, contudo, seus médicos se inquietaram com as relações entre a atividade sexual e a saúde, e desenvolveram toda uma reflexão sobre os perigos de sua prática.

Comecemos por esse último ponto. É preciso notar de imediato que essa reflexão não consistia, quanto ao essencial, na análise dos diferentes efeitos patológicos da atividade sexual: ela também não procurava organizar esse comportamento como um campo onde se pudesse distinguir condutas normais e práticas anormais e patológicas.

Sem dúvida, esses temas não estavam totalmente ausentes. Mas não é isso que constituía o quadro geral da interrogação sobre as relações entre os *aphrodisia*, a saúde, a vida e a morte. O cuidado principal dessa reflexão era definir o uso dos prazeres — suas condições favoráveis, sua prática útil e sua rarefação necessária — em função de uma certa maneira de ocupar-se do próprio corpo. A preocupação era muito mais "dietética" do que "terapêutica": questão de regime, visando regular uma atividade reconhecida como importante para a saúde. A problematização médica do comportamento sexual fez-se menos a partir dos cuidados com a eliminação de suas formas patológicas do que a partir da vontade de integrá-lo o melhor possível à gestão da saúde e à vida do corpo.

1 – Do regime em geral

A fim de esclarecer a importância que os gregos atribuíam ao regime, o sentido geral que davam à "dietética", e a maneira pela qual eles ligavam sua prática à medicina, podemos nos referir a duas narrativas sobre a origem: uma se encontra na coleção hipocrática e a outra em Platão.

O autor do tratado sobre a *Medicina antiga*, longe de conceber o regime como uma prática adjacente à arte médica — uma de suas aplicações ou um de seus prolongamentos —, faz, ao contrário, a medicina surgir da preocupação primeira e essencial com o regime.[1] A humanidade, segundo ele, ter-se-ia separado da vida animal por uma espécie de ruptura de dieta: com efeito, originalmente os homens teriam usado uma alimentação semelhante à dos animais: carne e vegetais crus e sem preparação. Tal forma de se alimentar podia enrijecer os mais vigorosos, mas era severa para os mais fracos: em suma, morria-se jovem ou velho. Os homens teriam, portanto, procurado um regime mais adaptado "à sua natureza": é esse regime que caracteriza, ainda, a atual maneira de viver. Mas graças a essa dieta mais branda as doenças tornaram-se menos imediatamente mortais: percebeu-se, então, que a alimentação daqueles que estão bem de saúde não podia convir aos doentes: outros alimentos lhes eram necessários. A medicina teria então se formado como "dieta" própria aos doentes e a partir de uma interrogação sobre o regime específico que lhes convém. Nessa narrativa sobre a origem é a dietética que aparece como inicial: ela dá lugar à medicina enquanto uma de suas aplicações particulares.

Platão — bastante desconfiado quanto à prática dietética, ou pelo menos quanto aos seus excessos, que ele temia pelas razões políticas e morais que veremos — pensa, ao contrário, que a preocupação com o regime surgiu de uma modificação nas práticas médicas:[2] na origem o deus Asclépios teria ensinado aos homens de que maneira curar doenças e feridas com remédios drásticos e operações eficazes. Homero, segundo Platão, na narrativa que faz das curas de Menelau e de Euripilo nos muros de Troia, dará testemunho dessa prática das medicações simples: chupava-se o sangue dos feridos, derramavam-se alguns emolientes sobre as chagas e dava-se, para beber, vinho polvilhado de farinha e de queijo ralado.[3] Foi mais tarde, quando os homens se afastaram da vida rude e sã dos antigos tempos, que se procurou acompanhar "passo a passo" as doenças e manter, mediante um longo regime, aqueles que estavam mal de saúde, e que justamente se encontravam assim porque, não vivendo mais como convinha, eram vítimas de males duráveis. A dietética aparece, segundo essa gênese, como uma espécie de medicina para os tempos de lassidão; ela era destinada às existências malconduzidas e que buscam prolongar-se. Vê-se, contudo, que, embora para Platão a dietética não seja uma arte originária, não é porque o regime, a *diaite*, não tenha importância; a razão pela qual na época de Asclépios, ou de seus primeiros sucessores, não existia uma preocupação com a dietética é que "o regime" realmente seguido pelos homens, a maneira pela qual eles se alimentavam e se exercitavam era conforme à natureza.[4] Nessa perspectiva, a dietética foi, efetivamente, uma inflexão da medicina; mas ela só se tornou esse prolongamento da arte de curar a partir do momento em que o regime, como maneira de viver, separou-se da natureza; e se ela constitui sempre o acompanhamento necessário da medicina, é na medida em que não se poderia cuidar de quem quer que seja sem retificar o modo de vida que o tornou efetivamente doente.[5]

Em todo caso, quer se faça da dietética uma arte primitiva, quer se veja nela uma derivação ulterior, é claro que a própria "dieta", o regime, é uma categoria fundamental através da qual se pode pensar a conduta humana; ela caracteriza a maneira pela qual se conduz a própria existência e permite fixar um conjunto de regras para a conduta: um modo de problematização do comportamento que se faz em função de uma natureza que é preciso preservar e à qual convém conformar-se. O regime é toda uma arte de viver.

1. O domínio que um regime convenientemente refletido deve cobrir é definido por uma lista que, com o tempo, assumiu um valor quase canônico. É a que se encontra no IV

livro das *Epidemias*; ela compreende: "os exercícios (*ponoi*), os alimentos (*sitia*), as bebidas (*pota*), os sonos (*hupnoi*), as relações sexuais (*aphrodisia*)" — todas sendo coisas que devem ser "medidas".[6] A reflexão dietética desenvolveu essa enumeração. Dos exercícios, distinguem-se aqueles que são naturais (andar, passear) e aqueles que são violentos (a corrida, a luta); fixa-se quais são os que convém praticar, e com que intensidade, em função da hora do dia, do momento do ano, da idade do sujeito e da sua alimentação. Aos exercícios são relacionados os banhos, mais ou menos quentes, e que também dependem da estação, da idade, das atividades e das refeições que foram feitas ou que ainda se vão fazer. O regime alimentar — comida e bebida — deve levar em conta a natureza e a quantidade do que se absorve, o estado geral do corpo, o clima, as atividades exercidas. As evacuações — purgações e vômitos — vêm corrigir a prática alimentar e seus excessos. Também o sono comporta diferentes aspectos que o regime pode fazer variar; o tempo que lhe é consagrado, as horas escolhidas, a qualidade do leito, sua dureza, seu calor. O regime, portanto, deve levar em conta numerosos elementos da vida física de um homem, ou pelo menos de um homem livre; e isso ao longo de todos os dias, do levantar-se ao deitar-se. O regime, quando é detalhado, assume a forma de uma verdadeira agenda do dia: é dessa forma que o regime proposto por Diocles segue, a cada momento, o fio do dia comum, desde o acordar pela manhã até a refeição da noite e o adormecer, passando pelos primeiros exercícios, as abluções e as fricções do corpo e da cabeça, os passeios, as atividades privadas e o ginásio, o almoço, a sesta, depois de novo o passeio e o ginásio, as unções e as fricções, o jantar.

Ao longo de todo o tempo, e a propósito de cada uma das atividades do homem, o regime problematiza a relação com o corpo e desenvolve um modo de viver cujas formas, escolhas e variáveis são determinadas pelo cuidado com o corpo. Mas não é apenas o corpo que está em causa.

2. Nos diferentes campos em que é solicitado, o regime tem de estabelecer uma medida: "Um porco se daria conta disso", como diz um dos interlocutores do diálogo platônico dos *Rivais*:[7] "no que diz respeito ao corpo", é útil "o que está na justa medida" e não o que está em maior ou menor quantidade. Ora, essa medida deve ser compreendida não somente na ordem corporal, mas na ordem moral. Os pitagóricos que, sem dúvida, desempenharam um papel importante no desenvolvimento da dietética, marcaram com nitidez a correlação entre os cuidados a serem dados ao corpo e o cuidado em preservar na alma sua pureza e harmonia. Se é verdade que eles pediam à medicina a purgação do corpo e à música a purgação da alma, eles também atribuíam ao canto e aos instrumentos efeitos benéficos sobre o equilíbrio do organismo.[8] As numerosas proibições alimentares que eles se prescreviam tinham significações culturais e religiosas; e a crítica que faziam a qualquer abuso na ordem do alimento, da bebida, dos exercícios e das atividades sexuais tinha ao mesmo tempo valor de preceito moral e de conselho eficaz para a saúde.[9]

Mesmo fora do contexto estritamente pitagórico, o regime se define nesse duplo registro: o da boa saúde e o do bom estado da alma. E isso porque eles se induzem um ao outro, mas também porque a resolução de seguir um regime medido e razoável, assim como a aplicação com que a ele se dedica, depende por si mesma de uma indispensável firmeza moral. O Sócrates de Xenofonte marca bem essa correlação quando recomenda aos jovens exercerem regularmente o corpo pela prática da ginástica. Ele vê nisso a garantia de melhor se defender na guerra, evitar como soldado a reputação de covardia, melhor servir à pátria, obter altas recompensas (e, portanto, deixar fortuna e *status* para os seus descendentes); ele espera, com isso, uma proteção contra as doenças e as enfermidades do corpo. Mas sublinha também os bons efeitos dessa ginástica lá, diz ele, onde menos se espera: no pensamento, já que um corpo em má saúde tem como consequências o esquecimento, o desânimo, o mau humor, a loucura, a ponto de que os conhecimentos adquiridos acabam sendo banidos da alma.[10]

Mas é também porque o rigor de um regime físico, com a resolução que é exigida para segui-lo, demanda uma indispensável firmeza moral, e ela permite exercê-lo. É nisso que consiste, aos olhos de Platão, a verdadeira razão que se deve dar às práticas por meio das quais se tenta adquirir a força, a beleza e a saúde do corpo: não somente, diz Sócrates no livro IX da *República*, o homem sensato "não se entregará ao prazer bestial e irracional"; não somente ele não dirigirá "a esse lado suas preocupações"; fará mais: "Não terá consideração com a sua saúde e não dará importância a ser forte, são e belo, se com isso não se tornar temperante." O regime físico deve se ordenar ao princípio de uma estética geral da existência, em que o equilíbrio corporal será uma das condições da justa hierarquia da alma: "ele estabelecerá a harmonia no seu corpo visando manter o acordo em sua alma" — o que lhe permitirá conduzir-se como verdadeiro músico (*mousikos*).[11] O regime físico não deve, portanto, ser cultivado por si mesmo de modo demasiado intenso.

Reconhece-se facilmente a possibilidade de um perigo na própria prática da "dieta". Pois se o regime tem por objetivo evitar os excessos, pode ocorrer um exagero na importância que se lhe atribui e na autonomia que se lhe concede. Esse risco, em geral, é percebido sob duas formas. Existe o perigo daquilo que se poderia chamar o excesso "atlético"; ele é devido a exercícios repetidos que desenvolvem exageradamente o corpo, e que acabam por adormecer a alma enterrada numa musculatura demasiado potente: em várias passagens, Platão reprova esse desenvolvimento forçado dos atletas, e declara não querer isso para os jovens de sua cidade.[12] Mas existe também o perigo daquilo que se poderia chamar o excesso "valetudinário": trata-se da vigilância de todos os instantes que se dedica ao corpo, à saúde e aos seus menores males. O melhor exemplo desse excesso é dado, segundo Platão, por aquele que era considerado um dos fundadores da dietética, o pedótribo Heródicos; totalmente ocupado em não infringir a menor regra do regime que se impôs, teria "arrastado" durante anos uma vida agonizante. Platão reprova essa atitude de duas maneiras. É próprio de homens ociosos que não são úteis para a cidade; pode-se comparar-lhes com vantagem esses sérios artesãos que, mesmo com enxaqueca, não vão enfaixar a cabeça porque não têm tempo a perder com os pequenos cuidados com a saúde. Mas é também o caso daqueles que, para não perderem a vida, tentam como podem retardar o termo fixado pela natureza. A prática do regime traz consigo esse perigo — moral como também político — de dar ao corpo cuidados exagerados (*perittē epimeleia tou sōmatos*).[13] Asclépios, que só curava com poções e ressecções, era um sábio político: ele sabia que num Estado bem-governado a ninguém é lícito passar a vida como doente e fazendo-se cuidar.[14]

3. A desconfiança a respeito dos regimes excessivos mostra que a dieta não tem por finalidade conduzir a vida o mais longe possível no tempo, nem o mais alto possível no desempenho, mas torná-la útil e feliz nos limites que lhe foram fixados. Ela também não deve propor-se a fixar de uma vez por todas as condições de uma existência. Um regime que só permita viver num único lugar e com um único tipo de alimento, sem que se possa ficar exposto a algum tipo de mudança, não é bom. A utilidade do regime está, precisamente, na possibilidade que dá aos indivíduos de poderem enfrentar situações diferentes. É assim que Platão opõe o regime dos atletas, tão estrito a ponto de não permitir que eles se afastem sem "graves e violentas doenças", àquele que ele gostaria de ver adotado por seus guerreiros; estes devem ser como cães, sempre despertos; quando estão em campanha devem poder "mudar frequentemente de águas e de alimentos", expor-se "alternadamente ao sol escaldante e ao frio do inverno", ao mesmo tempo que mantêm uma "saúde inalterável".[15] Sem dúvida, os guerreiros de Platão possuem responsabilidades particulares. Entretanto, regimes mais gerais obedecem também a esse mesmo princípio. O autor do *Regime* da coleção hipocrática atenta em sublinhar que ele não dirige seus conselhos a uns poucos inativos privilegiados, mas ao maior número de pessoas; a saber, "aqueles que trabalham, os que se deslocam, navegam e se expõem

ao sol e ao frio".[16] Já ocorreu interpretar-se essa passagem como a marca de um interesse particular desse texto pelas formas da vida ativa e profissional. Mas é preciso sobretudo reconhecer nele a preocupação — aliás, comum à moral e à medicina — de armar o indivíduo para a multiplicidade das circunstâncias possíveis. Não se pode e não se deve pedir ao regime que contorne a fatalidade ou que dobre a natureza. O que se espera dele é que permita reagir, sem ser às cegas, aos acontecimentos imprevistos tais como se apresentam. A dietética é uma arte estratégica no sentido de que ela deve permitir responder, de uma forma que seja razoável, e portanto útil, às circunstâncias.

Na vigilância que exerce sobre o corpo e suas atividades ela requer da parte do indivíduo duas formas de atenção bem particulares. Ela exige o que se poderia chamar uma atenção "serial", uma atenção às sequências: as atividades não são simplesmente boas ou más em si mesmas; seu valor é em parte determinado por aquelas que as precedem e que a elas se seguem, e a mesma coisa (um certo alimento, um tipo de exercício, um banho quente ou frio) será recomendada ou desaconselhada conforme se tenha tido ou se vá ter tal ou tal outra atividade (as práticas que se seguem devem ser compensadas em seus efeitos, mas o contraste entre elas não deve ser demasiadamente forte). A prática do regime também implica uma vigilância "circunstancial", uma atenção ao mesmo tempo aguda e ampla que é necessário dirigir para o mundo exterior, seus elementos, suas sensações: o clima, evidentemente, as estações, as horas do dia, o grau de umidade e de secura, de calor e de frescor, os ventos, os caracteres próprios de uma região, a implantação de uma cidade. E as indicações relativamente detalhadas que são dadas pelo regime hipocrático devem servir, àquele que se familiarizou com elas, para modular sua maneira de viver em função de todas essas variáveis. O regime não é para ser considerado um corpo de regras universais e uniformes; é, antes de mais nada, uma espécie de manual para reagir às situações diversas nas quais é possível encontrar-se; um tratado para ajustar o comportamento de acordo com as circunstâncias.

4. Enfim, a dietética é uma técnica de existência no sentido de que ela não se contenta em transmitir os conselhos de um médico para um indivíduo que iria aplicá-los passivamente. Sem entrar aqui na história do debate em que se opuseram medicina e ginástica a propósito das respectivas competências para a determinação do regime, é necessário reter que a dieta não é concebida como uma obediência nua ao saber do outro; ela deveria ser, por parte do indivíduo, uma prática refletida de si mesmo e de seu corpo. É certo que, para seguir o regime que convém, é necessário escutar aqueles que sabem; mas essa relação deve tomar a forma da persuasão. A dieta do corpo, para ser razoável, para ajustar-se como convém às circunstâncias e ao momento, deve ser também questão de pensamento, de reflexão e de prudência. Enquanto os medicamentos ou as operações agem sobre o corpo, o regime se dirige à alma e lhe inculca princípios. Assim Platão distingue nas *Leis*[17] duas espécies de médicos: aqueles que são bons para os escravos (e são eles próprios frequentemente de condição servil), e que se limitam a prescrever sem dar explicações; e aqueles livres

de nascimento, que se dirigem aos homens livres; eles não se contentam em dar receitas, eles entram em conversação, informam-se junto aos doentes e aos seus amigos; eles educam o doente, estimulam-no e o convencem através de argumentos que, uma vez que ele fique persuadido, serão de natureza a lhe fazer levar a vida que convém. O homem livre deve receber do médico sábio, além dos meios que permitam a cura propriamente dita, uma armação racional para o conjunto de sua existência.[18] Uma breve passagem dos *Memoráveis* mostra bem o regime sob o aspecto de uma prática concreta e ativa da relação consigo. Nela se vê Sócrates dedicando-se a tornar seus discípulos "capazes de se bastarem a si próprios" na posição que é a sua. Para tal ele lhes ordena aprender (seja com ele próprio, seja com um outro mestre) o que um homem de bem deve saber nos limites circunscritos daquilo que lhe é útil, e nada além: aprender o necessário na ordem da geometria, da astronomia, da aritmética. Mas ele os engaja também "a cuidar da saúde". E esses "cuidados" que devem, efetivamente, apoiar-se num saber recebido, devem também desenvolver-se em atenção vigilante sobre si: observação de si, além disso com trabalho de escrita e de notação, o que é importante: "Que cada um observe a si próprio e anote que comida, que bebida, que exercício lhe convêm e de que maneira usá-los a fim de conservar a mais perfeita saúde." Para que a boa gestão do corpo venha a ser uma arte da existência, ela deve passar por uma colocação na escrita, efetuada pelo sujeito a propósito de si mesmo; através da escrita ele poderá adquirir sua autonomia e escolher com conhecimento de causa o que é bom e o que é mau para ele: "Se vos observardes desse modo", diz Sócrates a seus discípulos, "dificilmente encontrareis um médico que possa discernir melhor do que vós próprios o que é favorável à vossa saúde."[19]

Em suma, a prática do regime enquanto arte de viver é bem outra coisa do que um conjunto de precauções destinadas a evitar as doenças ou terminar de curá-las. É toda uma maneira de se constituir como um sujeito que tem por seu corpo o cuidado justo, necessário e suficiente. Cuidado que atravessa a vida cotidiana; que faz das atividades maiores ou rotineiras da existência uma questão ao mesmo tempo de saúde e de moral; que define entre o corpo e os elementos que o envolvem uma estratégia circunstancial; e que, enfim, visa armar o próprio indivíduo com uma conduta racional. Que lugar se concordava em outorgar aos *aphrodisia* nessa gestão racional e natural da vida?

2 – A dieta dos prazeres

Dois tratados de *Dietética* pertencentes à coleção hipocrática chegaram até nós. O mais antigo é também o mais breve: é o *Peri diaitēs hugiaines*, o *Regime salubre*; ele foi considerado muito tempo a última parte do tratado *Sobre a natureza do homem;*[20] o segundo, o *Peri diaitēs*, é também o mais desenvolvido. Além disso, Oribase reuniu em sua *Coleção médica*[21] um texto de Diocles consagrado à higiene que dá, meticulosamente, uma regra de vida cotidiana; enfim, a esse mesmo Diocles — que vivia no final do século IV — foi atribuído um curto texto reunido às obras de Paulo de Egines:[22] nesse texto o autor fornece indicações sobre a maneira de reconhecer em si mesmo os primeiros sinais de doença, bem como algumas regras gerais de regime sazonal.

Enquanto o *Regime salubre* não diz uma palavra sobre a questão dos *aphrodisia*, o *Peri diaitēs* comporta sobre esse ponto uma série de recomendações e prescrições. A primeira parte da obra se apresenta como uma reflexão sobre os princípios gerais que devem presidir à organização do regime. Com efeito, o autor acentua que alguns de seus numerosos predecessores deram bons conselhos sobre um ou outro ponto particular; mas que nenhum apresentou uma exposição completa da matéria que ele pretendia tratar; é que para "escrever corretamente a propósito da dieta humana" é preciso ser capaz de "conhecer e reconhecer" a natureza do homem em geral, bem como sua constituição de origem (*hē ex archēs sustasis*), e o princípio que deve comandar no corpo (*to epicrateon en tōi sōmati*).[23] O autor retém como dois elementos fundamentais do regime a alimentação e os exercícios; estes últimos ocasionam dispêndios que o alimento e a bebida têm por função compensar.

A segunda parte do texto desenvolve a prática da dietética, tomando como ponto de vista as propriedades e os efeitos dos elementos que entram no regime. Após considerar as regiões — elevadas ou baixas, secas ou úmidas, expostas a tal ou tal vento —, são passados em revista os alimentos (a cevada ou o trigo, vistos segundo a tenuidade da moedura, o momento em que a farinha foi amassada, a quantidade de água com a qual foi misturada; as carnes, segundo suas diversas proveniências; os frutos e legumes, considerados segundo as espécies), em seguida, os banhos (quentes, frios, tomados antes ou depois das refeições), os vômitos, o sono, os exercícios (naturais, como os da visão, do ouvido, da voz, do pensamento, ou ainda o passeio; violentos, como as corridas de velocidade ou de resistência, os movimentos dos braços, a luta no solo, com bola, com a mão; executados na poeira ou com o corpo oleoso). Nessa enumeração dos elementos do regime, a atividade sexual (*lagneiē*) é apenas assinalada entre os banhos e as unções por um lado, e os vômitos, por outro; e só é mencionada por seus três efeitos. Dois entre eles são qualitativos: aquecimento devido à violência do exercício (*ponos*) e à eliminação de um elemento úmido; umidificação, ao contrário, porque o exercício fez fundir as carnes. Um terceiro efeito é quantitativo: a evacuação provoca o emagrecimento. "O coito emagrece, umedece e esquenta; ele esquenta por causa do exercício e da secreção de umidade; ele emagrece pela evacuação e ele umedece pelo que resta no corpo da fusão (das carnes) produzida pelo exercício."[24]

Em compensação, na terceira parte desse *Regime* se encontra, a propósito dos *aphrodisia*, um certo número de prescrições. Essa terceira parte se apresenta em suas primeiras páginas como uma espécie de grande calendário de saúde, um almanaque permanente das estações e dos regimes que lhes convêm. Mas o autor sublinha a impossibilidade de fornecer uma fórmula geral para fixar o justo equilíbrio entre exercícios e alimentos; e marca a necessidade de levar em conta as diferenças entre as coisas, os indivíduos, as regiões, os momentos;[25] o calendário não deve, portanto, ser lido como um conjunto de receitas imperativas, mas sim como princípios estratégicos, os quais é necessário adaptar às circunstâncias. Em suma, enquanto a segunda parte do texto considerava mais os elementos do regime neles mesmos segundo suas qualidades, e em suas propriedades intrínsecas (e aí os *aphrodisia* são apenas mencionados), a terceira parte, no seu início, é sobretudo consagrada às variáveis de situação.

O ano é, evidentemente, dividido em quatro estações. Estas, por sua vez, são subdivididas em períodos mais curtos, de algumas semanas e mesmo de alguns dias. É que os caracteres próprios a cada estação evoluem frequentemente de maneira progressiva; e que, além disso, há sempre o perigo de modificar bruscamente o regime: como os excessos, as mudanças repentinas têm efeitos nocivos; "o pouco a pouco (*to kata mikron*) é uma regra segura. Sobretudo no caso de mudança de uma coisa para outra". O que tem como consequência que, "a cada estação, é preciso modificar pouco a pouco (*kata mikron*) cada constituinte do regime".[26] Assim o regime de inverno deve ser subdividido, como a própria estação o exige, em um período de 44 dias que vai do ocaso das Plêiades ao solstício, e, em seguida, num período exatamente equivalente que segue um abrandamento de quinze dias. A primavera começa por um período de 32 dias — desde o nascer de Arcturo e da chegada das andorinhas até o equinócio; a partir daí a estação deve dividir-se em seis períodos de oito dias. Chega então o verão, que comporta duas fases: do nascer das Plêiades até o solstício, e daí ao equinócio. Desse momento até ao ocaso das Plêiades deve-se preparar, durante 48 dias, para o "regime invernal".

O autor não fornece um regime completo para cada uma dessas pequenas subdivisões. Ele antes define, dando mais ou menos detalhes, uma estratégia de conjunto que é função das qualidades próprias a cada um desses momentos do ano. Essa estratégia obedece a um princípio de oposição, de resistência, ou pelo menos de compensação: o frio de uma estação deve ser reequilibrado por um regime que esquente, de medo que o corpo se resfrie demasiado; em compensação, um forte calor exige um regime emoliente e refrescante. Mas a estratégia deve também obedecer a um princípio de imitação e de conformidade: para a estação branda, e que evolui gradualmente, um regime brando e progressivo; na época em que as plantas preparam sua vegetação, os humanos devem fazer o mesmo e preparar o desenvolvimento de seu corpo: do mesmo modo, no decorrer da dureza do inverno, as árvores se enrijecem e tornam-se robustas: também os homens adquirem vigor não fugindo do frio e a ele se expondo "corajosamente".[27]

É nesse contexto geral que o uso dos *aphrodisia* é regulado tendo em conta os efeitos que podem produzir no jogo entre o quente e o frio, o seco e o úmido, segundo a fórmula geral encontrada na segunda parte do texto. As recomendações que lhes concernem situam-se, em geral, entre as prescrições alimentares e os conselhos a respeito dos exercícios ou das evacuações. O inverno, desde o ocaso das Plêiades até o equinócio da primavera, é uma estação em que o regime deve ser aquele o qual seque e aqueça na medida em que a estação é fria e úmida: portanto, carnes assadas em vez de cozidas, pão de frumento, legumes secos e em pequenas quantidades, vinho pouco diluído mas em pequena quantidade; numerosos exercícios e de todas as espécies (corridas, luta, passeio); banhos que devem ser frios após os exercícios de corrida — que sempre aquecem muito — e quentes após todos os outros: relações sexuais mais frequentes, sobretudo para os homens mais velhos, cujo corpo tende a se resfriar; vomitório três vezes por mês para os temperamentos úmidos; duas vezes por mês para aqueles que são secos.[28] Durante o período de primavera, quando o ar é mais quente e mais seco, e quando convém se preparar para o crescimento do corpo, deve-se comer tanto carnes cozidas como assadas, absorver legumes úmidos, tomar banhos, diminuir a quantidade de relações sexuais e de vomitórios; só vomitar duas vezes por mês, em seguida mais raramente ainda, de maneira que o corpo mantenha uma "carne pura". Após o nascer das Plêiades, quando chega o verão, é sobretudo contra a seca que o regime deve lutar: beber vinhos leves, brancos e diluídos; comer bolos de cevada, legumes cozidos ou crus se não correm o risco de esquentar; abster-se do vomitório e reduzir tanto quanto possível os atos sexuais (*toisi de aphrodisiosin hōs hēkista*); diminuir os exercícios, evitar as corridas que ressecam o corpo, assim como a marcha sob o sol, e preferir a luta na poeira.[29] À medida que se aproxima o nascer de Arcturo e o equinócio do outono, é necessário manter um regime mais brando e mais úmido; nada é dito em particular sobre o regime sexual.

O *Regime* de Diocles é muito menos desenvolvido do que o de Hipócrates.

Contudo, é muito detalhado no que diz respeito ao emprego do tempo cotidiano, que ocupa uma grande parte do texto: desde as fricções, que devem seguir de imediato o despertar e reduzir a rigidez do corpo, até as posições em que convém ficar no leito quando chega o momento de deitar-se ("nem demasiadamente estendido, nem muito curvado" e de forma alguma de costas), todos os principais momentos do dia são examinados, com os banhos, as fricções, as unções, as evacuações, os passeios, os alimentos que convêm.[30] A questão dos prazeres sexuais e de sua modulação só é considerada a propósito das variações sazonais e após a evocação de alguns princípios gerais de equilíbrio: "É um ponto muito importante para a saúde que a potência de nosso corpo não seja depreciada por uma outra potência." Mas o autor limita-se a breves considerações gerais: primeiramente, que ninguém deve "fazer uso frequente e contínuo do coito"; que este convém mais "à gente fria, úmida, atrabiliária, flatulenta" e convém mal àqueles que são magros; que existem períodos da vida em que ele é mais nocivo, como nas pessoas idosas, ou naquelas que estão no "período que conduz da infância à adolescência".[31] Quanto ao texto, certamente mais tardio, conhecido como uma carta de Diocles ao rei Antígone, a economia que ele propõe dos prazeres sexuais é, em linhas gerais, extremamente próxima da de Hipócrates: no solstício do inverno, que é o tempo em que se está mais disposto ao catarro, a prática sexual não tem que ser restrita. Durante o tempo da ascensão das Plêiades, período em que no corpo domina a bílis amarga, convém recorrer aos atos sexuais comedidamente. E deve-se até mesmo renunciar completamente a eles no momento do solstício de verão, quando a bílis negra predomina no organismo; e convém abster-se, assim como de qualquer vômito, até o equinócio de outono.[32]

Vários traços nesse regime dos prazeres merecem ser observados. Antes de mais nada, o lugar restrito que é dado ao problema das relações sexuais quando o comparamos com o lugar que é dado aos exercícios e, sobretudo, à alimentação. A questão dos alimentos em função de suas qualidades próprias, como também das circunstâncias nas quais eles são ingeridos (sejam as estações do ano ou o estado particular do organismo), é, para a reflexão dietética, consideravelmente mais importante do que a atividade sexual. Por outro lado, é preciso notar que o cuidado com o regime não concerne jamais à forma mesma dos atos: nada sobre o tipo de relação sexual, nem sobre a posição "natural" ou as práticas indevidas, nada sobre a masturbação, nem tampouco sobre essas questões que serão tão importantes mais tarde, a do coito interrompido e a dos procedimentos de contracepção.[33] Os *aphrodisia* são considerados em bloco uma atividade em que o que importa não é determinado pelas diversas formas que ela pode tomar; questiona-se somente se ela ocorre, com que frequência e em que contexto. A problematização se opera, essencialmente, em termos de quantidade e de circunstâncias.

E mesmo a quantidade não é considerada sob a forma de uma determinação numérica precisa. Permanece-se sempre na ordem de uma estimação global: usar dos prazeres "mais amplamente" (*pleon*) ou em menor quantidade (*elasson*) ou o menos possível (*hōs hēkista*). O que não quer dizer que seja inútil prestar uma atenção bem precisa, mas que não é possível determinar *a priori*, e para todos, ao ritmo de uma atividade onde intervêm qualidades — o seco, o quente, o úmido, o frio — entre o corpo e o meio no qual ele se encontra. Se, de fato, os atos sexuais dependem de regime e precisam ser "moderados", é na medida em que eles produzem — pelos movimentos do corpo e pela expulsão do sêmen — efeitos de aquecimento, de resfriamento, de ressecamento e de umidificação. Eles abaixam ou elevam o nível de cada um dos elementos que fazem o equilíbrio do corpo; portanto, eles também modificam a relação entre esse equilíbrio e o jogo dos elementos no mundo exterior: o ressecamento ou o aquecimento, que podem ser bons para um corpo humano úmido e frio, o serão menos se a estação e o clima forem quentes e secos. O regime não tem que fixar quantidades nem determinar ritmos: ele deve negociar, em relações em que só se pode definir os caracteres globais, modificações qualitativas e os reajustamentos que se tornam necessários. Pode-se notar, a propósito, que o pseudo-Aristóteles nos *Problemas* parece ter sido o único a inferir de um dos princípios mais conhecidos dessa fisiologia qualitativa (ou seja, o de que as mulheres, em geral, são frias e úmidas enquanto o homem é quente e seco) a consequência de que a alta estação, para as relações sexuais, não é a mesma nos dois sexos: é no verão que as mulheres estão mais inclinadas ao ato venéreo, ao passo que os homens o estão sobretudo no inverno.[34]

Assim a dietética problematiza a prática sexual, não como um conjunto de atos a serem diferenciados segundo suas formas e o valor de cada um, mas como uma "atividade" que se deve deixar fluir ou frear de acordo com referências cronológicas. No que podemos aproximar esse regime de certas regulações que mais tarde serão encontradas na pastoral cristã. É que lá também, efetivamente, a fim de delimitar a atividade sexual, certos critérios utilizados serão de ordem temporal. Mas esses critérios não serão simplesmente mais precisos; eles funcionarão de maneira totalmente diferente: determinarão os momentos nos quais a prática é permitida, e outros em que ela é proibida; e essa repartição rigorosa será fixada segundo diferentes variáveis: ano litúrgico, ciclo menstrual, período de gravidez ou tempo que se segue ao parto.[35] Nos regimes médicos antigos, as variações, ao contrário, são progressivas; em vez de organizar-se segundo a forma binária do permitido e do proibido, eles sugerem uma oscilação permanente entre o mais e o menos. O ato sexual não é considerado uma prática lícita ou ilícita, segundo os limites temporais no interior dos quais ele se inscreve: ele é encarado como uma atividade que, no ponto de interseção entre o indivíduo e o mundo, o temperamento e o clima, as qualidades do corpo e as da estação, pode provocar consequências mais ou menos nefastas, portanto deve obedecer a uma economia mais ou menos restritiva. É uma prática que demanda reflexão e prudência. Não se trata, portanto, de fixar, uniformemente e para todos, os "dias úteis" do prazer sexual; mas de calcular da melhor maneira os momentos oportunos e as frequências que convêm.

3 – Riscos e perigos

O regime dos *aphrodisia*, com a necessidade de moderar sua prática, não se baseia no postulado de que os atos sexuais seriam, eles próprios, e por natureza, maus. Eles não são objeto de nenhuma desqualificação de princípio. A questão colocada a seu respeito é a de um uso — de um uso a ser modulado segundo o estado do corpo e as circunstâncias exteriores. Contudo, a necessidade de recorrer a um regime cuidadoso, e dar à prática sexual uma atenção vigilante, é justificada por duas séries de razões em que se manifesta, quanto aos efeitos dessa atividade, uma certa inquietação.

1. A primeira série de razões concerne às consequências do ato sexual para o corpo do indivíduo. É claro que se admite que existam temperamentos para os quais a atividade sexual é favorável: assim para aqueles que sofrem de uma abundância de pituíta, pois ela permite a evacuação dos líquidos que, ao se corromperem, fazem surgir esse humor, ou, ainda, para aqueles que digerem mal e cujo corpo se consome e que têm o ventre frio e seco;[36] em troca, para outros — cujo corpo e cabeça estão repletos de humores — seus efeitos são, ao contrário, nocivos.[37]

Contudo, apesar dessa neutralidade de princípio e dessa ambivalência contextual, a atividade sexual é objeto de uma suspeita bastante constante. Diógenes Laércio refere-se a uma sentença de Pitágoras em que a regra geral de um regime sazonal está diretamente associada a uma exigência de rarefação permanente e a uma afirmação de nocividade intrínseca: "Convém entregar-se aos *aphrodisia* no inverno e não no verão; e bem moderadamente na primavera e no outono: aliás, em qualquer estação é penoso e mau para a saúde." E Diógenes cita ainda essa resposta de Pitágoras a quem se perguntava que momento preferir para o amor: "Quando se quer enfraquecer."[38] Mas os pitagóricos não são os únicos, longe disso, a manifestar uma tal desconfiança; a regra do "menos frequentemente possível", a procura do "mal menor" são invocadas também em textos que têm pretensões exclusivamente médicas ou higiênicas: a *Dieta* de Diocles propõe-se a estabelecer as condições nas quais o uso dos prazeres provocará "menos mal" (*hēkista enochlei*);[39] e os *Problemas* do pseudo-Aristóteles comparando os efeitos do ato sexual a arrancar uma planta, que lesa sempre as raízes, aconselha só ter relações nos casos de necessidade urgente.[40] Através de uma dietética que deve determinar quando é útil e quando é nocivo praticar os prazeres, vê-se esboçar uma tendência geral para uma economia restritiva.

Essa desconfiança se manifesta na ideia de que muitos órgãos, e entre os mais importantes, são afetados pela atividade sexual e podem sofrer com seus excessos. Aristóteles observa que o cérebro é o primeiro órgão a sofrer as consequências do ato sexual, porque ele é o "elemento mais frio" de todo o corpo; subtraindo do organismo um "calor puro e natural", a emissão do sêmen induz um efeito geral de resfriamento;[41] Diocles coloca na categoria dos órgãos particularmente expostos aos efeitos dos excessos de prazer a bexiga, os rins, os pulmões, os olhos, a medula espinhal;[42] segundo os *Problemas*, os olhos e as costas é que são atingidos de maneira privilegiada, seja porque contribuem mais do que os outros órgãos para o ato, seja porque o excesso de calor neles produz uma liquefação.[43]

Essas correlações orgânicas múltiplas explicam os efeitos patológicos diversos que se atribui à atividade sexual quando ela não obedece às regras da indispensável economia. É preciso observar que não é frequente encontrar menção — pelo menos para os homens[44] — de distúrbios que poderiam ser provocados por uma abstenção total. As doenças oriundas de uma má distribuição da atividade sexual são sempre doenças do excesso. Tal como essa famosa "tísica dorsal", definida por Hipócrates no tratado *Das doenças*, cuja descrição será encontrada por muito tempo, com a mesma etiologia, na medicina ocidental: trata-se de uma doença que "ataca sobretudo os recém-casados" e "as pessoas inclinadas às relações sexuais" (*philolagnoi*); ela tem como ponto de origem a medula (que, como veremos, é considerada a parte do corpo onde se encontra o esperma); ela dá a sensação de um formigamento que desce ao longo da coluna vertebral; o esperma escorre espontaneamente durante o sono na urina e nas fezes; o sujeito torna-se estéril. Quando o mal se acompanha de dificuldades respiratórias e de dores de cabeça, pode-se morrer. Um regime de alimentação amolecedora e de evacuação pode levar à cura, mas após um ano inteiro de abstenção de vinho, de exercícios e dos *aphrodisia*.[45] As *Epidemias* citam, igualmente, casos em que o abuso dos prazeres acarretou doenças graves: num habitante de Abdera, as relações sexuais e as bebidas provocaram febre acompanhada, no seu início, por náuseas, cardialgia, uma sensação de sede, urina negra, língua pesada; a cura foi obtida no 24° dia, após várias remissões e retornos de febre;[46] em compensação, um jovem de Melibeu morreu em plena loucura após uma doença de 24 dias que havia começado com distúrbios intestinais e respiratórios, seguindo-se a um longo abuso de bebida e de prazeres sexuais.[47]

Em troca, o regime dos atletas, que é frequentemente reprovado por seus exageros, é citado como exemplo dos efeitos benéficos que a abstinência sexual pode produzir. Platão o lembra nas *Leis* a propósito de Issos de Tarento, um vencedor de Olímpia: ambicioso como era, ele "que possuía em sua alma a técnica e a força com a temperança", enquanto se consagrou ao seu treinamento, "não se aproximou jamais, pelo que se conta, de uma mulher nem de um jovem". A mesma tradição existia a propósito de Criton, Astilos, Diopompe.[48] Nos princípios dessa prática, sem dúvida, cruzavam-se vários temas: o de uma abstenção ritual que, tanto nos concursos como nas batalhas, constituía uma das condições do sucesso; o de uma vitória moral que o atleta devia conquistar sobre si mesmo, se quisesse ser capaz e digno de garantir sua superioridade sobre os outros; mas também o de uma economia necessária ao corpo para que ele conservasse toda uma força que o ato sexual jogaria fora. Enquanto as mulheres precisam da relação sexual para que o escoamento necessário ao seu organismo possa se produzir regularmente, os homens, pelo menos em certos casos, podem reter todo o seu sêmen; sua abstinência rigorosa, longe de prejudicá-los, conserva neles a integralidade de suas forças, acumula-a, conserva-a e, finalmente, leva-a a um ponto sem igual.

Um paradoxo habita, portanto, essa preocupação com um regime em que se busca, ao mesmo tempo, a justa repartição de uma atividade que não pode ser ela própria considerada um mal e uma economia restritiva em que "o menos" parece, quase sempre, ter maior valor que "o mais". Embora seja natural que o corpo fomente uma substância vigorosa que tem a capacidade de procriar, o próprio ato que a retira do organismo e a lança para fora, tanto corre o risco de ser perigoso nos seus efeitos quanto é conforme à natureza em seu princípio; o corpo inteiro, com os seus órgãos mais importantes ou os mais frágeis, corre o risco de pagar um preço elevado por esse desperdício que, no entanto, a natureza quis; e reter essa substância, que pela própria força procura escapar, poderá ser um meio de dar ao corpo sua mais intensa energia.

2. O cuidado com a progenitura também motiva a vigilância que se deve manifestar no uso dos prazeres. Pois, ao admitir-se que a natureza organizou a conjunção dos sexos para assegurar a descendência dos indivíduos e a sobrevivência da espécie, ao admitir-se também que por essa mesma razão ela associou à relação sexual um tão vivo prazer, reconhece-se que essa descendência é frágil, pelo menos em sua qualidade e seu valor. É perigoso, para o indivíduo, obter seu prazer ao acaso; mas se é ao acaso que ele procria, e não importa como, o futuro de sua família é colocado em perigo. Nas *Leis*, Platão sublinha com solenidade a importância das precauções que é preciso tomar para esse fim, que é do interesse dos pais e da cidade inteira. Há os cuidados a serem tomados no primeiro ato sexual entre os dois cônjuges, no momento do casamento: todos os valores e todos os perigos tradicionalmente reconhecidos nos atos inaugurais ali se encontram: nesse dia, nessa noite, é preciso abster-se de qualquer erro nesse particular, "pois o começo é um deus que, estabelecendo-se entre os homens, salva todas as coisas, se cada um dos seus devotos lhe presta honras convenientes". Mas é necessário, também, ser precavido todos os dias e no decorrer da vida de casamento: com efeito, ninguém sabe "em que noite ou em que dia" o deus dará a sua ajuda na fecundação; convém também, durante "o ano e a vida inteira", e sobretudo no tempo em que se está apto a procriar, "cuidar de nada fazer voluntariamente de malsão, nada que seja desmesurado e injusto, pois isso penetra e imprime-se na alma e no corpo da criança"; corre-se o risco de "dar à luz seres de qualquer modo miseráveis".[49]

Os perigos que se temem e, portanto, as precauções que se recomendam dizem respeito a três grandes questões. Em primeiro lugar, à idade dos pais. A idade com a qual o homem é supostamente capaz de produzir a mais bela descendência é relativamente tardia: de trinta a 35 anos, segundo Platão, ao passo que, para as moças, ele fixa a possibilidade de casamento entre dezesseis e vinte anos.[50] A mesma defasagem cronológica parece indispensável a Aristóteles; ele a estima necessária para o vigor da progenitura; ele calcula que, com essa distância, os dois esposos chegarão juntos à idade em que a fecundidade declina, quando é, aliás, pouco desejável que a procriação ocorra; além disso, as crianças concebidas durante esse período da vida apresentarão a vantagem de chegar à idade de ocupar o lugar dos pais justamente quando estes atingirem o declínio; "é por isso que convém fixar o casamento das moças por volta dos dezoito anos e dos homens aos 37 ou um pouco menos; é nos limites desse tempo e enquanto o corpo está com todo o seu vigor que a união entre os sexos ocorrerá".[51]

Outra questão importante é a "dieta" dos pais: evitar os excessos, evidentemente, tomar cuidados para não procriar em estado de embriaguez, mas também praticar um regime geral e permanente. Xenofonte exaltava a legislação de Licurgo e as medidas que eram tomadas a fim de assegurar, através do vigor dos pais, o bom estado de sua progenitura: as jovens que estavam destinadas a ser mães não deveriam beber vinho, ou apenas misturado com água; o pão e as carnes lhes eram medidos com exatidão; como os homens, elas deviam praticar os exercícios físicos; Licurgo chegou até a instituir "corridas e provas de força entre as mulheres, como entre os homens, persuadido de que se os dois sexos fossem vigorosos teriam filhos mais robustos".[52]

Aristóteles, por sua vez, não queria um regime atlético forçado demais; ele preferia aquele que convém a um cidadão e assegura a disposição necessária à sua atividade (*euexia politikē*): "O temperamento deve ter sido treinado para a fadiga, porém, treinado não por meio de trabalhos violentos nem por uma única forma de trabalho, como o temperamento dos atletas, mas por meio das atividades convenientes aos homens livres." Para as mulheres, ele desejava um regime que lhes daria o mesmo tipo de qualidades.[53]

Quanto ao momento do ano ou da estação que é mais favorável para obter uma bela descendência, era considerado função de todo um conjunto de elementos complexos; é, sem dúvida, sobre precauções desse tipo que deverá, entre outras coisas, recair a atenção das inspetoras que, em Platão, velam pela boa conduta dos casais durante os dez anos em que lhes é exigido e permitido procriar.[54] Aristóteles evoca, rapidamente, o saber que os médicos de seu tempo e os *connaisseurs* da natureza são capazes de ensinar sobre esse assunto. Os esposos deverão, segundo ele, familiarizar-se com todas essas lições: "Os médicos, com efeito, fornecem indicações adequadas sobre os momentos em que o corpo está favoravelmente disposto para a procriação" (é o inverno, de acordo com o costume geral); quanto aos "físicos", eles "marcam sua preferência pelos ventos do norte em detrimento dos do sul".[55]

Através de todos esses cuidados indispensáveis, nota-se que a prática procriadora, se se quiser conjurar todos os perigos que a ameaçam e assegurar-lhe o sucesso que dela se espera, demanda uma grande atenção, ou melhor, toda uma atitude moral. Platão insiste no fato de que tanto um como o outro esposo devem ter em mente (*dianoisthai*) que eles devem dar à cidade "as crianças mais belas e melhores possíveis". Eles devem pensar nessa tarefa intensamente em função do princípio de que os homens são bem-sucedidos naquilo que empreendem "quando refletem e aplicam seu espírito ao que fazem", ao passo que fracassam "se não aplicarem seu espírito ou se não o possuem". Consequentemente, "que o esposo preste atenção (*prosechetō ton noun*) à esposa e à procriação, o mesmo quanto à esposa, sobretudo durante o tempo que precede o primeiro nascimento".[56] Pode-se lembrar, a esse respeito, a notação que se encontra nos *Problemas* do pseudo-Aristóteles: se acontece tão frequentemente de os filhos dos humanos não se parecerem com seus pais é que estes — no momento do ato sexual — têm a alma agitada de vários modos, em vez de só pensar no que fazem no instante.[57] Mais tarde, no mundo da carne, uma regra necessária à justificação do ato sexual consistirá em baseá-lo numa intenção precisa, a da procriação. Aqui, uma tal intenção não é necessária para que a relação entre os sexos não seja um pecado mortal. Entretanto, para que possa atingir o seu objetivo e permitir ao indivíduo sobreviver através dos seus filhos e contribuir para a salvação da cidade, é preciso todo um esforço da alma: o cuidado permanente em afastar os perigos que envolvem o uso dos prazeres e ameaçam o fim que a natureza lhes conferiu.[58]

4 – O ato, o dispêndio, a morte

No entanto, se o uso dos prazeres constitui um problema na relação do indivíduo com seu próprio corpo e para a definição de seu regime físico, a razão não está simplesmente no fato de que se suspeite de que esse uso possa ser a origem de certas doenças ou de que se receie suas consequências sobre a progenitura. O ato sexual não é, certamente, percebido pelos gregos como um mal; ele não é, para eles, objeto de uma desqualificação ética. Mas os textos testemunham uma inquietação que recai sobre essa própria atividade. E essa inquietação gira em torno de três focos: a própria forma do ato, o custo que ele provoca, a morte à qual está ligado. Seria um erro ver no pensamento grego somente uma valorização positiva do ato sexual. A reflexão médica e filosófica descreve-o como capaz de ameaçar, por sua violência, o controle e o domínio que convém exercer sobre si; de minar, pelo esgotamento que provoca, a força que o indivíduo deve conservar e manter; e como uma marca da mortalidade do indivíduo ao mesmo tempo que assegura a sobrevivência da espécie. Embora o regime dos prazeres seja tão importante, não é simplesmente porque um excesso pode produzir uma doença; é porque na atividade sexual, em geral, está em jogo o domínio, a força e a vida do homem. Dar a essa atividade a forma rarefeita e estilizada de um regime é se garantir contra os males futuros; é também se formar, se exercer, experimentar-se como um indivíduo capaz de controlar sua própria violência e de deixá-la funcionar nos limites convenientes, de reter em si o princípio de sua energia e de aceitar a morte prevendo o nascimento de seus descendentes. O regime físico dos *aphrodisia* é uma precaução de saúde; é, ao mesmo tempo, um exercício — uma *askēsis* — de existência.

1. A violência do ato

É pensando nos *aphrodisia* que Platão, no *Filebo*, descreve os efeitos do prazer quando misturado, em forte proporção, com o sofrimento: o prazer "contrai o corpo todo, crispa-o às vezes até atingir sobressaltos e, fazendo-o passar por todas as cores, todas as gesticulações e todos os ofegos possíveis, produz uma superexcitação geral com gritos de perdição... E o paciente chega assim a dizer dele próprio, ou os outros sobre ele, que goza de todos os prazeres até a morte; assim ele os persegue sem cessar tanto mais intensamente quanto menos comedimento e temperança tiver" (*akolasteros, aphronesteros*).[59]

Atribuiu-se a Hipócrates a afirmação de que o gozo sexual teria a forma de uma pequena epilepsia. Pelo menos é o que relata Aulo-Gélio: "Eis aqui qual era a opinião do divino Hipócrates sobre a relação sexual (*coitus venereus*). Ele a via como uma parte da terrível doença que chamamos comicial. Atribui-se a ele a seguinte frase: 'A conjunção de um sexo é uma pequena epilepsia' (*ten sunousian einai mikran epilepsian*)."[60] De fato, a fórmula é de Demócrito. O tratado hipocrático *Da geração*, que em suas primeiras páginas fornece uma descrição detalhada do ato sexual, se inscreve, ao contrário, numa outra tradição, aquela de Diógenes de Apolônia; o modelo ao qual essa tradição (atestada ainda por Clemente de Alexandria) se referia não era o patológico do mal comicial, mas o mecânico, de um líquido aquecido e espumante: "Alguns, relata o *Pedagogo*, supõem que o sêmen do ser vivo é a espuma do sangue, quanto à substância. O sangue fortemente agitado no decorrer dos enlaces e aquecido pelo calor natural do macho forma espuma e se espalha nas veias espermáticas. Segundo Diógenes de Apolônia, esse fenômeno explicaria o nome de *aphrodisia*."[61] Sobre esse tema geral do líquido, da agitação, do calor e da espuma espalhada, o *Da geração* da coleção hipocrática fornece uma descrição que é inteiramente organizada em torno daquilo que poderíamos chamar "esquema ejaculatório"; é esse esquema que é transposto tal qual do homem para a mulher; é ele que serve para decifrar as relações entre o papel masculino e o papel feminino em termos de confrontação e de justa, como também de dominação e de regulação de um pelo outro.

O ato sexual é analisado, desde sua origem, como uma mecânica violenta que conduz para a saída do esperma.[62] Inicialmente a fricção do sexo e o movimento dado ao corpo inteiro têm por efeito produzir um aquecimento geral; este, conjugado à agitação, tem como consequência dar ao humor, espalhado no corpo, mais fluidez, ao ponto que chega a "espumar" (*aphrein*), "como espumam todos os fluidos agitados". Nesse momento se produz um fenômeno de "separação" (*apokrisis*); desse humor espumante, a parte mais vigorosa, "a mais forte e a mais gordurosa" (*to ischurotaton kai piotaton*) é levada ao cérebro e à medula espinhal, ao longo da qual ela desce até as costas. É então que a espuma quente passa aos rins e daí, através dos testículos, até a verga de onde ela é expulsa por uma agitação violenta (*tarachē*). Esse processo, que é voluntário no seu início, quando há conjunção sexual e "fricção do sexo", pode também se desenrolar de modo inteiramente involuntário. É o que se passa no caso da polução noturna citada pelo autor de *Da geração*: quando o trabalho ou uma outra ação provocou, antes do sono, o aquecimento do corpo, o humor começa a espumar espontaneamente: ele "se comporta como no coito"; e a ejaculação se produz, fazendo-se acompanhar de imagens de um sonho, sem dúvida de acordo com o princípio frequentemente invocado de que os sonhos, ou pelo menos certos sonhos, são a tradução do estado atual do corpo.[63]

Entre o ato sexual do homem e o da mulher, a descrição hipocrática estabelece um isomorfismo global. O processo é o mesmo, salvo que no caso da mulher o ponto de partida do aquecimento é a matriz estimulada pelo sexo masculino durante o coito: "Nas mulheres, o sexo sendo friccionado no coito e a matriz em movimento, digo que esta última é tomada como que de uma comichão que dá prazer e calor ao resto do corpo. Também a mulher ejacula a partir do corpo, às vezes na matriz, às vezes fora."[64] Mesmo tipo de substância e mesma formação (um esperma que surge do sangue por aquecimento e separação): mesmo mecanismo e mesmo ato terminal de ejaculação. O autor, entretanto, acentua certas diferenças que não dizem respeito à natureza do ato, mas à sua violência própria, assim como à intensidade e à duração do prazer que o acompanha. No próprio ato, o prazer da mulher é muito menos intenso do que o do homem porque neste a excreção do humor se faz de maneira brusca e com muito mais violência. Em compensação, na mulher, o prazer começa no início do ato e dura tanto quanto o próprio coito. Seu prazer, ao longo de toda a relação, é dependente do homem; e só cessa quando "o homem libera a mulher"; e se acontece de ela chegar ao orgasmo antes dele, não é por isso que o prazer desaparece; ele é apenas experimentado de outra forma.[65]

Entre esses dois atos isomorfos no homem e na mulher, o texto hipocrático coloca uma relação que é, ao mesmo tempo, de causalidade e de rivalidade: de certa forma, uma justa em que o macho desempenha um papel incitador e deve obter a vitória final. Para explicar os efeitos do prazer do homem sobre o da mulher, o texto recorre — como em outras passagens, sem dúvida antigas, da coletânea hipocrática — aos dois elementos da água e do fogo e aos efeitos recíprocos do quente e do frio; o licor masculino desempenha tanto um papel estimulante quanto o de resfriamento; quanto ao elemento feminino, sempre quente, é às vezes representado pela chama e às vezes por um líquido. Se o prazer da mulher se intensifica "no momento em que o esperma cai na matriz" é à maneira da chama, que de repente aumenta quando se derrama vinho sobre ela; se, ao contrário, a ejaculação do homem leva ao fim do prazer da mulher, é como se fosse um líquido frio que se derrama na água muito quente: a ebulição logo cessaria.[66] Assim, dois atos semelhantes, fazendo intervir substâncias análogas mas dotadas de qualidades opostas, enfrentam-se na conjunção sexual: força contra força, água fria contra fervura, álcool sobre chama. Mas, de toda maneira, é o ato masculino que determina, regula, atiça, domina. É ele que determina o início e o fim do prazer. É ele também que garante a saúde dos órgãos femininos, assegurando seu bom funcionamento: "Se as mulheres têm relações com os homens, elas ficam em boa forma; se não, o ficam menos. É que, por um lado, a matriz no coito torna-se úmida e não seca; ora, quando ela está seca se contrai violentamente e mais do que convém; e ao se contrair violentamente ela faz o corpo sofrer. Por outro lado, o coito, ao esquentar e umedecer o sangue, torna a passagem mais fácil para as regras;

ora, quando as regras não escorrem, o corpo das mulheres torna-se doente."[67] A penetração pelo homem e a absorção do esperma são para o corpo da mulher o princípio do equilíbrio de suas qualidades e a chave para o escoamento necessário de seus humores.

Esse "esquema ejaculatório" através do qual se percebe toda a atividade sexual — e em ambos os sexos — mostra, evidentemente, a dominação quase exclusiva do modelo viril. O ato feminino não é exatamente o seu complemento; é antes o duplo, mas sob a forma de uma versão enfraquecida, que dele depende tanto para a saúde quanto para o prazer. Focalizando toda a atenção sobre esse momento da emissão — do arranque espumoso, considerado essencial ao ato —, coloca-se no centro da atividade sexual um processo que é caracterizado por sua violência, por uma mecânica quase irreprimível e por uma força cujo domínio escapa; mas coloca-se também como problema importante no uso dos prazeres uma questão de economia e de dispêndio.

2. O dispêndio

O ato sexual arranca do corpo uma substância que é capaz de transmitir a vida, mas que só a transmite porque ela própria está ligada à existência do indivíduo e carrega em si uma parte dessa existência. O ser vivo ao expulsar seu sêmen não se limita a evacuar um humor em excesso: ele se priva de elementos que são de grande valia para a sua própria existência.

Nem todos os autores dão a mesma explicação para esse caráter precioso do esperma: o *Da geração* parece referir-se a duas concepções da origem do esperma. De acordo com uma delas, é da cabeça que ele viria: formado no cérebro, ele desceria pela medula até as partes inferiores do corpo. Tal era, no dizer de Diógenes Laércio, o princípio geral da concepção pitagórica: o esperma era aí considerado "uma gota de cérebro que contém em si um vapor quente"; desse fragmento de matéria cerebral se formaria mais tarde o conjunto do corpo com "os nervos, as carnes, os ossos, os cabelos"; do sopro quente que ele contém nasceria a alma do embrião e a sensação.[68] O texto de Hipócrates reproduz esse privilégio da cabeça na formação do sêmen lembrando que os homens nos quais foi feita uma incisão perto da orelha — embora ainda mantenham a possibilidade de ter relações sexuais e de ejacular — têm um sêmen pouco abundante, fraco e estéril: "Pois a maior parte do esperma vem da cabeça, ao longo das orelhas, para a medula; e essa via, depois da incisão que se transforma em cicatriz, endurece."[69] Mas essa importância atribuída à cabeça não exclui, no tratado *Da geração*, o princípio geral segundo o qual o sêmen provém do conjunto do corpo: o esperma do homem "vem de qualquer humor que se encontre no corpo", e isso graças às "veias e aos nervos que vão do corpo inteiro ao sexo";[70] ele se forma "a partir de todo o corpo, de suas partes sólidas, de suas partes moles e de todo o humor", nas suas quatro espécies;[71] também a mulher "ejacula a partir de todo o corpo";[72] e se os meninos e as meninas, antes da puberdade, não podem emitir sêmen, é porque, nessa idade, as veias são tão finas e estreitas que "impedem o esperma de caminhar".[73] Em todo caso, emanando do conjunto do corpo ou vindo, na maior parte, da cabeça, o sêmen é considerado o resultado de um processo que separa, isola, concentra a parte "mais forte" do humor: *to ischurotaton*.[74] Essa força se manifesta na natureza gordurosa e espumosa do sêmen e na violência com que escapa; ela se traduz também pela fraqueza que é sempre experimentada após o coito, por menor que seja a quantidade que foi excretada.[75]

A origem do sêmen foi, de fato, mantida como assunto de discussão na literatura médica e filosófica. Não obstante — e quaisquer que sejam as explicações propostas —, elas deviam dar conta daquilo que permitia ao sêmen transmitir a vida e dar início a um outro ser vivo; e de onde poderia a substância seminal tirar o seu poder senão dos princípios da vida que podem encontrar-se no indivíduo de onde ela proveio? Seria preciso que ela tomasse emprestada a existência que dava, destacando-a do ser vivo em que se originou. Em toda emissão espermática existe qualquer coisa que sai dos mais preciosos elementos do indivíduo e que lhe é subtraída. A demiurgia do *Timeu* enraizou, assim, o sêmen naquilo que constitui para os humanos a articulação entre o corpo e a alma, entre a morte e a imortalidade. Essa articulação é a medula (que em sua parte craniana e redonda abriga a sede da alma imortal e em sua parte alongada e dorsal a da alma mortal): "Os vínculos da vida pelos quais a alma é acorrentada ao corpo, é na medula que eles vêm se atar para enraizar a espécie mortal."[76] Daí deriva, por meio das duas grandes veias dorsais, a umidade de que o corpo necessita e que nele permanece encerrada; daí deriva também o sêmen que escapa pelo sexo para dar nascimento a outro indivíduo. O ser vivo e sua descendência têm um único e mesmo princípio de vida.

A análise de Aristóteles é bem diferente da de Platão e também da de Hipócrates. Diferente quanto às localizações, diferente quanto aos mecanismos. Contudo, encontra-se nele o mesmo princípio da subtração preciosa. Na *Geração dos animais*, o esperma é explicado como o produto residual (*perittōma*) da nutrição: produto final, concentrado em pequeníssimas quantidades e útil como são os princípios de crescimento que o organismo tira do alimento. De fato, para Aristóteles a elaboração terminal daquilo que a alimentação dá ao corpo fornece uma matéria, da qual uma parte vai para todas as partes do corpo a fim de, imperceptivelmente, fazê-lo crescer todos os dias, e a outra espera a expulsão que lhe permitirá, uma vez na matriz da mulher, dar formação ao embrião.[77] O desenvolvimento do indivíduo e sua reprodução repousam, portanto, nos mesmos elementos, e têm seu princípio numa mesma substância; os elementos do crescimento e o líquido espermático formam uma dupla resultante de uma elaboração alimentar que mantém a vida de um indivíduo, e que permite o nascimento de outro. Compreende-se, nessas condições, que a evacuação desse sêmen constitui para o corpo um acontecimento importante: ela lhe subtrai uma substância que é preciosa, posto que é o último resultado de um longo trabalho do organismo e que concentra elementos que podem, por sua natureza, "ir a todas as partes do corpo" e que, portanto, seriam suscetíveis de fazê-lo crescer se não lhe fossem retirados. Compreende-se, igualmente, por que essa evacuação — que é inteiramente possível na idade em que o homem necessita somente renovar seu organismo sem ter que desenvolvê-lo — não ocorre na juventude, quando todas as fontes do alimento são utilizadas para o desenvolvimento; nessa idade "tudo é despendido de antemão", diz Aristóteles; compreende-se também que na velhice a produção de esperma diminua: "O organismo não realiza mais uma cocção suficiente."[78] Ao longo da vida do indivíduo — desde a juventude, que tem necessidade de crescer, até a velhice, que a tanto custo se mantém —, se marca essa relação de complementaridade entre o poder de procriar e a capacidade para desenvolver-se ou para subsistir.

Que o sêmen seja retirado de todo o organismo, que se origine lá onde o corpo e a alma se articulam, ou que se forme no termo da longa elaboração interna dos alimentos, o ato sexual que o expulsa constitui para o ser vivo um dispêndio custoso. O prazer pode muito bem acompanhá-lo, como quis a natureza, a fim de que os homens pensem em ter uma descendência. Não deixa de constituir um duro abalo para o próprio ser, o abandono de toda uma parte daquilo que contém um ser mesmo. É assim que Aristóteles explica o abatimento "patente" que se segue à relação sexual;[79] e que o autor dos *Problemas* explica a repugnância dos jovens pela primeira mulher com a qual lhes aconteceu de ter relações sexuais.[80] Sob um tão fraco volume — embora proporcionalmente maior nos homens do que nos outros animais —, o ser vivo se priva de toda uma parte dos elementos essenciais à sua própria existência.[81] Compreende-se de que maneira o abuso dos prazeres sexuais pode, em certos casos, como o descrito por Hipócrates, da tísica dorsal, conduzir à morte.

3. A morte e a imortalidade

Não é simplesmente no medo do dispêndio excessivo que a reflexão médica e filosófica associa a atividade sexual com a morte. Ela também as liga no próprio princípio da reprodução, na medida em que coloca como finalidade da procriação paliar o desaparecimento dos seres vivos e dar à espécie, tomada no seu conjunto, a eternidade que não pode ser concedida a cada indivíduo. Se os animais se unem na relação sexual, e se essa relação lhes dá descendentes, é para que a espécie — como é dito nas *Leis* — acompanhe sem fim a marcha do tempo: tal é a sua maneira própria de escapar à morte: ao deixar "os filhos dos filhos", permanecendo a mesma, ela "participa, pela geração, da imortalidade".[82] O ato sexual está para Aristóteles, assim como para Platão, no ponto de cruzamento entre uma vida individual que é destinada à morte — e à qual, aliás, ele subtrai uma parte de suas forças mais preciosas — e uma imortalidade que toma a forma concreta de uma sobrevivência da espécie. Entre essas duas vidas, para juntá-las e para que, à sua maneira, a primeira participe na segunda, a relação sexual constitui, como diz ainda Platão, um "artifício" (*mēchanē*), que assegura ao indivíduo um "rebrotar" dele mesmo (*apoblastēma*).

Em Platão, esse vínculo, ao mesmo tempo artificial e natural, é sustentado pelo desejo, próprio a toda a natureza perecível, de se perpetuar e de ser imortal.[83] Um tal desejo, observa Diotímia no *Banquete*, existe nos animais que, tomados pela vontade de procriar, "tornam-se doentes dessas disposições amorosas" e estão prontos "até a sacrificar sua própria vida a fim de salvar sua descendência".[84] Ele existe também no ser humano que não quer, uma vez que cesse de viver, ser um morto sem renome e "sem nome";[85] para isso, dizem as *Leis*, ele deve se casar e dar-se uma descendência nas melhores condições possíveis. E é esse mesmo desejo que suscitará, em alguns daqueles que amam os rapazes, o ardor, não de semear no corpo, mas o de engendrar na alma e de dar à luz o que é belo em si mesmo.[86] Em certos textos precoces de Aristóteles, como o *Da alma*,[87] a ligação da atividade sexual com a morte e com a imortalidade é ainda expressa sob a forma um tanto "platonizante" de um desejo de participação no que é eterno; em textos mais tardios, como o *Tratado da geração e da corrupção*,[88] ou o *Da geração dos animais*, ela é pensada sob a forma de uma diferenciação e de uma distribuição dos seres na ordem natural em função de um conjunto de princípios ontológicos no que diz respeito ao ser, ao não ser e ao melhor. Propondo-se a explicar, de acordo com as causas finais, por que há engendramento dos animais e existência distinta dos sexos, o segundo livro da *Geração dos animais* invoca alguns princípios fundamentais que regem as relações entre a multiplicidade dos seres e o ser: a saber, que certas coisas são eternas e divinas, ao passo que outras podem ser ou não ser: que o belo e o divino é sempre o melhor e que aquilo que não é eterno pode participar no melhor e no pior; que é melhor ser do que não ser, viver do que não viver, ser animado do que inanimado. E ao lembrar que os seres submetidos ao vir a ser só serão eternos na medida em que o possam, conclui que existe geração dos animais e que estes, excluídos da eternidade como indivíduos, podem ser eternos como espécie: "numericamente", o animal "não pode ser imortal, pois a realidade dos seres reside no particular: e se ele o fosse, seria eterno. Mas ele pode sê-lo especificamente".[89]

A atividade sexual se inscreve, portanto, no amplo horizonte da morte e da vida, do tempo, do vir a ser e da eternidade. Ela se torna necessária porque o indivíduo é destinado a morrer e para que, de certa maneira, ele escape à morte. É claro que essas especulações filosóficas não estão diretamente presentes na reflexão sobre o uso dos prazeres e sobre o seu regime. Mas podemos notar a solenidade com que Platão a ela se refere na legislação "persuasiva" que propõe para o casamento — legislação essa que deve ser a primeira de todas, já que está no "princípio dos nascimentos" nas cidades: "Casar-se-á entre trinta e 35 anos, dentro do pensamento de que o gênero humano retira de um dom natural uma certa parte de imortalidade cujo desejo também é inato em todos os homens e de todos os pontos de vista. Pois a ambição de se afamar e de não permanecer sem nome após a morte provém desse desejo. Ora, a raça humana possui uma afinidade natural com o conjunto do tempo que ela acompanha e acompanhará através da duração; é por meio disso que ela é imortal, deixando os filhos de seus filhos e assim, graças à permanência de sua unidade sempre idêntica, participando, pela geração, da imortalidade."[90] Os interlocutores das *Leis* sabem que essas longas considerações não são habituais nos legisladores. Mas o Ateniense observa que nessa ordem de coisas é como na medicina: quando esta se dirige a homens racionais e livres não pode se limitar a formular preceitos: ela deve explicar, dar razões e persuadir para que o doente regule como convém o seu modo de vida. Dar tais explicações sobre o indivíduo e a espécie, o tempo e a eternidade, a vida e a morte, é fazer de maneira que os cidadãos aceitem "com simpatia e, graças a essa simpatia, com mais docilidade" as prescrições que devem regular sua atividade sexual e seu casamento, o regime racional de sua vida temperante.[91]

A medicina e a filosofia gregas se interrogaram sobre os *aphrodisia* e sobre o uso que deles se devia fazer se se quisesse ter um justo cuidado com o próprio corpo. Essa problematização não levou a distinguir, nesses atos, nas suas formas e em suas variedades possíveis, os que eram aceitáveis e os que eram nocivos ou "anormais". Mas, ao considerá-los maciçamente, globalmente, como manifestação de uma atividade, ela se deu como objetivo fixar os princípios que permitissem ao indivíduo, em função das circunstâncias, assegurar sua intensidade útil e sua justa distribuição. No entanto, as tendências nitidamente restritivas de uma tal economia testemunham uma inquietação quanto a essa atividade sexual. Inquietação que diz respeito aos eventuais efeitos dos abusos: inquietação que diz respeito também, e sobretudo, ao próprio ato, sempre percebido de acordo com um esquema masculino, ejaculatório, "paroxístico", que caracterizaria toda a atividade sexual.

Nota-se, então, que a importância atribuída ao ato sexual e às formas de sua rarefação se deve não somente aos seus efeitos negativos sobre o corpo, mas ao que ele é, nele mesmo e por natureza: violência que escapa à vontade, dispêndio que extenua as forças, procriação ligada à morte futura do indivíduo. O ato sexual não inquieta porque releva do mal, mas sim porque perturba e ameaça a relação do indivíduo consigo mesmo e a sua constituição como sujeito moral: ele traz com ele, se não for medido e distribuído como convém, o desencadear das forças involuntárias, o enfraquecimento da energia e a morte sem descendência honrada.

Pode-se notar que esses três grandes temas de preocupação não são particulares à cultura antiga: encontrar-se-á frequentemente, e em outros lugares, a manifestação dessa inquietação que, identificando o ato sexual com a forma "viril" do sêmen lançado, associa-o à violência, à extenuação e à morte. Os documentos compilados por Van Gulik a propósito da cultura chinesa antiga parecem mostrar muito bem a presença dessa mesma temática: medo do ato irreprimível e custoso, receio de seus efeitos nocivos para o corpo e para a saúde, representação da relação com a mulher sob a forma de uma justa preocupação de encontrar para si uma descendência de qualidade graças a uma atividade sexual bem regrada.[92] Mas a essa inquietação, os antigos tratados chineses "do quarto de dormir" respondem de um modo totalmente diferente daquele que pode encontrar-se na Grécia clássica; o receio em face da violência do ato e o medo de perder o sêmen suscitam procedimentos de retenção voluntária: o confronto com o outro sexo é percebido como uma maneira de entrar em contato com o princípio vital que este detém e, observando-o, interiorizá-lo para poder dele se beneficiar; de modo que uma atividade sexual bem conduzida não somente exclui todo o perigo, como pode tomar o efeito de um esforço de existência e de um processo de rejuvenescimento. A elaboração e o exercício, nesse caso, dizem respeito ao próprio ato, seu desencadeamento, o jogo de forças que o sustenta e, finalmente, o prazer ao qual ele está associado; a elisão ou o adiamento indefinido de seu termo permite dar-lhe simultaneamente o seu mais alto grau na ordem do prazer e o seu mais intenso efeito na ordem da vida. Nessa "arte Erótica", que com seus alvos éticos bem marcados busca intensificar, tanto quanto possível, os efeitos positivos de uma atividade sexual dominada, refletida, multiplicada e prolongada, o tempo — aquele que termina o ato, envelhece o corpo e leva à morte — se encontra conjurado.

Na doutrina cristã da carne também se encontrarão facilmente temas bem próximos de inquietação: a violência involuntária do ato, seu parentesco com o mal e seu lugar no jogo entre a vida e a morte. Mas santo Agostinho verá, na força irreprimível do desejo e do ato sexual, um dos principais estigmas da queda (esse movimento involuntário reproduz no corpo humano a revolta do homem sublevado contra Deus): a pastoral fixará, num calendário preciso, e em função de uma morfologia detalhada dos atos, as regras de economia a que convém submetê-los: enfim, a doutrina do casamento conferirá à finalidade procriadora o duplo papel de garantir a sobrevivência ou mesmo a proliferação do povo de Deus, e a possibilidade para os indivíduos de não destinar, por meio dessa atividade, sua alma à morte eterna. Tem-se aí uma codificação jurídico-moral dos atos, dos momentos e das intenções, que torna legítima uma atividade que carrega em si mesma valores negativos; e a inscreve no duplo registro da instituição eclesiástica e da instituição matrimonial. O tempo dos ritos e o tempo da procriação legítima podem absolvê-la.

Nos gregos, os mesmos temas de inquietação (violência, dispêndio e morte) tomaram forma numa reflexão que não visa a uma codificação dos atos nem à constituição de uma arte Erótica, mas à instauração de uma técnica de vida. Esta não postula que se retire aos atos sua naturalidade de princípio; ela também não se propôs a majorar seus efeitos de prazer; procura distribuí-los o mais próximo possível do que a natureza demanda. O que ela procura elaborar não é, como numa arte Erótica, o desenrolar do ato; também não são as condições de sua legitimação institucional, como será o caso do cristianismo; é muito mais a relação de si mesmo com essa atividade "considerada em bloco", a capacidade de dominá-la, limitá-la e reparti-la como convém; trata-se, nessa *technē*, da possibilidade de se constituir como sujeito, mestre de sua própria conduta, isto é, de se tornar — como o médico em relação à doença, o piloto entre os escolhos ou o político em relação à cidade[93] — o hábil e prudente guia de si mesmo, apto a conjecturar como convém sobre a medida e o momento. Pode-se compreender, assim, por que a necessidade de um regime para os *aphrodisia* é sublinhada com tanta insistência, enquanto poucos detalhes são dados sobre os distúrbios que um abuso pode provocar, e poucas precisões sobre o que é preciso fazer ou não fazer. Porque ele é o mais violento entre todos os prazeres, porque é mais custoso do que a maior parte das atividades físicas, porque ele diz respeito ao jogo da vida e da morte, ele constitui um domínio privilegiado para a formação ética do sujeito: de um sujeito que deve se caracterizar por sua capacidade de dominar as forças que nele se desencadeiam, de guardar a livre disposição de sua energia e de fazer de sua vida uma obra que sobreviverá além de sua existência passageira. O regime físico dos prazeres e a economia que ele impõe faz parte de toda uma arte de si.

Notas

1. HIPPOCRATE, *L'Ancienne médicine*, III.
2. PLATON, *République*, III, 405 e-408 d.
3. De fato, as indicações dadas por Platão não são exatamente aquelas encontradas na *Ilíada* (XI, 624 e 833).
4. PLATON, *République*, III, 407 c.
5. Sobre a necessidade do regime para a cura das doenças, ver também *Timée*, 89 d.
6. HIPPOCRATE, *Épidemies*, VI, 6, 1. Sobre diferentes interpretações desse texto na Antiguidade, cf. HIPPOCRATE, *Oeuvres*, trad. Littré, t. V, pp. 323-324.
7. PSEUDO-PLATON, *Rivaux*, 134 a-d.
8. Cf. R. JOLY, "Notice" sobre HIPPOCRATE, *Du régime* (CUF), p. XI.
9. "Ele tinha... para as doenças corpóreas várias curativas por meio das quais o seu canto levantava os doentes. Outras faziam esquecer a dor, acalmavam as cóleras, afastavam os desejos desordenados. Agora, seu regime: mel no almoço, no jantar bolachas, legumes, raramente carne... Desse modo, seu corpo guardava o mesmo estado como um prumo, sem ficar às vezes são, às vezes doente, como também sem engordar e aumentar às vezes, e às vezes diminuir e emagrecer e sua alma sempre mostrava, por seu olhar, o mesmo caráter (*to homoion ethos*)." PORPHYRE, *Vie de Pythagore*, 34. Pitágoras teria também dado conselhos de regime aos atletas (ibid., 15).
10. XÉNOPHON, *Mémorables*, III, 12.
11. PLATON, *République*, IX, 591 c-d.
12. Ibid., III, 404 a. ARISTOTE critica também os excessos do regime atlético de certos treinamentos (*Politique*, VIII, 16, 1 335 b; e VIII, 4, 1 338 b-1 339 a).

13. PLATON, *République*, III, 406 a-407 b.
14. Ibid., 407 c-e. No *Timeu*, Platão ressalta que para cada ser vivo a duração da vida é fixada pela sorte (89 b-c).
15. PLATON, *République*, III, 404 a-b.
16. HIPPOCRATE, *Du régime*, III, 69, I; cf. a nota de R. JOLY na edição da CUF, p. 71.
17. PLATON, *Lois*, IV, 720 b-c.
18. Cf. PLATON, *Timmé*, 89 d, que resume assim o que acaba de dizer a propósito do regime: "Já é o bastante sobre o ser vivo como um todo, sobre sua parte corporal, sobre a maneira de governá-la ou de se deixar governar por ela."
19. XÉNOPHON, *Mémorables*, IV, 7.
20. Cf. W.H.S. JONES, "Introduction" ao tomo IV das *Oeuvres* de Hipócrates (Loeb Classical Library).
21. ORIBASE, *Collection médicale*, t. III, pp. 168-182.
22. PAUL D'ÉGINE, *Chirurgie*, trad. R. Briau. Sobre a dietética na época clássica, cf. W.D. SMITH, "The development of classical dietetic theory". *Hippocratica* (1980), pp. 439-448.
23. HIPPOCRATE, *Du régime*, I, 2, 1.
24. Ibid., II, 58, 2.
25. Ibid., III, 67, 1-2.
26. Ibid., III, 68, 10. No mesmo sentido, cf. HIPPOCRATE, *De la nature de l'homme*, 9, e *Aphorismes*, 51. O mesmo tema se encontra no PSEUDO-ARISTOTE. *Problèmes*, XXVIII, I, e no *Regime de Dioclès*, ORIBASE, III, p. 181.
27. HIPPOCRATE, *Du régime*, III, 68, 6 e 9.
28. Ibid., III, 68, 5.
29. Ibid., III, 68, 11.
30. ORIBASE, *Collection médicale*, III, pp. 168-178.
31. Ibid., p. 181.

32. In PAUL D'ÉGINE, *Chirurgie.* Esse ritmo sazonal do regime sexual foi admitido durante muito tempo. Vamos reencontrá-lo na época imperial em Celso.
33. Note-se contudo, em Diocles (ORIBASE, III, p. 177), as observações sobre a posição dorsal, que no sono induz a polução noturna.
34. PSEUDO-ARISTOTE, *Problèmes*, IV, 26 e 29 (cf. HIPÓCRATE, *Du régime*, I, 24, 1).
35. Sobre esse ponto é preciso referir-se ao livro de J.L. FLANDRIN, *Un temps pour embrasser*, 1983, que a partir de fontes do século VII mostra a importância das delimitações entre momentos permitidos e momentos proibidos e as formas múltiplas tomadas por essa ritmicidade. Vê-se o quanto essa distribuição do tempo difere das estratégias circunstanciais da dietética grega.
36. HIPPOCRATE, *Du régime*, III, 80, 2.
37. Ibid., III, 73 e 2.
38. DIOGÈNE LAERCE, *Vie des philosophes*, VIII, I, 9.
39. ORIBASE, *Collection médicale*, III, 181.
40. PSEUDO-ARISTOTE, *Problèmes*, IV, 9, 877 b.
41. ARISTOTE, *De la génération des animaux*, V, 3, 783 b.
42. ORIBASE, *Collection médicale*, III, p. 181.
43 PSEUDO-ARISTOTE, *Problèmes*, IV, 2, 876 a-b.
44. Veremos adiante que a conjunção sexual, em compensação, é considerada fator de saúde na mulher. O autor dos *Problemas* observa, entretanto, que os homens vigorosos e bem-nutridos têm acesso de bílis se não tiverem atividade sexual (IV, 30).
45. HIPPOCRATE, *Des maladies*, II, 51.
46. HIPPOCRATE, *Épidemies*, III, 17, caso 10.
47. Ibid., III, IX, caso 16.

48. PLATON, *Lois*, VIII, 840 a.

49. Ibid., VI, 775 e.

50. PLATON, *Lois*, IV, 721 a-b e VI 785 b. Na *République*, V, 460 e, o período de fecundidade "legal" dos homens é fixado dos 25 aos 55 anos e o das mulheres, dos vinte aos quarenta anos.

51. ARISTOTE, *Politique*, VII, 16, I 355 a. Sobre as idades do casamento em Atenas, cf. W.K. LACEY, *The family in Classical Greece*, 1968, pp. 106-107 e 162.

52. XENOFONTE, *République des lacédémoniens*, I, 4. PLATON insiste sobre os efeitos nocivos da embriaguez dos pais no momento da concepção (*Lois*, VI, 775 c-d).

53. ARISTOTE, *Politique*, VII, 16, I 335 b. Segundo XÉNOPHON, para ter uma descendência vigorosa é que os jovens casados em Esparta não deviam se encontrar muito frequentemente: "Nessas condições, os esposos se desejam mais e os filhos, se vêm a nascer, são mais vigorosos do que se os esposos se fartassem um do outro" (*République des lacédémoniens*, I, 5).

54. PLATON, *Lois*, VI, 7, 84 a-b.

55. ARISTOTE, *Politique*, VII, 16, I, 335 a.

56. ARISTOTE, *Politique*, VI, 783 e.

57. PSEUDO-ARISTOTE, *Problèmes*, X, 10

58. PLATON, nas *Lois*, quer que, para ajudar a formação moral da criança, a mulher grávida leve uma vida que esteja ao abrigo de prazeres e de dores demasiado intensas (*Leis*, VII, 792 d-e).

59. PLATON, *Philèbe*, 47 b.

60. AULU-GELLE, *Nuits attiques*, XIX, 2.

61. CLEMENT D'ALEXANDRIE, *Le pédagogue*, I, 6, 48. Cf. R. JOLY, "Notice" sobre Hippocrate, *Oeuvres*, t. XI, CUF.

62. HIPPOCRATE, *De la génération*, I, 1-3.
63. Ibid., I, 3.
64. Ibid., IV, I.
65. Ibid., IV, I.
66. Ibid., I, V, 2.
67. Ibid., IV, 3.
68. DIOGÈNE LAERCE, *Vie des philosophes*, VIII, 1, 28.
69. HIPPOCRATE, *De la génération*, II, 2.
70. Ibid., I, 1.
71. Ibid., III, 1.
72. Ibid., IV, I.
73. Ibid., II, 3.
74. Ibid., I, 1 e 2.
75. Ibid., I, 1.
76. PLATON, *Timmé*, 73 b.
77. ARISTOTE, *De la géneration des animaux*, 724 a-725 b.
78. Ibid., 725 b.
79. Ibid., 725 b. Cf. também PSEUDO-ARISTOTE, *Problèmes*, IV, 22, 879 a.
80. PSEUDO-ARISTOTE, *Problèmes*, IV, 11, 877 b.
81. Ibid., IV, 4 e 22.
82. PLATON, *Lois*, IV, 721 c.
83. PLATON, *Banquet*, 206 e.
84. Ibid., 207 a-b.
85. PLATON, *Lois*, IV, 721, b-c.
86. PLATON, *Banquet*, 209 b.
87. ARISTOTE, *De l'âme*, II, 4, 415 a-b.
88. ARISTOTE, *De la génération et de la corruption*, 336 b.
89. ARISTOTE, *De la génération des animaux*, II, 1, 731 b-732 a.
90. PLATON, *Lois*, IV, 721 b-c.

91. Ibid., 723 a.

92. R. VAN GULIK, *La vie sexuelle dans la Chine ancienne*.

93. Essas três "artes de governar" são aproximadas entre si com muita frequência, enquanto artes que requerem, ao mesmo tempo, saber e prudência circunstanciais; também são aproximadas porque são saberes associados a uma capacidade de comandar. Frequentemente se faz referência a elas quando se trata de o indivíduo procurar os princípios ou a autoridade que o ajudarão a "conduzir-se".

III
Econômica

1 – A sabedoria do casamento

Como, sob que formas e a partir do quê, as relações sexuais entre marido e mulher, no pensamento grego, "constituíram problema"? Que razão havia para se preocupar com elas? E, sobretudo, para interrogar o comportamento do marido, refletir sobre a sua necessária temperança e, nessa sociedade tão fortemente marcada pela dominação dos "homens livres", torná-lo um tema de preocupação moral? Aparentemente nenhuma, ou, em todo caso, muito pouca. No final do libelo *Contra Nera*, atribuído a Demóstenes, o autor formula uma espécie de aforismo que permaneceu célebre: "As cortesãs, nós as temos para o prazer; as concubinas, para os cuidados de todo dia; as esposas, para ter uma descendência legítima e uma fiel guardiã do lar."[1]

Com tal fórmula, e o que poderia passar por uma estrita distribuição de papéis, se está muito longe das artes do prazer conjugal, como se pode encontrar, segundo Van Gulik, na China antiga: lá são estreitamente associadas prescrições relacionadas à obediência da mulher, seu respeito, seu devotamento, conselhos de comportamento erótico destinados a majorar tanto quanto possível o prazer dos parceiros, ou, em todo caso, do homem, e pareceres sobre as condições para obter a melhor descendência possível.[2] É porque nessa sociedade poligâmica a esposa tinha, em relação às outras, uma situação concorrencial em que o seu *status* e sua aptidão a dar prazer estavam diretamente ligados; a interrogação sobre o comportamento sexual e as formas de seu aperfeiçoamento possível faziam parte da reflexão sobre a existência doméstica; prática hábil dos prazeres e equilíbrio da vida conjugal faziam parte do mesmo conjunto. Assim também a fórmula do *Contra Nera* se afasta muito daquilo que se poderá encontrar na doutrina e na pastoral cristãs, mas por razões totalmente diferentes; nessa situação estritamente monogâmica, o homem se verá proibido de ir buscar qualquer outra forma de prazer que seja fora daquele que deve ter com sua esposa legítima; e esse mesmo prazer colocará um número considerável de problemas, já que o objetivo das relações sexuais não deve estar na volúpia, mas na procriação; em torno dessa temática central, toda uma interrogação muito estrita se desenvolverá a propósito do estatuto dos prazeres na relação conjugal. Nesse caso, a problematização não nasce da estrutura poligâmica mas da obrigação monogâmica; e ela não procura ligar a qualidade da relação conjugal à intensidade do prazer e à diversidade dos parceiros, mas, ao contrário, dissociar, tanto quanto possível, a constância de uma relação conjugal única da busca do prazer.[3]

A fórmula do *Contra Nera* parece repousar sobre um sistema totalmente distinto. Por um lado esse sistema faz funcionar o princípio de uma única esposa legítima; mas, por outro, situa muito nitidamente o campo dos prazeres fora da relação conjugal. Nela o casamento só encontraria a relação sexual em sua função reprodutora, enquanto relação sexual não colocaria a questão do prazer a não ser fora do casamento. E, como consequência, não se vê por que as relações sexuais constituiriam problema na vida conjugal, salvo quando se trata de dar ao marido uma descendência legítima e feliz. Assim, no pensamento grego, se encontrarão, muito logicamente, interrogações técnicas e médicas sobre a esterilidade e suas razões,[4] considerações de dietética e de higiene sobre os meios de ter filhos em boa saúde,[5] e de preferência meninos do que meninas, reflexões políticas e sociais sobre a melhor combinação possível dos cônjuges,[6] enfim, debates jurídicos sobre as condições nas quais os descendentes podem ser considerados legítimos e beneficiar-se do *status* de cidadão (era o que estava em jogo na discussão no *Contra Nera*).

Não se vê, aliás, por que a problematização das relações sexuais entre esposos assumiria outras formas ou se prenderia a outras questões se se considera quais eram, na Atenas clássica, o *status* dos esposos e as obrigações pelos quais um e outro eram responsáveis. A definição daquilo que era permitido, proibido e imposto aos esposos pela instituição do casamento, em matéria de prática sexual, era bastante simples e bastante claramente dissimétrica para que um suplemento de regulação moral não parecesse necessário. Por um lado, as mulheres, enquanto esposas, são de fato circunscritas por seu *status* jurídico e social; toda a sua atividade sexual deve se situar no interior da relação conjugal e seu marido deve ser o parceiro exclusivo. Elas se encontram sob o seu poder; é a ele que devem dar filhos que serão seus herdeiros e cidadãos. Em caso de adultério, as sanções tomadas são de ordem privada, como também pública (uma mulher acusada de adultério não possui mais o direito de aparecer nas cerimônias de culto público); como diz Demóstenes: a lei "quer que as mulheres experimentem um temor bem forte para que permaneçam honestas (*sōphronein*), para que não cometam alguma falta (*mēden hamartanein*), para serem fiéis guardiãs do lar"; ela as adverte que "se não cumprissem um tal dever seriam excluídas ao mesmo tempo da casa de seu marido e do culto da cidade".[7] O *status* familiar e cívico da mulher casada lhe impõe as regras de uma conduta que é a de uma prática sexual estritamente conjugal. Não é que a virtude seja inútil às mulheres, longe disso; mas sua *sōphrosunē* tem por função garantir que elas saberão respeitar, por vontade e razão, as regras que lhes são impostas.

Quanto ao marido, ele é limitado, em relação à sua mulher, a um certo número de obrigações (uma lei de Sólon exigia do marido que tivesse relações sexuais com sua mulher pelo menos três vezes por mês se ela fosse "herdeira").[8] Mas ter relações sexuais a não ser com sua esposa legítima não faz parte, de modo algum, de suas obrigações. É verdade que todo homem, qualquer que seja ele, casado ou não, deve respeitar uma mulher casada (ou uma jovem sob poder paterno); mas é porque ela está sob o poder de um outro; não é seu próprio *status* que o detém, mas o da jovem ou da mulher contra a qual ele atenta; sua falta é essencialmente contra o homem que tem poder sobre a mulher; é por isso que ele será menos gravemente punido, sendo ateniense, se violar, arrebatado por um momento pela voracidade de seu desejo, do que se seduzir por vontade deliberada e ardilosa, como diz Lísias no *Contra Eratóstenes*, os sedutores "corrompem as almas, a ponto de que as mulheres dos outros lhes pertencem mais intimamente do que aos maridos; eles se tornam os senhores da casa, e não se sabe mais de quem são os filhos".[9] O violador atenta somente contra o corpo da mulher; o sedutor, contra o poder do marido. Ele próprio, em troca, enquanto homem casado, só lhe é proibido contrair outro casamento; nenhuma relação sexual lhe é proibida em consequência do vínculo matrimonial que contraiu; ele pode ter uma ligação, pode frequentar prostitutas, pode ser amante de um rapaz — sem contar os escravos, homens ou mulheres que tem em sua casa, à sua disposição. O casamento de um homem não o liga sexualmente.

Isso tem como consequência, na ordem jurídica, que o adultério não é uma ruptura do vínculo do casamento que pode ocorrer por causa de um dos cônjuges; ele só é constituído como infração no caso em que uma mulher casada tem relação com um homem que não é seu esposo; é o *status* matrimonial da mulher, jamais o do homem, que permite definir uma relação como adultério. E, nessa ordem moral, compreende-se por que não existiu para os gregos essa categoria da "fidelidade recíproca" que iria introduzir mais tarde, na vida de casado, uma espécie de "direito sexual" de valor moral, com efeito jurídico e de componente religioso. O princípio de um duplo monopólio sexual, fazendo os dois esposos parceiros exclusivos, não é requerido na relação matrimonial. Pois se a mulher pertence ao marido, este só pertence a si mesmo. A dupla fidelidade sexual, como dever, engajamento e sentimento igualmente compartilhado, não constitui a garantia necessária nem a mais alta expressão da vida de casado. Poder-se-ia concluir disso que, embora os prazeres sexuais coloquem seus problemas, embora a vida de casado coloque os seus, as duas problematizações não se encontram. Em todo caso, o casamento, pelas razões que acabamos de ver, não deveria colocar questões quanto à ética dos prazeres sexuais: no caso de um dos parceiros — a mulher — as restrições são definidas pelo *status*, a lei e os costumes, e elas são garantidas por castigos ou sanções; no caso do outro — o marido —, o *status* conjugal não lhe impõe regras precisas, salvo para lhe designar aquela da qual ele deve esperar seus herdeiros legítimos.

Entretanto, não se pode ficar nisso. É verdade que, pelo menos nessa época, o casamento e, no casamento, as relações sexuais entre cônjuges, não constituíam um foco de interrogação muito intensa; é verdade que o cuidado em refletir sobre a conduta sexual parece menos importante na relação que se pode ter com a esposa do que na relação que se pode ter com o próprio corpo ou, como veremos, na relação com os rapazes. Mas seria inexato pensar que as coisas eram tão simples a ponto de a conduta da mulher — enquanto esposa — ser demasiado imperiosamente fixada para que fosse necessário pensá-la, e que a do homem — enquanto esposo — fosse demasiado livre para que se tivesse que interrogar-se sobre ela. Em primeiro lugar, existem testemunhos sobre os sentimentos de ciúme sexual; as esposas reprovavam comumente os seus maridos pelos prazeres que eles iam buscar alhures, e a mulher volúvel de Eufileto o censura por suas intimidades com uma pequena escrava.[10] De maneira mais geral, a opinião esperava de um homem que se casava uma certa mudança em sua conduta sexual; supunha-se que, durante o celibato da juventude (acontecia frequentemente de os homens não se casarem antes dos trinta anos), tolerava-se facilmente uma intensidade e uma variedade de prazeres que era bom restringir após um casamento que, não obstante, não impunha nenhuma limitação precisa. Mas fora desses comportamentos e dessas atitudes correntes, também existia uma temática refletida da austeridade marital. Os moralistas — alguns, em todo caso — emitem claramente o princípio de que um homem casado não poderia, em boa moral, sentir-se livre para praticar os prazeres como se não fosse casado. Nicocles, no discurso que Isócrates lhe atribui, vangloria-se de que não somente ele governa com justiça seus próprios súditos, mas que, desde seu casamento, só teve relação sexual com a sua própria esposa. E Aristóteles prescreverá, na *Política*, que se considere "uma ação desonrosa" as relações "do marido com uma outra mulher, ou da esposa com outro homem". Fenômeno isolado e sem importância? Já o surgimento de uma nova ética? Mas por pouco numerosos que sejam esses textos e, sobretudo, por mais afastados que tenham sido da verdadeira prática social e do comportamento real dos indivíduos, convém colocar-se uma questão: por que, na reflexão moral, essa preocupação com o comportamento sexual dos homens casados? Qual era esse cuidado, seu princípio e suas formas?

Convém evitar sobre esse ponto duas interpretações que não parecem inteiramente adequadas.

Uma delas consistiria em pensar que a relação entre os esposos não tinha, para os gregos da época clássica, nenhuma outra função a não ser o cálculo que aliava duas famílias, duas estratégias, duas fortunas, e que não tinha outro objetivo senão o de produzir uma descendência. O aforismo do *Contra Nera*, que parece distinguir tão nitidamente os papéis que a cortesã, a concubina e a esposa devem desempenhar na vida de um homem, foi algumas vezes lido como uma tripartição que implicaria funções excludentes: prazer sexual de um lado, vida cotidiana de outro e, enfim, para a esposa somente a continuação da linhagem. Mas é preciso levar em conta o contexto no qual essa sentença, aparentemente brutal, foi formulada. Tratava-se de um litigante que pretendia invalidar o casamento aparentemente legítimo de um de seus inimigos, assim como o reconhecimento, enquanto cidadãos, dos filhos nascidos desse casamento: os argumentos apresentados se baseavam na origem da mulher, no seu passado como prostituta e seu *status* atual, que não poderia ser outro que não o de concubina. O ponto não era, portanto, o de mostrar que se vai buscar prazeres em outro lugar que não junto à esposa legítima; mas que uma descendência legítima não poderia ser obtida a não ser com a própria esposa. É por isso que Lacey observa, a propósito desse texto, que não se deve encontrar nele a definição de três papéis distintos, mas sim uma enumeração cumulativa que deve ser lida assim: o prazer é a única coisa que a cortesã pode dar; a concubina pode proporcionar, além disso, as satisfações da existência cotidiana; mas somente a esposa pode exercer uma certa função pertinente ao seu próprio *status*: dar filhos legítimos e garantir a continuidade da instituição familiar.[11] É necessário conceber que em Atenas o casamento não constituía o único modo de união aceita; na realidade ele formava uma união particular e privilegiada, a única a poder ocasionar, com os seus direitos e efeitos inerentes, uma coabitação matrimonial e uma descendência legítima. Existem, aliás, muitos testemunhos que mostram o valor que se atribuía à beleza da esposa, à importância das relações sexuais que se podia ter com ela, ou à existência de um amor recíproco (como esse jogo entre *Eros* e *Anteros* que une Nikeratos e sua mulher no *Banquete* (de Xenofonte).[12] A separação radical entre o casamento e o jogo dos prazeres e das paixões não é, sem dúvida, uma fórmula que possa caracterizar convenientemente a existência matrimonial na Antiguidade.

De tanto querer isolar o casamento grego das implicações afetivas e pessoais que, de fato, assumirão uma maior importância posteriormente, de tanto querer distingui-lo das formas ulteriores da conjugalidade, é-se levado por um movimento inverso a aproximar demais a moral austera dos filósofos de certos princípios da moral cristã. Tenta-se, frequentemente, reconhecer nesses textos em que a boa conduta do marido é pensada, valorizada e regulada sob a forma da "fidelidade sexual", o esboço de um código moral ainda inexistente: aquele que imporá simetricamente, aos dois esposos, a mesma obrigação de somente praticar as relações sexuais na união conjugal, e o mesmo dever de atribuir-lhes a procriação como fim privilegiado, se não exclusivo. Tende-se a ver, nas passagens que Xenofonte ou Isócrates consagraram os deveres do marido, textos "excepcionais dado os costumes do tempo".[13] Excepcionais eles o são na medida em que são raros. Mas seria uma razão para ver neles a antecipação de uma moral futura ou o signo anunciador de uma nova sensibilidade? Que esses textos tenham sido reconhecidos retrospectivamente em sua semelhança com formulações ulteriores é um fato. Seria isso suficiente para colocar essa reflexão moral e essa exigência de austeridade em ruptura com os comportamentos e as atitudes dos contemporâneos? Seria uma razão para ver neles a vanguarda isolada de uma moral futura?

Se quisermos considerar, nesses textos, não o elemento de código que eles formulam, mas a maneira pela qual a conduta sexual do homem é problematizada, perceberemos facilmente que não é a partir do próprio vínculo conjugal e de uma obrigação direta, simétrica e recíproca que dele pudesse derivar. É verdade que é enquanto casado que o homem tem que restringir seus prazeres, ou pelo menos seus parceiros; mas ser casado significa aqui, antes de mais nada, ser chefe de família, ter uma autoridade, exercer um poder que tem na "casa" seu lugar de aplicação e, dentro desse quadro, manter as obrigações que têm efeitos sobre a reputação do cidadão. É por isso que a reflexão sobre o casamento e a boa conduta do marido está regularmente associada a uma reflexão sobre o *oikos* (casa e propriedade doméstica).

Pode-se notar, então, que o princípio que liga o homem à obrigação de não ter parceiro fora do casal que ele forma é de uma outra natureza do que aquele que liga a mulher a uma obrigação análoga. No caso da mulher, é por estar sob o poder de seu marido que essa obrigação lhe é imposta. No caso dele, é porque exerce o poder, e porque deve dar provas de domínio de si na prática desse poder, que deve restringir as escolhas sexuais. Ter somente relação com o esposo é para a mulher uma consequência do fato de que ela está sob o seu poder. Não ter relação a não ser com sua esposa é, para o marido, a mais bela maneira de exercer seu poder sobre a mulher. Mais do que a prefiguração de uma simetria que se encontrará na moral ulterior, trata-se, aí, da estilização de uma dissimetria atual. Uma restrição que é análoga naquilo que permite ou que proíbe não recobre para os dois esposos a mesma maneira de "se conduzir". Isso é bem claro no exemplo de um texto consagrado à maneira de conduzir sua casa e de se conduzir como chefe da casa.

2 – A casa de Isômaco

A *Econômica* de Xenofonte contém o tratado de vida matrimonial mais desenvolvido que a Grécia clássica nos deixou. O texto se apresenta como um conjunto de preceitos relativos à maneira de governar o próprio patrimônio. Em torno dos conselhos para administrar o domínio, dirigir os trabalhadores, proceder às diferentes formas de cultura, aplicar no bom momento as boas técnicas, vender ou comprar como convém e quando convém, Xenofonte desenvolve várias reflexões gerais: uma reflexão sobre a necessidade, nessas matérias, de recorrer a práticas racionais que, às vezes, ele designa pelo nome de saber (*epistēmē*) e, às vezes, pelo de arte ou de técnica (*technē*); uma reflexão sobre o objetivo que ela se propõe (conservar e desenvolver o patrimônio); e, enfim, uma reflexão sobre os meios para atingir esse objetivo, isto é, sobre a arte de comandar, e é esse último tema que volta o mais frequentemente ao longo do texto.

A paisagem na qual essa análise se inscreve é social e politicamente bem marcada. É o pequeno mundo dos proprietários de terra que têm que manter, fazer crescer e transmitir para aquelas que têm o seu nome, os bens da família. Xenofonte o opõe muito explicitamente ao mundo dos artesãos, cuja vida não é benéfica nem para a sua própria saúde (por causa de seu modo de vida), nem para seus amigos (aos quais eles não podem ajudar), nem tampouco para a cidade (pois não dispõem de tempo para se ocupar de seus negócios).[14] Em troca, a atividade dos proprietários de terra se desenrola tanto na praça pública, na ágora, onde podem exercer seus deveres de amigos e de cidadãos, como no *oikos*. Mas o *oikos* não é simplesmente constituído pela casa propriamente dita; também comporta as terras e os bens, em qualquer lugar onde se encontrem (mesmo fora dos limites da cidade): "a casa de um homem é tudo aquilo que ele vem a possuir"[15] define toda uma esfera de atividades. E a essa atividade é ligado um estilo de vida e uma ordem ética. A existência do proprietário, se ele se ocupa de seu domínio como convém, é, em primeiro lugar, boa para ele mesmo; em todo caso, ela constitui um exercício de resistência, um treino físico que é bom para o corpo, para a saúde e para o vigor; ela também encoraja a devoção, permitindo fazer ricos sacrifícios aos deuses; ela favorece as relações de amizade, fornecendo a oportunidade de se mostrar generoso, de realizar com largueza os deveres da hospitalidade e de manifestar sua benevolência para com os cidadãos. Além disso, essa atividade é útil a toda a cidade porque contribui para a sua riqueza e, sobretudo, porque lhe fornece bons defensores: o proprietário de terra, habituado aos rudes trabalhos, é um soldado vigoroso e os bens que possui fazem-no interessar-se em defender corajosamente o solo da pátria.[16]

Todas essas vantagens pessoais e cívicas da vida do proprietário confluem para aquilo que aparece como o mérito principal da arte "econômica": ela ensina a prática do comando da qual é indissociável. Dirigir o *oikos* é comandar; e comandar a casa não é diferente do poder que se deve exercer na cidade. Sócrates dizia para Nicomaquides nos *Memoráveis*: "não despreze os bons ecônomos; pois a condução dos negócios privados só difere quanto ao número daquela dos negócios públicos; no resto elas se assemelham...; aqueles que dirigem os negócios públicos não empregam homens diferentes daqueles que empregam os administradores dos negócios privados, e aqueles que sabem empregar os homens dirigem igualmente bem os negócios privados e os públicos."[17] O diálogo sobre a *Econômica* se desenvolve como uma grande análise da arte de comandar. O início do texto evoca Ciro, o Jovem, que pessoalmente tomava conta das culturas, exercitava-se, a cada dia, em plantar seu jardim, e que tinha, assim, adquirido uma tal habilidade em dirigir homens que nenhum de seus soldados, quando ele teve que ir à guerra, desertou jamais de seu exército: ao invés de abandoná-lo, eles preferiram morrer sobre o seu cadáver.[18] Simetricamente, o fim do texto evoca a réplica desse monarca-modelo tal como se pode encontrá-la, seja nos chefes "de grande caráter", aos quais seus exércitos seguem sempre infalivelmente, seja no chefe da casa, cujas maneiras reais bastam para estimular os trabalhadores, tão logo o vejam, e sem que necessite zangar-se, ameaçar ou punir. A arte doméstica é da mesma natureza que a arte política ou a arte militar, pelo menos na medida em que se trata, lá como aqui, de governar os outros.[19]

É nesse contexto de uma arte da "economia" que Xenofonte coloca o problema das relações entre marido e mulher. É que a esposa, enquanto dona de casa, é uma personagem essencial na gestão do *oikos* e para o seu bom governo. "Existe alguém a quem confies mais negócios importantes do que à tua mulher?", pergunta Sócrates a Critóbulo; e um pouco mais adiante ele acrescenta: "para mim, considero que uma mulher que é boa associada no governo da casa é tão importante como o homem para a causa comum"; portanto, nessa ordem de coisas, "se tudo é benfeito, a casa prospera; se é malfeito, a casa periga".[20] Ora, apesar da importância da esposa, nada é realmente preparado para que ela possa desempenhar o papel exigido: em primeiro lugar, a sua extrema juventude e a sucinta educação que recebeu ("quando tu a desposaste era uma jovem a quem não foi deixado, tanto quanto possível, por assim dizer, ver nem ouvir nada"), e também a ausência quase total de relações com seu marido, com quem ela raramente conversa ("existe alguém com quem tenhas menos conversação do que a tua mulher?").[21] É precisamente sobre esse ponto que se situa, para o marido, a necessidade de estabelecer com sua mulher relações que são ao mesmo tempo de formação e de direção. Numa sociedade em que as moças são dadas muito jovens — em geral em torno dos quinze anos — a homens que são, frequentemente, duas vezes mais velhos que elas, a relação conjugal, à qual o *oikos* serve de suporte e de contexto, toma a forma de uma pedagogia e de um governo das condutas. Aí reside a responsabilidade do marido. Quando o comportamento da mulher, em vez de ser proveitoso para o marido, só lhe causa danos, a quem deve ser atribuída a falta? Ao marido. "Se um carneiro está em mau estado, é em geral ao pastor que se atribui a responsabilidade; e se um cavalo está viciado é, ordinariamente, ao cavaleiro que se acusa; quanto à mulher, se seu marido lhe ensina a fazer bem, e que contudo ela administra mal seus negócios, será, sem dúvida, justo atribuir a responsabilidade à mulher; mas se ele tem uma mulher que ignora o bem porque ele não lhe ensina, não seria justo fazer recair a responsabilidade sobre o marido?"[22]

Como se vê, as relações entre esposos não são questionadas nelas mesmas; elas não são, inicialmente, consideradas como relação simples de um casal constituído por um homem e uma mulher e que poderia ter, além disso, que se ocupar de uma casa e de uma família. Xenofonte trata longamente da relação matrimonial, mas de maneira indireta, contextual e técnica; ele a trata no quadro do *oikos*, como um aspecto da responsabilidade governamental do marido, e procurando determinar de que maneira o esposo poderia fazer de sua esposa a colaboradora, a associada, a *sunergos*, da qual necessita para a prática razoável da economia.

A demonstração de que essa técnica pode ser ensinada é solicitada a Isômaco; este, para conferir autoridade à sua lição, tem apenas que ser, nada mais, nada menos, do que um "homem de bem"; ele enfrentou, outrora, a mesma situação que a de Critóbulo hoje; casou com uma mulher muito jovem — ela tinha quinze anos e sua educação nada lhe ensinou além de fazer um manto e distribuir a lã às fiandeiras;[23] mas ele a formou tão bem, e transformou-a numa colaboradora tão preciosa, que pode agora confiar-lhe os cuidados da casa enquanto ele próprio fica disponível para os seus negócios, quer no campo, quer na ágora, ou seja, nos lugares onde deve exercer de maneira privilegiada a atividade masculina. Isômaco irá, portanto, fazer para Critóbulo e Sócrates a exposição da "economia", da arte de gerir o *oikos*; antes de dar conselhos sobre a gestão de um domínio agrícola ele começará, naturalmente, por tratar da casa propriamente dita, cuja administração deve ser bem-regulada se quiser ter tempo para se ocupar do gado e da terra, e evitar que todo o esforço aí feito seja perdido por causa de uma desordem doméstica.

1. O princípio do casamento será lembrado por Isômaco, que cita o discurso que teria feito à sua jovem mulher, algum tempo depois do casamento, quando ela estava "familiarizada" com seu esposo e "suficientemente domesticada para conversar": "Por que te desposei e por que teus pais te deram para mim?" O próprio Isômaco responde: "porque refletimos, eu por minha própria conta e os teus pais pela tua, sobre o melhor associado que ambos poderíamos ter para nossa casa e nossos filhos."[24] O vínculo matrimonial é, portanto, caracterizado em sua dissimetria de origem — o homem decide por ele próprio enquanto a família decide pela jovem — e em sua dupla finalidade: a casa e os filhos; é ainda preciso observar que a questão da descendência é, nesse momento, deixada de lado, e que antes de estar formada para a sua função de mãe a jovem senhora deve tornar-se uma boa dona de casa.[25] E Isômaco mostra que esse papel é o de associado; a respectiva contribuição de cada um não precisa ser levada em consideração,[26] apenas o modo como

cada um se empenha com vistas ao objetivo comum, isto é, "manter seus bens no melhor estado possível, e os fazer crescer tanto quanto possível através de meios honrosos e legítimos".[27] Pode-se notar essa insistência sobre a diluição necessária das desigualdades iniciais entre os dois esposos, e sobre o vínculo de associação que deve estabelecer-se entre eles; entretanto, vê-se que essa comunidade, essa *koinwwnia*, não se estabelece na relação dual entre os indivíduos, mas sim pela mediação de uma finalidade comum que é a casa: sua conservação, como também a dinâmica de seu crescimento. A partir daí podem ser analisadas as formas dessa "comunidade" e a especificidade dos papéis que nela devem desempenhar os dois cônjuges.

2. Para definir as funções respectivas dos dois esposos na casa, Xenofonte parte da noção de "abrigo" (*stegos*): ao criar o casal humano, os deuses teriam, de fato, pensado na descendência e na continuação da raça, na ajuda de que se tem necessidade na velhice, enfim, na necessidade de não se "viver ao ar livre como o gado": para os humanos, "é evidente que é necessário um teto". À primeira vista, a descendência dá à família sua dimensão temporal e o abrigo, sua organização espacial. Mas as coisas são um pouco mais complexas. O "teto" determina uma região externa e uma região interna, uma das quais concerne ao homem e a outra constitui o lugar privilegiado da mulher; mas ele é também o lugar onde se junta, acumula e conserva o que foi adquirido; abrigar é prever para distribuir no tempo, de acordo com os momentos oportunos. Fora, haverá, portanto, o homem que semeia, cultiva, labora e cria o gado; ele traz para casa o que produziu, ganhou ou trocou; dentro, a mulher

recebe, conserva e atribui na medida das necessidades. "É a atividade do marido que geralmente faz entrar os bens na casa; mas é a gestão da mulher que, mais frequentemente, regula seu gasto."[28] Os dois papéis são exatamente complementares, e a ausência de um tornaria o outro inútil: "Que teria eu para conservar, diz a mulher, se não estivesses lá para cuidar de trazer de fora algumas provisões?"; ao que o esposo responde: se ninguém estivesse aí para conservar o que foi trazido para casa, "eu seria ridículo, como essa gente que joga água num vaso sem fundo".[29] Portanto, dois lugares, duas formas de atividade, como também duas maneiras de organizar o tempo: de um lado (o do homem) a produção, o ritmo das estações, a espera das colheitas, o momento oportuno que deve ser respeitado e previsto; de outro (o da mulher), a conservação e os gastos, a ordenação e a distribuição, quando é necessário, e sobretudo a arrumação: sobre as técnicas de arrumação no espaço da casa, Isômaco lembra longamente todos os conselhos que deu à mulher para que ela pudesse reencontrar o que conservou, fazendo, assim, de seu lar um lugar de ordem e de memória

Para que eles pudessem exercer juntos essas funções distintas, os deuses dotaram cada sexo de qualidades particulares. Traços físicos: para os homens que ao ar livre devem "laborar, semear, plantar e levar o gado a pastar", atribuíram o dom de suportar o frio, o calor, as caminhadas; as mulheres, que trabalham abrigadas, têm o corpo menos resistente. Traços de caráter também: as mulheres possuem um medo natural, mas que tem seus efeitos positivos: ele as leva a se preocuparem com as provisões, a temerem sua perda, a recearem os gastos; o homem, em troca, é bravo, pois no exterior ele deve se defender contra tudo o que poderia lhe causar dano. Em suma, "a divindade adaptou, desde o início, a natureza da mulher aos trabalhos e aos cuidados do interior e a do homem àqueles do exterior".[30] Mas ela os armou também de qualidades comuns: posto que tanto o homem como a mulher, cada um no seu papel, têm "a dar e receber", posto que em sua atividade como responsáveis da casa eles têm, ao mesmo tempo, que recolher e distribuir, receberam igualmente a memória e a atenção (*mnēmē* e *epimeleia*).[31]

Portanto, cada um dos dois cônjuges tem uma natureza, uma forma de atividade, um lugar que se define em relação às necessidades do *oikos*. Que cada um se mantenha no seu lugar é o que quer a "lei" — *nomos*: hábito regular que corresponde exatamente às intenções da natureza que atribui a cada um seu papel e lugar, e define o que é conveniente e belo para cada um fazer ou não. Essa "lei" declara belas (*kala*) "as ocupações para as quais a divindade deu a cada um mais capacidades naturais": assim é melhor (*kallion*) para a mulher "permanecer em casa do que passar seu tempo fora", e pior, para o homem, "permanecer em casa do que se ocupar dos trabalhos no exterior". Modificar essa repartição, passar de uma atividade à outra, é atentar contra esse *nomos*; é, ao mesmo tempo, ir contra a natureza e abandonar seu lugar: "Se alguém age contrariamente à natureza que a divindade lhe conferiu, deixando, por assim dizer, seu posto (*ataktōn*), ele não escapa ao olhar dos deuses e é castigado por negligenciar os trabalhos que lhe dizem respeito, e por se ocupar com os de sua mulher."[32]

A oposição "natural" entre o homem e a mulher, a especificidade de suas aptidões, são indissociáveis da ordem da casa; elas são feitas para essa ordem que, em retorno, as impõe como obrigações.

3. Esse texto, tão detalhado quando é preciso fixar a repartição das tarefas na casa, é bem discreto sobre a questão das relações sexuais — quer se trate de seu lugar nas relações entre os dois cônjuges, quer se trate das interdições que poderiam resultar do estado de casado. Não é que se negligencie a importância de ter uma descendência; ela é lembrada várias vezes no decorrer da intervenção de Isômaco: ele indica que ela é um dos grandes objetivos do casamento;[33] também indica que a natureza dotou a mulher de uma ternura particular para se ocupar dos filhos;[34] sublinha, igualmente, quanto é preciso, quando se envelhece, encontrar nos filhos o apoio de que se tem necessidade.[35] Mas nada é dito no texto sobre a própria procriação nem sobre os cuidados a serem tomados para se ter a mais bela progenitura possível: ainda não havia chegado o tempo para abordar esse gênero de questões com a jovem esposa.

Entretanto, várias passagens do texto se referem à conduta sexual, à moderação necessária e ao apego físico entre esposos. É preciso lembrar inicialmente o começo do diálogo, quando os dois interlocutores empreendem a discussão sobre a economia como o saber que permite dirigir a casa. Sócrates evoca aqueles que teriam talentos e recursos para isso, mas se recusam a aplicá-los porque obedecem, no interior deles próprios, a mestres ou a mestras invisíveis: preguiça, lassidão da alma, incúria, mas também — mestras ainda mais intratáveis do que as outras — a gula, a embriaguez, a lubricidade e as ambições loucas e custosas. Os que se submetem a um tal despotismo dos apetites condenam à ruína seu corpo, sua alma e sua casa.[36] Mas Critóbulo se vangloria de já ter vencido esses inimigos: sua formação moral dotou-o de uma *enkrateia* suficiente: "Quando me examino parece-me que sou suficientemente mestre dessas paixões, de forma que, se quisesses aconselhar-me sobre o que eu poderia fazer para engrandecer minha casa, não penso que estaria impedido de fazê-lo pelo que chamas de mestras."[37] Eis o que habilita Critóbulo a querer agora desempenhar o papel de chefe de casa e a aprender as suas tarefas difíceis. É preciso compreender que o casamento, as funções de chefe de família e o governo do *oikos* supõem que se chegue a ser capaz de governar a si próprio.

Mais adiante, na enumeração que propõe sobre as diferentes qualidades de que a natureza dotou cada um dos sexos, para que possam à sua maneira desempenhar seu papel doméstico, Isômaco menciona o domínio de si (*enkrateia*): ele o considera não um traço pertencente especificamente ao homem ou à mulher, mas uma virtude comum — ao mesmo título que a memória ou a atenção — aos dois sexos: diferenças individuais podem modular a distribuição dessa qualidade: e o que demonstra seu alto valor na vida matrimonial é que ela vem coroar aquele que, entre os dois cônjuges, é o melhor: que seja o marido ou a mulher, o melhor é o mais bem-dotado no que concerne a essa virtude.[38]

Ora, no caso de Isômaco, vê-se de que maneira sua temperança se manifesta por si mesma e guia a de sua mulher. De fato, há um episódio do diálogo que remete de uma forma bem explícita a certos aspectos da vida sexual dos esposos: é aquele que concerne à maquilagem e aos cosméticos.[39] Tema importante na moral antiga, pois o ornamento coloca o problema das relações entre a verdade e os prazeres e que ao introduzir nestes os jogos do artifício, confunde os princípios de sua regulação natural. A questão do coquetismo na esposa de Isômaco não diz respeito à sua fidelidade (postulada ao longo de todo o texto); também não diz respeito a seu caráter perdulário; trata-se de saber de que maneira a mulher pode, ela própria, se apresentar e ser reconhecida por seu marido como objeto de prazer e parceira sexual na relação conjugal. E é dessa questão que Isômaco trata, sob forma de lição, um dia em que sua mulher, para lhe agradar (a fim de parecer ter "uma tez mais clara" do que na realidade, as faces "mais rosadas", a silhueta "mais esbelta"), se apresenta empoleirada em altas sandálias e toda pintada de alvaiade e orcaneta. A essa conduta, que ele reprova, Isômaco responderá com uma dupla lição.

A primeira é negativa; consiste numa crítica da maquilagem como embuste. Esse embuste, que pode enganar estranhos, não poderia causar ilusão em um homem com quem se vive e que está, portanto, em condições de ver sua esposa ao sair da cama, em suores, às lágrimas, ou ainda à saída do banho. Mas Isômaco critica sobretudo esse logro na medida em que ele infringe um princípio fundamental do casamento. Xenofonte não cita diretamente o aforismo, que se encontrará por tanto tempo e com tanta frequência, segundo o qual o casamento é uma comunidade (*koinōnia*) de bens, de vida e de corpo; mas é claro que ao longo do texto ele tematiza essa tripla comunidade: comunidade dos bens, a propósito da qual lembra que cada um deve esquecer a parte de sua contribuição; comunidade de vida, que se fixa como um de seus objetivos a prosperidade do patrimônio; enfim, comunidade de corpo, explicitamente sublinhada (*tōn sōmatōn koinōnēsantes*). Ora, a comunidade de bens exclui o embuste; e o homem se conduziria mal com sua mulher se lhe fizesse crer em riquezas que não possui; não devem, do mesmo modo, procurar enganar-se um ao outro quanto a seus corpos; ele, por sua parte, não colocará vermelho nas faces; ela, do mesmo modo, não deve ornar-se com alvaiade. A justa comunidade dos corpos tem esse preço. Na relação entre esposos, a atração que deve existir é aquela que se exerce naturalmente, como em qualquer espécie animal, entre o macho e a fêmea: "Os deuses fizeram os cavalos a coisa mais agradável do mundo para os cavalos; o gado para o gado; os carneiros para os carneiros; assim também os homens (*anthrōpoi*) não encontram nada de mais agradável do que o corpo do homem sem nenhum artifício."[40] É a atração natural que deve servir de princípio às relações sexuais entre esposos e à comunidade de corpo que eles constituem: A *enkrateia* de Isômaco recusa todos os artifícios usados para multiplicar os desejos e os prazeres.

Mas uma questão se coloca: de que maneira pode a mulher continuar a ser objeto de desejo para seu marido, como estar segura de não ser um dia suplantada por outra, mais jovem e mais bonita? A jovem mulher de Isômaco interroga explicitamente. O que fazer, não somente para parecer, mas para ser bela e conservar a beleza?[41] E, de uma maneira que pode nos parecer estranha, é ainda a casa e o governo da casa que serão o ponto decisivo. Em todo caso, a beleza real da mulher é, segundo Isômaco, suficientemente assegurada por suas ocupações domésticas se ela as realiza como convém. De fato ele explica que, executando as tarefas de sua responsabilidade, ela não permanecerá sentada, curvada sobre si mesma como uma escrava, ou ociosa como uma coquete. Ela permanecerá de pé, supervisionará, controlará, irá de quarto em quarto verificar o trabalho que se efetua; a posição ereta, a marcha darão a seu corpo essa forma de postura, esse jeito que, aos olhos dos gregos, caracterizam a plástica do indivíduo livre (mais adiante Isômaco mostrará que o homem forma seu vigor de soldado e de cidadão livre por sua participação ativa nas responsabilidades de um mestre de obras).[42] Assim também é bom para a dona de casa amassar a farinha, sacudir e arrumar as roupas ou as cobertas.[43] E desse jeito se forma e se conserva a beleza do corpo; a posição de domínio tem a sua versão física que é a beleza. Além disso, as roupas da esposa possuem uma limpeza e uma elegância que a distinguem de suas servas; enfim, ela terá sempre sobre estas a vantagem de procurar voluntariamente agradar, em vez de ser obrigada, como uma escrava, a se submeter e a sofrer coerção: Xenofonte parece se referir, aqui, ao princípio que ele evoca em outros textos,[44] segundo o qual o prazer que se obtém à força é muito menos agradável do que aquele que é oferecido de bom grado: e é esse último prazer que a esposa pode dar a seu marido. Desse modo, pelas formas de uma beleza física indissociável de seu *status* privilegiado, e pela livre vontade de agradar (*charizestai*), a dona de casa terá sempre a preeminência sobre as outras mulheres da casa.

Nesse texto consagrado à arte "masculina" de governar a casa — a mulher, os serviçais, o patrimônio — não é feita alusão à fidelidade sexual da mulher nem ao fato de que seu marido deva ser o seu único parceiro sexual: trata-se de um princípio necessário e que se supõe admitido. Quanto à atitude temperante e sábia do marido, ela nunca é definida como o monopólio que ele concederia à sua mulher sobre todas as suas atividades sexuais. O que está em jogo nessa prática refletida da vida do casamento, o que aparece como essencial à boa ordem da casa, à paz que aí deve reinar e ao que a mulher pode desejar, é que esta possa guardar, enquanto esposa legítima, o lugar eminente que o casamento lhe conferiu: não se ver preterida por outra, não ser destituída de seu *status* e de sua dignidade, não ser substituída por outra ao lado de seu marido, eis o que lhe importa antes de mais nada. Pois a ameaça contra o casamento não vem do prazer que o homem possa obter aqui ou acolá, mas das rivalidades que podem nascer entre a esposa e as outras mulheres em torno do lugar a ser ocupado na casa e das precedências a respeitar. O marido "fiel" (*pistos*) não é aquele que ligaria o estado de casamento à renúncia a qualquer prazer sexual obtido com uma outra: é aquele que sustenta até o fim os privilégios reconhecidos à mulher pelo casamento. Aliás, é desse modo que o entendem as esposas "traídas" que aparecem nas tragédias de Eurípedes. Medeia protesta contra a "infidelidade" de Jasão: depois dela, ele tomou uma esposa real e se dotará de uma descendência que rejeitará na humilhação e na servidão os filhos que teve com Medeia.[45] O que faz Creusa chorar pelo que ela imagina ser a "traição" de Xuto é que terá de viver "sem filhos" e "habitar solitária numa moradia desolada": é que "em sua casa" — pelo menos é isso que lhe dão a crer —, que foi a de Ereteia, irá entrar "como mestre sem nome, sem mãe enfim, o filho de alguma escrava".[46]

Essa preeminência da esposa, que o bom marido deve preservar, está implicada pelo ato de casamento. Mas ela não é adquirida de uma vez por todas: não é garantida por algum engajamento moral que o marido assuma; mesmo fora do repúdio e do divórcio, uma prescrição de fato pode sempre se produzir. Ora, o que mostram a *Econômica* de Xenofonte e o discurso de Isômaco é que embora a sabedoria do marido — sua *enkrateia* como também seu saber de chefe de família — esteja sempre pronta a reconhecer os privilégios da esposa, em troca ela deve, para conservá-los, exercer o melhor possível seu papel na casa e as tarefas que lhe são associadas. Isômaco não promete logo de início à sua mulher uma "fidelidade sexual" no sentido em que a entendemos hoje, nem mesmo que ela não precise temer nunca uma outra preferência; mas do mesmo modo que ele lhe garante que sua atividade de dona de casa, sua postura e seu porte terão um charme maior do que o das servas, assegura também que ela pode, até a velhice, manter o lugar mais alto na casa. E ele lhe sugere uma espécie de justa consigo mesma na boa conduta e na aplicação aos cuidados da casa; e se ela conseguir ganhar, então, não terá mais nada a temer de qualquer rival, mesmo jovem. "Mas provarás o mais doce prazer", diz Isômaco à sua mulher, "quando, mostrando-te melhor do que eu, tiveres feito de mim teu servo e quando, longe de temer que ao avançar na idade sejas menos considerada na casa, tiveres a segurança de que, ao envelheceres, quanto mais apreciada fores como sócia, por teu esposo e, como dona de casa, por teus filhos, mais serás honrada na casa".[47]

Nessa ética da vida de casado, a "fidelidade" que é recomendada ao marido é, portanto, algo bem diverso da exclusividade sexual que o casamento impõe à mulher; ela concerne à manutenção do *status* da esposa, de seus privilégios, de sua preeminência sobre as outras mulheres. E se ela supõe uma certa reciprocidade de conduta entre o homem e a mulher, é no sentido de que a fidelidade masculina responderia, não tanto à boa conduta sexual da mulher — a qual é sempre suposta —, mas à maneira pela qual ela sabe se conduzir em casa e conduzir a própria casa. Portanto, reciprocidade, porém dissimetria essencial, pois os dois comportamentos, mesmo supondo um ao outro, não se baseiam nas mesmas exigências nem obedecem aos mesmos princípios. A temperança do marido diz respeito a uma arte de governar, de se governar e de governar uma esposa que é preciso conduzir e respeitar ao mesmo tempo, pois ela é, diante do marido, a dona obediente da casa.

3 – Três políticas da temperança

Outros textos no século IV e no início do século III também desenvolvem o tema de que o estado de casamento exige, da parte do homem, pelo menos uma certa forma de moderação sexual. Três deles, sobretudo, merecem ser mencionados: a passagem que Platão consagra, nas *Leis*, às regras e às obrigações do casamento; um desenvolvimento de Isócrates sobre o modo com que Nicocles conduz sua vida de homem casado; um tratado de *Econômica* que foi atribuído a Aristóteles e que, certamente, provém de sua escola. Esses textos são bem diferentes uns dos outros em seus propósitos: o primeiro oferece um sistema de regulação autoritária das condutas no quadro de uma cidade ideal; o segundo caracteriza o estilo de vida pessoal de um autocrata respeitoso de si e dos outros; o terceiro procura definir para qualquer homem os princípios úteis para dirigir a casa. Em todo caso, nenhum se refere, como a *Econômica* de Xenofonte, à forma de vida própria de um proprietário de terra nem, consequentemente, às tarefas de gestão de um domínio que ele deve assumir em complementaridade com sua mulher. A despeito das diferenças que os separam, esses três textos parecem marcar tanto uns como outros, e mais nitidamente do que Xenofonte, uma exigência que se aproxima daquilo que se poderia chamar o princípio de "duplo monopólio sexual"; é dessa forma que eles parecem querer, tanto para o homem como para a mulher, localizar toda uma atividade sexual unicamente na relação conjugal: assim como sua esposa, o marido aparece como obrigado ou, pelo menos, se obrigando a só procurar prazer com a sua mulher. Por conseguinte, exigência de uma certa simetria; e tendência a definir o casamento como lugar não somente privilegiado mas talvez exclusivo da relação sexual moralmente aceitável. Entretanto, a leitura desses três textos mostra bem que se estaria errado em neles projetar retrospectivamente um princípio de "fidelidade sexual recíproca" como aquele que servirá de armação jurídico-moral para formas ulteriores da prática matrimonial. É que, de fato, em todos esses textos, a obrigação ou a recomendação, feita ao marido, de uma moderação tal que ele só tivesse como parceira sexual a sua própria esposa, não é efeito de um engajamento pessoal que ele contrairia em relação a ela;

mas de uma regulaçao política que é, no caso das leis platônicas, autoritariamente imposta, ou que — em Isócrates e no pseudo-Aristóteles — o homem impõe a si mesmo por uma espécie de autolimitação refletida de seu próprio poder.

1. De fato, nas *Leis*, a prescrição de casar na idade que convém (para os homens, entre 25 e 35 anos), de fazer filhos nas melhores condições e de não ter — seja o homem, seja a mulher — nenhuma relação com quem quer que seja, a não ser com o cônjuge, todas essas injunções não assumem a forma de uma moral voluntária, mas de uma regulamentação coercitiva; é verdade que se sublinha várias vezes a dificuldade de legislar nessa matéria,[48] e o interesse que haveria em que certas medidas tomassem a forma de um regulamento apenas se ocorressem desordens e se o maior número não fosse mais capaz de temperança.[49] Em todo caso, os princípios dessa moral são sempre diretamente relacionados às necessidades do Estado, sem se referirem jamais às exigências internas da casa, da família e da vida matrimonial: deve-se considerar que o bom casamento é aquele que é útil para a cidade, e que é em benefício desta que os filhos devem ser "os mais belos e os melhores possíveis".[50] Uniões que, em respeito às proporções proveitosas ao Estado, evitariam que os ricos se casassem com os ricos,[51] meticulosas inspeções que viriam verificar que os jovens casais se preparam efetivamente para a sua tarefa procriadora,[52] a ordem, combinada com a punição, de só fecundar a esposa legítima, sem ter nenhuma outra relação sexual durante todo o período em que se está na idade de procriar,[53] tudo isso, que é ligado às estruturas particulares da cidade ideal, é bastante estranho

a um estilo de temperança fundado na procura voluntária da moderação.[54]

Entretanto, deve-se observar que Platão atribui somente uma confiança limitada à lei quando se trata de regular a conduta sexual. Ele não pensa que ela poderia ser seguida de efeitos suficientes se não se utilizarem outros meios, além de suas prescrições e ameaças; para dominar desejos tão violentos.[55] São necessários outros instrumentos de persuasão mais eficazes, e Platão enumera quatro. A opinião: Platão se refere ao que se passa em relação ao incesto; como pode acontecer, pergunta ele, que o homem chegue a nem mesmo experimentar desejo por seus irmãos e irmãs, seus filhos ou filhas, por mais belos que sejam? É porque desde sempre eles ouviram dizer que esses atos são "um objeto de ódio para a divindade" e que ninguém, a esse respeito, teve jamais a oportunidade de ouvir outra linguagem; seria preciso, portanto, que a propósito de todos os atos sexuais repreensíveis, "a voz pública unânime" fosse da mesma maneira investida por um "caráter religioso".[56] A glória: Platão evoca o exemplo dos atletas, que, no desejo de conquistarem uma vitória nos jogos, se submetem a um regime de estrita abstinência, não se aproximando nem de mulher nem de rapaz durante todo o treinamento: ora, a vitória sobre esses inimigos internos, que são os prazeres, é bem mais bela do que aquela que se pode obter sobre rivais.[57] A honra do ser humano: Platão cita aqui um exemplo que será frequentemente utilizado a partir daí; trata-se desses animais que vivem em bandos, mas em que cada um leva, no meio dos outros, "na continência, uma vida pura de qualquer acasalamento"; quando chega a idade, para eles, de procriar, isolam-se e formam casais que não se desfazem. Ora, é preciso notar que essa conjugalidade animal não é citada como um princípio de natureza que seria universal, mas antes como um desafio que os homens deveriam considerar: como é que a lembrança de uma tal prática não incitaria os humanos racionais a se mostrarem "mais virtuosos do que os animais?"[58] Enfim, a vergonha: ao diminuir a frequência da atividade sexual, "enfraqueceria sua tirania"; sem ter que proibi-los, seria necessário que os cidadãos "cobrissem de mistérios tais atos" e que eles sofram "uma desonra" cometendo-os a descoberto, e isso em função de "uma obrigação criada pelos costumes e a lei não escrita".[59]

A legislação de Platão estabelece, portanto, uma exigência que é simétrica para o homem e para a mulher. Porque eles têm um certo papel a desempenhar para um objetivo comum — o de genitor dos futuros cidadãos — é que eles são circunscritos exatamente da mesma maneira às mesmas leis que lhes impõem as mesmas restrições. Mas é preciso notar que essa simetria não implica, de modo algum, que os esposos estejam sujeitos à "fidelidade sexual" por um vínculo pessoal, que seria intrínseco à relação matrimonial, e constituiria um engajamento mútuo. A simetria não se estabelece sobre uma relação direta e recíproca entre eles, mas sobre um elemento que os domina a ambos: princípios e leis aos quais ambos estão sujeitos da mesma maneira. É verdade que eles devem se submeter voluntariamente e pelo efeito de uma persuasão interna; mas esta não concerne a um apego que deveriam ter um pelo outro; ela concerne à reverência que se deve ter pela lei ou aos cuidados que se deve ter consigo mesmo, com a própria reputação, com a própria honra. É a relação do indivíduo consigo e com a cidade, na forma do respeito ou da vergonha, da honra ou da glória — e não a relação com o outro que impõe essa obediência.

E pode-se notar que, na formulação proposta por Platão para a lei, no que diz respeito "às escolhas do amor", ele considera duas formulações possíveis. De acordo com uma, seria proibido a todo indivíduo tocar em uma mulher que fosse de boa origem e de condição livre, mas que não fosse a sua esposa legítima, de procriar fora do casamento e de lançar nos machos, "em perversão da natureza", "um sêmen infértil". A outra formulação retoma, de forma absoluta, a interdição dos amores masculinos; quanto às relações sexuais extraconjugais, ele considera que se deve castigá-las somente nos casos em que a falta não permanecesse ignorada por "todos, homens e mulheres".[60] Tanto é verdade que à dupla obrigação de limitar as atividades sexuais ao casamento concerne o equilíbrio da cidade, sua moralidade pública, as condições de uma boa procriação, e não os deveres recíprocos atinentes a uma relação dual entre os cônjuges.

2. O texto de Isócrates, que se apresenta como uma alocução de Nicocles a seus concidadãos, associa muito nitidamente as considerações que ele desenvolve, sobre a temperança e o casamento, com o exercício do poder político. Esse discurso é o *pendant* daquele que Isócrates dirigiu a Nicocles, pouco tempo após este ter tomado o poder: o orador dava, então, ao jovem, conselhos sobre conduta pessoal e sobre governo que deveriam poder lhe servir de tesouro permanente ao qual recorrer durante o resto da vida. O discurso

de Nicocles é supostamente uma mensagem do monarca que explica, para aqueles sobre os quais reina, a conduta que devem ter a seu respeito. Ora, toda a primeira parte do texto é consagrada a uma justificação desse poder: méritos do regime monárquico, direitos da família reinante, qualidades pessoais do soberano; e uma vez dadas essas justificativas é que serão definidas a obediência e a afeição que os cidadãos devem a seu chefe: em nome de suas virtudes próprias, ele pode exigir a submissão de seus súditos. Nicocles vai, portanto, consagrar um longo desenvolvimento às qualidades que ele se reconhece: a justiça — *dikaiosunē* —, que ele manifestou na ordem das finanças, da jurisdição penal e, no exterior, nas boas relações que estabeleceu ou restabeleceu com as outras potências;[61] em seguida, a *sōphrosunē*, a temperança, que ele considera exclusivamente domínio sobre os prazeres sexuais. E ele explica as formas e as razões dessa moderação em relação direta com a soberania que ele exerce em seu país.

O motivo que ele invoca em último lugar concerne à sua descendência e à necessidade de uma raça sem bastardos que possa reivindicar o esplendor de um nascimento nobre e a continuidade de uma genealogia que remonta até os deuses: "Não possuía os mesmos sentimentos que a maior parte dos reis sobre os filhos a serem colocados no mundo; não estimava que alguns deveriam nascer de uma origem obscura e outros de uma origem nobre, nem que devia deixar atrás de mim filhos que fossem, uns bastardos, outros legítimos; todos, em minha opinião, deviam ter a mesma natureza e remontar à sua origem, tanto do lado de seu pai como do lado de sua mãe, entre os mortais a Evágoras meu pai, entre os semideuses aos filhos de Éaco, entre os deuses a Zeus, e nenhum de meus descendentes deveria ser privado da nobreza de uma tal origem."[62]

Uma outra razão para Nicocles ser temperante diz respeito à continuidade e à homogeneidade entre o governo de um Estado e o de uma casa. Essa continuidade é definida de duas maneiras: pelo princípio de que se devem respeitar todas as associações (*koinōniai*) estabelecidas com outrem; Nicocles não quer fazer, portanto, como esses homens que respeitam seus outros engajamentos, mas se colocam em falta com sua mulher, com a qual, não obstante, eles estabeleceram uma associação para toda a vida (*koinōnia pantos tou biou*): já que se considera que não se deve sofrer aflição por parte da esposa, não convém fazê-la sofrer o mesmo pelos prazeres que se tem; o soberano que pretende ser justo deve sê-lo com a sua própria mulher.[63] Mas há também continuidade, e como isomorfismo, entre a boa ordem que deve reinar na casa do monarca e aquela que deve presidir ao seu governo público: "Os bons soberanos devem esforçar-se em fazer reinar um espírito de concórdia, não somente nos Estados que eles dirigem, como também em sua própria casa e nos domínios que eles habitam; pois toda essa obra demanda domínio de si e justiça."[64]

A ligação entre temperança e poder, à qual Nicocles se refere ao longo do texto, é sobretudo pensada como uma relação essencial entre dominação sobre os outros e dominação de si, segundo o princípio geral que já fora enunciado no primeiro discurso, aquele endereçado a Nicocles: "Exerce tua autoridade sobre ti mesmo (*archē sautou*) tanto como sobre os outros, e considera que a conduta mais digna de um rei é a de não ser escravo de nenhum prazer, e de comandar seus desejos ainda mais do que comandar seus compatriotas."[65] Esse domínio de si como condição moral para dirigir os outros, Nicocles começa provando que o possui: diferentemente do que fazem tantos tiranos, ele não aproveitou de seu poder para apoderar-se pela força das mulheres ou dos filhos dos outros; ele lembrou quanto os homens se apegam às suas esposas e aos seus descendentes e quantas vezes as crises políticas e as revoluções se originaram nos abusos desse tipo;[66] ele tomou, portanto, o maior cuidado para evitar semelhantes reprovações: a partir do dia em que assumiu o poder supremo, pôde-se constatar que ele não teve relação física "com outra pessoa a não ser sua mulher".[67] Nicocles tem, no entanto, razões mais positivas para ser temperante. Antes de mais nada, ele quer dar a seus concidadãos um exemplo; é claro que não se deve entender que ele peça aos habitantes de seu país que pratiquem uma fidelidade sexual semelhante à sua; provavelmente ele não pretende erigi-la em regra geral: o rigor de seus costumes deve ser compreendido como uma incitação geral à virtude e um modelo contra o relaxamento que é sempre nocivo a um Estado.[68] Esse princípio de analogia global entre os costumes do príncipe e os do povo fora evocado no discurso a Nicocles: "Dá em exemplo aos outros tua própria ponderação (*sōphrosunē*), lembrando-te que os costumes (*ēthos*) de um povo se assemelham àqueles de quem o governa. Terás um testemunho do valor de tua autoridade real quando constatares que os teus súditos adquiriram um bem-estar maior e costumes mais policiados (*euporoterous kai sōphronesterous gignomenous*) graças à tua atividade (*epimeleia*)."[69] Nicocles, entretanto, não se contenta em tornar a massa semelhante a ele; ele quer, sem que haja contradição, distinguir-se ao mesmo tempo dos outros, da elite e mesmo daqueles que são os mais virtuosos. O que é ao mesmo tempo a fórmula moral do exemplo (ser um modelo para todos sendo melhor que os melhores) como também a fórmula política da concorrência pelo poder pessoal numa aristocracia, e o princípio de uma base estável para a tirania sábia e moderada (ser dotado aos olhos do povo de mais virtude do que os mais virtuosos). "Constatei que a maior parte dos homens são senhores do conjunto de seus atos, mas que os melhores se deixam vencer pelos desejos que os rapazes e as mulheres despertam neles. Quis, portanto, mostrar a mim mesmo ser capaz de firmeza, lá fui chamado a sobrepujar não somente a massa, mas também aqueles que se orgulham de sua própria virtude."[70]

Mas é preciso compreender que essa virtude, que funciona como exemplo e marca uma superioridade, não deve seu valor político ao simples fato de ser um comportamento honrado aos olhos de todos. De fato, ela manifesta aos governados a forma de relação que o príncipe mantém consigo mesmo: elemento político importante, posto que é essa relação consigo que modula e regula o uso que o príncipe faz do poder que exerce sobre os outros. Essa relação é, portanto, importante em si mesma, no esplendor visível com que se manifesta e na armação racional que a garante. É por isso que Nicocles lembra que a sua *sōphrosunē* passou aos olhos de todos por uma prova: de fato, existem circunstâncias e idades em que não é difícil mostrar que se pode ser justo e dispensar o dinheiro ou o prazer; entretanto, quando se recebe o poder em plena juventude, então, mostrar moderação constitui uma espécie de prova qualificadora.[71] Além disso, ele sublinha que sua virtude não é apenas questão de natureza, mas sim de raciocínio (*logismos*): não é, portanto, ao acaso, nem ao sabor das circunstâncias, que ele se conduzirá bem,[72] mas sim de maneira voluntária e constante.

Assim a moderação do príncipe, posta à prova pela situação mais perigosa, e garantida pela permanência da razão, serve como fundamento de uma espécie de pacto entre o governante e os governados: eles podem muito bem obedecer-lhe, a ele que é senhor de si. Pode-se pedir aos súditos que obedeçam, se for sob a caução da virtude do príncipe; ele é, de fato, capaz de moderar o poder que exerce sobre os outros, pelo domínio que estabelece sobre si. É assim que termina a passagem em que Nicocles, tendo terminado de falar sobre si mesmo, tira daí o argumento para exortar seus súditos a obedecer-lhe: "Dei uma amplidão maior a esse desenvolvimento sobre mim (...) para não vos deixar nenhum pretexto de não executar, de bom coração e com zelo, os conselhos e as prescrições que vos darei."[73] A relação do príncipe com ele mesmo e a maneira com que ele se constitui como sujeito moral formam peça importante no edifício político: sua austeridade faz parte dele e contribui para sua solidez. Também o príncipe deve praticar uma ascese e exercitar-se: "Definitivamente, não existe atleta para quem fortificar o corpo seja uma obrigação tão grande como é, para um rei, aquela de fortificar sua alma: pois os prêmios que os jogos oferecem não são nada em comparação com aqueles pelos quais vós, príncipes, lutais a cada dia.[74]

3. Quanto à *Econômica* atribuída a Aristóteles, sabem-se os problemas de data que coloca. O texto que constitui os livros I e II é reconhecido, de maneira geral, como um texto de "boa época" — seja porque foi editado a partir de notas por um discípulo imediato de Aristóteles, seja porque foi obra de uma das primeiras gerações de peripatéticos. Em todo caso, podemos deixar de lado, no momento, a terceira parte, ou pelo menos o texto latino, manifestamente muito mais tardio, e que foi considerado uma "versão" ou uma "adaptação" do terceiro livro "perdido" dessa *Econômica*. Muito mais curto e infinitamente menos rico do que o texto de Xenofonte, esse livro I se apresenta, igualmente, como uma reflexão sobre a arte (*technē*) da economia; ela é destinada a definir as condutas de "aquisição" e de "valorização" (*ktēsasthai, chrēsasthai*)[75] na ordem da casa. O texto se apresenta como uma arte de governar, de resto, menos as coisas do que os humanos: e isso segundo um princípio formulado alhures por Aristóteles, a saber, que na *Econômica* atribui-se mais interesse às pessoas do que à posse dos bens inanimados;[76] de fato, o tratado da *Econômica* consagra o essencial das indicações que oferece (sem dar, como em Xenofonte, um grande espaço às técnicas do cultivo) às tarefas de direção, de supervisão e de controle. É um manual do senhor que deve, em primeiro lugar, "preocupar-se" (*epimelein*) com a própria esposa.[77]

Esse texto faz funcionar quase que os mesmos valores que o tratado de Xenofonte: elogio da agricultura, que, diferentemente dos ofícios de artesanato, é capaz de formar indivíduos "viris"; afirmação de seu caráter primeiro e fundador segundo a natureza e de seu valor constituinte para a cidade.[78] Mas muitos elementos trazem consigo também a marca aristotélica: em particular a dupla insistência sobre o enraizamento natural da relação matrimonial e a especificidade de sua forma na sociedade humana.

A associação (*koinōnia*) entre o homem e a mulher é apresentada pelo autor como sendo uma coisa que existe "por natureza", e da qual se podem encontrar exemplos nos animais: "Sua associação responde a uma necessidade absoluta."[79] Tese constante em Aristóteles, quer seja na *Política*, em que essa necessidade está ligada diretamente à procriação,[80] quer seja na *Ética a Nicômaco*, que apresenta o homem como um ser naturalmente "sindiástico" e destinado a viver a dois.[81] Mas dessa *koinōnia* o autor da *Econômica* lembra também que ela tem caracteres próprios que não se encontram nas espécies animais: não porque os animais não conheçam formas de associação que vão além da simples conjunção procriadora;[82] é que nos humanos a finalidade do vínculo que liga o homem e a mulher não concerne simplesmente — segundo uma distinção importante em Aristóteles — ao "ser", mas ao "bem-estar" (*einai, eu einai*). Em todo caso, nos seres humanos a existência do casal permite, ao longo de toda a existência, a ajuda e os socorros recíprocos; quanto à progenitura ela não garante apenas a sobrevivência da espécie; ela serve "ao próprio interesse dos pais", pois "os cuidados que, em sua plena força, eles deram a seres fracos, em retorno, na fraqueza da idade avançada, eles os obtêm de seres que se tornaram fortes".[83] E foi para esse suplemento do melhor viver que a natureza dispôs, como fez, o homem e a mulher; foi visando à vida comum "que ela organizou um e outro sexo". O primeiro é forte, o segundo é contido pelo temor; um encontra sua saúde no movimento, o outro é inclinado a levar uma vida sedentária; um traz os bens para casa, o outro vela sobre o que aí está; um alimenta os filhos, o outro os educa. A natureza programou, de certa forma, a economia da propriedade doméstica e os papéis que cada um dos esposos deve aí desempenhar. O autor encontra nesse ponto, a partir de princípios aristotélicos, o esquema de uma descrição tradicional da qual Xenofonte já tinha dado um exemplo.

Logo após essa análise das complementaridades naturais é que o autor da *Econômica* aborda a questão do comportamento sexual. E isso numa breve e elíptica passagem, que vale a pena citar no seu conjunto: "O primeiro dever é não cometer nenhuma injustiça; assim, pode-se não sofrê-la em si próprio. É a isso, justamente, que a conduta moral comum conduz: não deve a mulher ter que sofrer injustiça, pois ela é na casa, assim como dizem os pitagóricos, como uma suplicante e uma pessoa afastada do seu lar. Ora, seria uma injustiça da parte do marido as convivências ilegítimas (*thuraze sunousiai*)."[84] Não é de espantar que nada seja dito sobre a conduta da mulher, posto que suas regras são conhecidas e que, de todo modo, estamos aqui lidando com um manual do senhor: é a maneira de agir dele que está em questão. Pode-se notar, também, que nada é dito — como tampouco em Xenofonte — sobre qual deveria ser a conduta sexual do marido em relação à sua mulher, sobre a realização do dever conjugal ou sobre as regras de pudor. Porém o essencial está em outras coisas.

Pode-se notar, primeiramente, que o texto situa nitidamente a questão das relações sexuais no quadro geral das relações de justiça entre o marido e a mulher. Ora, quais são essas relações? Que formas elas devem ter? A despeito do que o texto anuncia anteriormente sobre a necessidade de bem determinar que espécie de "relação" (*homilia*) deve unir o homem e a mulher, nada na *Econômica* é dito sobre a sua forma geral e sobre o seu princípio. Em compensação, nos outros textos, e em particular na *Ética a Nicômaco* e na *Política*, Aristóteles responde a essa questão quando analisa a natureza política do vínculo conjugal — isto é, o tipo de autoridade que nele se exerce. Segundo ele, entre o homem e a mulher, a relação é evidentemente desigual, posto que é papel do homem governar a mulher (a situação inversa, que pode ser devida a várias razões, é "antinatural").[85] Entretanto, essa desigualdade deve ser distinguida com cuidado de três outras desigualdades: a que separa o senhor do escravo (pois a mulher é um ser livre); a que separa o pai de seus filhos (e que dá lugar a uma autoridade de tipo real); enfim, a que separa, numa cidade, os cidadãos que comandam e os que são comandados; se, de fato, a autoridade do marido sobre a mulher é mais fraca, menos total que nas duas primeiras relações, ela não tem o caráter simplesmente provisório que se encontra na relação "política", no sentido estrito do termo, isto é, na relação entre cidadãos livres num Estado; é porque, numa constituição livre, os cidadãos comandam e são comandados alternadamente, enquanto na casa é o homem que deve guardar a superioridade permanentemente.[86] Desigualdade de seres livres, mas desigualdade definitiva e baseada sobre uma diferença de natureza. É nesse sentido que a forma política da relação entre marido e mulher será a aristocracia: um governo em que é sempre o melhor que comanda, mas no qual cada um recebe a sua parte de autoridade, seu papel e suas funções em proporção com seu mérito e valor. Como diz a *Ética a Nicômaco*, "o poder do marido sobre a mulher parece ser de caráter aristocrático; se o marido exerce autoridade é proporcionalmente ao mérito (*kat'axian*), e nos domínios onde convém que o homem comande"; o que ocasiona, como em todo governo aristocrático, que ele delegue à sua mulher a parte em que ela é competente (se quisesse fazer tudo sozinho, o marido transformaria seu poder numa "oligarquia").[87] A relação com a mulher se coloca, portanto, como uma questão de justiça, que está diretamente ligada à natureza "política" do vínculo matrimonial. Entre um pai e um filho, diz a *Grande moral*, a relação não pode ser de justiça, pelo menos enquanto o filho não adquirir independência, pois ele nada mais é do que "uma parte de seu pai"; também não pode tratar-se de justiça na relação entre o senhor e os serviçais, salvo se ela for entendida como uma justiça "interna à casa e propriamente econômica". Não se dá o mesmo com a mulher: sem dúvida, esta é e será sempre inferior ao homem, e a justiça que deve reger as relações entre esposos não pode ser a mesma que reina entre os cidadãos; contudo, por causa de sua semelhança, o homem e a mulher devem ter uma relação que "se aproxime muito da justiça política".[88]

Ora, na passagem da *Econômica* em que está em questão o comportamento sexual que o marido deve ter, o autor parece referir-se a uma justiça inteiramente diferente; ao evocar um tema pitagórico, o autor sublinha que a mulher é "na casa como uma suplicante e uma pessoa afastada do seu lar". No entanto, se olharmos mais de perto, parece que essa referência à suplicante — e, de maneira geral, ao fato de que a mulher nasce num outro lar e que na casa de seu marido ela não está "na sua casa" — não é destinada a definir o tipo de relações que deve existir em geral entre um homem e sua esposa. Essas relações, em sua forma positiva e em sua conformidade com a justiça desigualitária que as deve reger, tinha sido evocada indiretamente na passagem precedente. Pode-se supor que o autor, ao evocar aqui a figura da suplicante, lembra que a esposa não tem por que exigir, pelo fato do próprio casamento, a fidelidade sexual do marido; mas que existe, entretanto, algo que, na situação da mulher casada, demanda da parte do marido comedimento e limitação: trata-se justamente de sua posição de fraqueza que a submete à vontade do marido, como uma suplicante arrebatada de sua casa de origem.

Quanto à natureza desses atos injustos, não é fácil, segundo o texto da *Econômica*, precisá-la. São *thuraze sunousiai*, "frequentações exteriores". A palavra *sunousiai* pode designar uma conjunção sexual particular: pode também designar um "comércio", uma "ligação". Se fosse necessário dar aqui a essa palavra seu sentido restrito, seria todo ato sexual cometido "fora de casa" que constituiria uma injustiça com relação à esposa: exigência que parece muito pouco verossímil num texto que se mantém bem próximo da moral corrente. Se, ao contrário, dermos à palavra *sunousia* o valor mais geral de "relação", vemos por que haveria aí uma injustiça no exercício de um poder que deve dar a cada um segundo seu valor, seu mérito e seu *status*: uma ligação fora do casamento, uma concubinagem, e talvez filhos ilegítimos, atentam seriamente contra o respeito que se deve à esposa; em todo caso, tudo o que, nas relações sexuais de seu marido, ameaça a posição privilegiada da mulher no governo aristocrático da casa é uma maneira de comprometer a necessária e essencial justiça. Assim compreendida, a fórmula da *Econômica* não está muito longe, no seu alcance concreto, daquilo que Xenofonte deixava entender quando Isômaco prometia à sua mulher, se ela se conduzisse bem, nunca causar prejuízo a seus privilégios e ao seu *status*;[89] é preciso observar, aliás, que são temas muito próximos aos de Xenofonte que são evocados nas linhas imediatamente seguintes: a responsabilidade do marido na formação moral de sua esposa e a crítica dos cosméticos (*kosmesis*) enquanto mentira e embuste, os quais é preciso evitar entre esposos. Porém, enquanto Xenofonte faz da temperança do marido um estilo próprio ao chefe da casa vigilante e sábio, o texto aristotélico parece inscrevê-la no jogo múltiplo das diferentes formas de justiça que devem regular as relações dos humanos em sociedade.

Não é fácil, sem dúvida, apontar exatamente quais são os comportamentos sexuais que o autor da *Econômica* permite ou proíbe ao marido que quer se conduzir bem. Entretanto, parece que a temperança do esposo, qualquer que seja a forma precisa, não deriva do vínculo pessoal entre os esposos, e que ela não se impõe a ele do mesmo modo em que se pode pedir à esposa uma estrita fidelidade. É no contexto de uma distribuição desigualitária dos poderes e das funções que o marido deve atribuir um privilégio à sua mulher; e é por uma atitude voluntária — fundada sobre o interesse ou a sabedoria — que ele saberá, como aquele que sabe gerir um poder aristocrático, reconhecer o que é devido a cada um. A moderação do marido é, aqui, ainda uma ética do poder que se exerce, mas essa ética se reflete como uma das formas da justiça. Maneira bem desigualitária e formal de definir a relação entre marido e mulher e o lugar que devem ter suas duas virtudes. Não esqueçamos que semelhante maneira de conceber as relações conjugais não era, de modo algum, excludente da intensidade reconhecida às relações de amizade. A *Ética a Nicômaco* reúne todos esses elementos — a justiça, a desigualdade, a virtude, a forma de governo aristocrático —, e é por meio desses elementos que Aristóteles define o caráter próprio da amizade do marido por sua mulher; essa *philia* do esposo "é aquela que se encontra no governo aristocrático... Ela se proporciona à virtude; o melhor tem a superioridade das vantagens e, além disso, cada um obtém dela o que lhe convém. Tal é também o caráter da justiça".[90] E mais adiante Aristóteles acrescenta: "Procurar qual deva ser a conduta do marido em relação à mulher e, em geral, a do amigo com o amigo é, manifestamente, procurar de que maneira são respeitadas as regras da justiça."[91]

Encontram-se, portanto, no pensamento grego da época clássica os elementos de uma moral do casamento que parecem exigir dos esposos, tanto de um como de outro, uma semelhante renúncia de toda atividade sexual exterior à relação matrimonial. A regra de uma prática sexual exclusivamente conjugal, que era em princípio imposta à mulher por seu *status* e pelas leis da cidade como as da família, parece ser concebida por alguns como aplicável igualmente aos homens; em todo caso, é a lição que parece se destacar da *Econômica* de Xenofonte e daquela do pseudo-Aristóteles, ou de certos textos de Platão e de Isócrates. Esses poucos textos aparecem isoladamente no meio de uma sociedade em que nem as leis, nem os costumes continham tais exigências. É verdade. Mas não parece possível ver neles o primeiro esboço de uma ética da fidelidade conjugal recíproca, assim como o início de uma codificação da vida de matrimônio à qual o cristianismo dará uma forma universal, um valor imperativo e o apoio de todo um sistema institucional.

Para isso, há várias razões. Com exceção do caso da cidade platônica, onde as mesmas leis valem para todos da mesma maneira, a temperança que é demandada ao marido não tem os mesmos fundamentos nem as mesmas formas que aquela imposta à mulher: esta última deriva diretamente de uma situação de direito e de uma dependência estatutária que a coloca sob o poder de seu marido; as primeiras, em troca, dependem de uma escolha, de uma vontade de dar à sua vida uma certa forma. Questão de estilo, de certo modo: o homem é chamado a temperar sua conduta em função do domínio que espera exercer sobre si mesmo, e da moderação com a qual ele quer fazer funcionar seu domínio sobre os outros. Daí o fato de que essa austeridade se apresenta — tal como em Isócrates — como um refinamento cujo valor exemplar não toma a forma de um princípio universal; daí também o fato de que a renúncia a toda relação fora da relação conjugal não é explicitamente prescrita por Xenofonte, nem mesmo talvez pelo pseudo-Aristóteles, e que ela não toma, em Isócrates, a forma de um engajamento definitivo, mas antes a de uma façanha.

Além disso, que a prescrição seja simétrica (como em Platão), ou que não o seja, não é sobre a natureza particular e sobre a forma própria da relação conjugal que se estabelece a temperança demandada ao marido. É, sem dúvida, porque ele é casado que sua atividade sexual deve sofrer algumas restrições e admitir uma certa medida. Mas é o *status* de homem casado, e não a relação com a esposa, que o exige: casado, como o quer a cidade platônica, segundo as formas que ela decide e para lhe dar os cidadãos dos quais ela necessita; casado, por isso tem de gerir uma casa que deve prosperar na boa ordem e cuja boa manutenção deve ser, aos olhos de todos, a imagem e a garantia de um bom governo (Xenofonte e Isócrates); casado e obrigado a fazer funcionar, nas formas da desigualdade própria ao casamento, e à natureza da mulher, as regras da justiça (Aristóteles). Não há nada aí que seja excludente de sentimentos pessoais, de apego, de afeição e de solicitude. Mas é preciso compreender bem que não é jamais diante de sua mulher, na relação que os liga enquanto indivíduos, que essa *sōphrosunē* é necessária. O esposo a deve a si próprio na medida em que o fato de ser casado o introduz no jogo particular de deveres ou de exigências em que se trata de sua reputação, de sua fortuna, de sua relação com os outros, de seu prestígio na cidade e de sua vontade de levar uma existência bela e boa.

Pode-se compreender, então, por que a temperança do homem e a virtude da mulher podem se apresentar como duas exigências simultâneas, e derivando, cada qual à sua maneira, e sob suas formas próprias, do estado de casamento; e que, contudo, a questão da prática sexual como elemento — e elemento essencial da relação conjugal — quase não seja, por assim dizer, colocada. Mais tarde, as relações sexuais entre esposos, a forma que elas devem tomar, os gestos que nelas são permitidos, o pudor que devem respeitar, como também a intensidade dos vínculos que elas manifestam e encerram serão um elemento importante de reflexão; toda essa vida sexual entre os esposos dará lugar, na pastoral cristã, a uma codificação frequentemente muito detalhada; mas já anteriormente Plutarco havia colocado questões não somente sobre a forma das relações sexuais entre esposos, como também sobre sua significação afetiva; e ele tinha sublinhado a importância dos prazeres recíprocos para a afeição mútua dos esposos. O que irá caracterizar essa nova ética não é simplesmente que o homem e a mulher sejam reduzidos a ter apenas um único parceiro sexual — o cônjuge; mas também que a sua atividade sexual será problematizada como um elemento essencial, decisivo e particularmente delicado de sua relação conjugal pessoal. Nada semelhante é visível na reflexão moral do século IV; não se trata de sugerir, com isso, que os prazeres sexuais tivessem então pouca importância na vida matrimonial dos gregos e para a harmonia de um casal: trata-se de outra questão, em todo caso. Mas seria preciso sublinhar, para compreender a elaboração da conduta sexual como problema moral, que o comportamento sexual dos dois esposos não era questionado no pensamento grego clássico a partir de sua relação pessoal. O que se passava entre eles tinha importância a partir do momento em que se tratasse de ter filhos. Mas, para o resto, sua vida sexual comum não era objeto de reflexão e de prescrição: o ponto de problematização estava na temperança, da qual cada um dos cônjuges devia dar provas pelas razões e nas formas correspondentes a seu sexo e a seu *status*. A moderação não era uma questão comum entre eles e com a qual tivessem de se preocupar um em relação ao outro. Nisso se está longe da pastoral cristã, na qual cada esposo deverá responder pela castidade do outro ao não induzi-lo a cometer o pecado da carne, seja por solicitações demasiado impudicas, seja por recusas demasiado rigorosas. A temperança nos moralistas gregos da época clássica era prescrita aos dois parceiros da vida matrimonial; mas ela concernia, em cada um deles, a um modo diferente de relação consigo. A virtude da mulher constituía o correlativo e a garantia de uma conduta de submissão; a austeridade masculina inscrevia-se numa ética da dominação que se limita.

Notas

1. DEMOSTHÈNE, *Contre Néèra*, 122.
2. R. VAN GULK, *La vie sexuelle dans la Chine ancienne*, pp. 144-154.
3. É preciso evitar esquematizar e reduzir a doutrina cristã das relações conjugais à finalidade procriadora e com a exclusão do prazer. Na verdade, a doutrina será complexa, sujeita a discussão, e conhecerá numerosas variantes. No entanto, o que se deve considerar aqui é que a questão do prazer na relação conjugal, do lugar que ele ocupa, das precauções a serem tomadas contra ele, e também das concessões que lhe devem ser feitas (tendo em conta a fraqueza do outro e sua concupiscência) constitui um núcleo ativo de reflexão.
4. Ver o tratado *Sobre a esterilidade*, atribuído a Aristóteles e considerado por muito tempo o livro X da *História dos animais*.
5. Cf. supra, cap. II.
6. Assim, XÉNOPHON, *Économique*, VII, 11; PLATON, *Lois*, 772 d-773 e.
7. DEMOSTHÈNE, *Contre Néèra*, 122.
8. PLUTARQUE, *Vie de Solon*, XX. Encontra-se também o testemunho de uma obrigação dos deveres conjugais no ensino pitagórico; é o que relata DIÓGENES LAÉRCIO: "Hierônimo acrescenta que Pitágoras desceu aos infernos… e viu os tormentos daqueles que tinham negligenciado realizar seus deveres conjugais" (*tous me thelontas suneinai tais heauton gunaixi*), *Vie des philosophes*, VIII, I, 21.
9. LYSIAS, *Sur le meurtre d'Eratosthène*, 33. Cf. S. POMEROY, *Goddesses, whores, wives and slaves. Women in Classical Antiquity*, pp. 86-92.

10. Ibid., 12; cf. também no *Banquete* de XENOFONTE a alusão às artimanhas que um marido pode utilizar para esconder os prazeres sexuais que buscará alhures (*Banquet*, IV, 8).
11. W.K. LACEY, *The Family in Classical Greece*, 1968, p. 113.
12. XÉNOPHON, *Banquet*, VIII, 3.
13. G. MATHIEU, "Note" em ISOCRATE, *Nicoclès*, CUF, p. 130.
14. XÉNOPHON, *Économique*, IV, 2-3.
15. Ibid., I, 2.
16. Sobre esse elogio da agricultura e a enumeração de seus efeitos benéficos, cf. todo o capítulo V da *Econômica*.
17. XÉNOPHON, *Mémorables*, III, 4.
18. XÉNOPHON, *Économique*, IV, 18-25.
19. Ibid., XXI, 4-9.
20. Ibid., III, 15.
21. Ibid., III, 12-13.
22. Ibid., III, 11.
23. Ibid., VII, 5.
24. Ibid., VII, 11.
25. Ibid., VII, 12.
26. Isômaco insiste sobre essa anulação das diferenças entre esposos que poderia ser marcada pela contribuição de cada um (VII, 13).
27. Ibid., VII, 15.
28. Ibid., VII, 19-35. Sobre a importancia dos dados espaciais na orden doméstica, cf. J.P. VERNANT, "Hestia-Hermès. Sur l'expression religieuse de l'espace chez les Grecs", *Mythe et pensée chez les grecs*, 1, pp. 124-170.
29. XÉNOPHON, *Économique*, VII, 39-40.
30. Ibid., VII, 22.
31. Ibid., VII, 26.

32. Ibid., VII, 31
33. Ele precisa que a divindade associa o homem à mulher visando aos filhos, e a lei, visando ao casamento (VII, 30).
34. Ibid., VII, 23.
35. Ibid., VII, 12.
36. Ibid., 22-23.
37. Ibid., II, 1.
38. Ibid., VII, 27.
39. Ibid., X, 1-8.
40. Ibid., X, 7.
41. Ibid., X, 9.
42. Ibid., X, 10.
43. Ibid., X, 11.
44. XÉNOPHON, *Hiéron*, 1.
45. EURIPIDE, *Medée*, V, 465 e ss.
46. Id., *Ion*, V, 836 e ss.
47. XÉNOPHON, *Économique*, VII, 41-42.
48. *Lois*, VI, 773 c e e.
49. Ibid., VI, 7X5 a.
50. Ibid., VI, 783 e; cf. IV, 721 a; VI, 773 b.
51. Ibid., VI, 773 a-e.
52. Ibid., VI, 7S4 a-c.
53. Ibid., VI, 784 d-e.
54. Notar que, ultrapassado o limite de idade em que se pode ter filhos, "aqueles que viveram castamente (*sōphrōnōn kai sōphrōnousa*) serão cercados de honra, mas os outros terão a reputação contrária, ou melhor, serão desonrados" (784e).
55. Ibid., VIII, 835 e.
56. Ibid., VIII, 838 a-838 e.
57. Ibid., VIII, 840 a-c.

58. Ibid., VIII, 840 d-e.

59. Ibid., VIII, 844 a-b.

60. Ibid., VIII, 841 c-d. Notar que, pelo menos na primeira formulação da lei, Platão parece dizer que só são proibidas a um homem casado as mulheres que são "livres" e de "boa origem". Em todo caso, é a tradução de Diès. Robin interpreta o texto como querendo dizer que essa lei só se aplica aos homens livres e de boa origem.

61. ISOCRATE, *Nicoclès*, 31-35.

62. Ibid., 42.

63. Ibid., 40.

64. Ibid., 41.

65. Ibid., 29.

66. Ibid., 36. Sobre esse tema frequente, ver ARISTOTE, *Politique*, V, 1 311 a-b. Podemos ressaltar que Isócrates nota, não obstante, a indulgência do povo pelos chefes que obtêm seus prazeres em toda parte mas sabem governar com justiça (Ibid., 37).

67. Ibid., 36.

68. Ibid., 37.

69. Ibid., 31.

70. Ibid., 39.

71. Ibid., 45.

72. Ibid., 47.

73. Ibid., 47.

74. *À Nicoclès*, 11. O tema da virtude privada do príncipe como problema político mereceria, por si mesmo, todo um estudo.

75. PSEUDO-ARISTOTE, *Économique*, I, 1, 1, 1 343 a.

76. ARISTOTE, *Politique*, I, 13, 1 259 b.

77. PSEUDO-ARISTOTE, *Économique*, I, 3, 1, 1 343 b.

78. Ibid., I, 2, 1-3, 1 343 a-b.
79. Ibid., I, 3, I, 1 343 b.
80. ARISTOTE, *Politique*, I, 2, 1 252 a.
81. Id., *Étique à Nicomaque*, VIII, 12, 7, 1 162 a.
82. PSEUDO-ARISTOTE, *Économique*, I, 3, 1, 1 343 b.
83. Ibid., I, 3, 3, 1 343 b.
84. PSEUDO-ARISTOTE, *Économique*, I, 4, 1, 1 344 a.
85. ARISTOTE, *Politique*, I, 12, 1 259 b. Na *Étique à Nicomaque* (VIII, 10, 5, 1 161 a), Aristóteles evoca a autoridade das mulheres herdeiras.
86. ARISTOTE, *Politique*, I, 12, 1 259 b.
87. ARISTOTE, *Étique à Nicomaque*, VII, 10, 1 152 a.
88. ARISTOTE, *Grande morale*, I, 31, 18.
89. No entanto, é preciso observar que Isômaco evocava as situações de rivalidade que podem provocar as relações com as serviçais da casa. Aqui são as ligações externas que aparecem como ameaçadoras.
90. ARISTOTE, *Étique à Nicomaque*, VIII, 11, 4, 1 161 a.
91. Ibid., VIII, 12, 8, I 162 a. Sobre as relações da *philia* com o casamento em Aristóteles, cf. J.-Cl. FRAISE, *Philia, la notion d'amitié sur la philosophie antique* (Paris, 1974).
92. É necessário notar que na cidade ideal, descrita por Aristóteles na *Política*, as relações entre marido e mulher são definidas de um modo bem próximo daquilo que se pode encontrar em Platão. A obrigação de procriar será interrompida quando os pais correrem o risco de ser demasiado velhos: "No decorrer dos anos que ainda restam, só se terá relações sexuais por razões evidentes de saúde ou por qualquer outra causa análoga." No que concerne às relações do "marido com uma outra mulher ou da esposa com um outro homem", conviria considerá-las

uma ação desonrosa (*me kalon*), "isso de uma maneira absoluta e sem exceção, por tanto tempo quanto durar o casamento e que se achem marido e mulher." "Essa falta, por razões fáceis de compreender, terá consequências legais — a atimia — se for cometida 'durante o tempo em que a procriação puder ocorrer'" (*Política*, VIII, 16, 1 135 a-1 336 b).

IV
Erótica

1 – Uma relação problemática

O uso dos prazeres na relação com os rapazes foi, para o pensamento grego, um tema de inquietação. O que é paradoxal numa sociedade que passa por ter "tolerado" o que chamamos "homossexualidade". Mas talvez não seja muito prudente utilizar aqui esses dois termos.

De fato, a noção de homossexualidade é bem pouco adequada para recobrir uma experiência, formas de valorização e um sistema de recortes tão diferentes do nosso. Os gregos não opunham, como duas escolhas excludentes, como dois tipos de comportamento radicalmente diferentes, o amor ao seu próprio sexo ao amor pelo sexo oposto. As linhas de demarcação não seguiam uma tal fronteira. A oposição entre um homem temperante e senhor de si e aquele que se entregava aos prazeres era, do ponto de vista da moral, muito mais importante do que aquilo que distinguia, entre elas, as categorias de prazer às quais era possível consagrar-se mais livremente. Ter costumes frouxos consistia em não saber resistir nem às mulheres nem aos rapazes, sem que este último caso fosse mais grave do que o outro. Quando Platão faz o perfil do homem tirânico, isto é, aquele que deixa "que o tirano Eros se entronize em sua alma e governe todos os seus movimentos",[1] ele o mostra sob dois aspectos equivalentes, em que se marcam da mesma maneira o desprezo pelas obrigações mais essenciais e a sujeição ao domínio geral do prazer: "Se ele se apaixona por uma cortesã, que é para ele somente um novo e supérfluo conhecimento, de que maneira trataria ele a mãe, amiga de longa data e que a natureza lhe deu? E se tem por um belo adolescente um amor recente e supérfluo, como trataria ele o pai?"[2] Quando se reprovava a devassidão de Alcebíades não era mais por esta e menos por aquela, mas sim, como dizia Bion de Borístenes, porque "em sua adolescência ele desviou os maridos de suas mulheres e, em sua juventude, as mulheres de seus maridos".[3]

Inversamente, para mostrar a continência de um homem indicava-se — e era o que fazia Platão a propósito de Icos de Tarento[4] — que ele era capaz de se abster tanto dos rapazes como das mulheres; e, segundo Xenofonte, a vantagem que Ciro encontrava em apelar para os eunucos para o serviço da corte residia em sua incapacidade de causar danos às mulheres e aos rapazes[5] — de tal modo parecia que essas duas inclinações eram ambas igualmente verossímeis, e que elas podiam coexistir perfeitamente num mesmo indivíduo.

Bissexualidade dos gregos? Se quisermos dizer com isso que um grego podia, simultânea ou alternadamente, amar um rapaz ou uma moça, que um homem casado podia ter seus *paidika*, que era corrente, após as inclinações "para rapazes" na juventude, voltar-se de preferência para as mulheres, então pode-se muito bem dizer que eles eram "bissexuais". Mas se quisermos prestar atenção à maneira pela qual refletiam sobre essa dupla prática, convém observar que eles não reconheciam nela duas espécies de "desejos", "duas pulsões", diferentes ou concorrentes, compartilhando o coração dos homens ou seus apetites. Podemos falar de sua "bissexualidade" ao pensarmos na livre escolha que eles se davam entre os dois sexos, mas essa possibilidade não era referida por eles a uma estrutura dupla, ambivalente e "bissexual" do desejo. A seus olhos, o que fazia com que se pudesse desejar um homem ou uma mulher era unicamente o apetite que a natureza tinha implantado no coração do homem para aqueles que são "belos", qualquer que seja o sexo.[6]

Certamente encontra-se no discurso de Pausânias[7] uma teoria dos dois amores, o segundo dos quais — Uranius, o celeste — dirige-se exclusivamente aos rapazes. Mas a distinção não se estabelece entre um amor heterossexual e um amor homossexual; Pausânias estabelece a linha de demarcação entre o "amor que os homens de baixa espécie experimentam" — que tem por objeto tanto as mulheres como os rapazes, só visa ao próprio ato (*to diaprattesthai*) e se realiza ao acaso — e o amor mais antigo, mais nobre e mais racional, que se liga ao que pode ter mais vigor e inteligência, e lá só pode tratar-se, evidentemente, do sexo masculino. O *Banquete* de Xenofonte mostra bem que a diversidade da escolha entre moça e rapaz não se refere, de modo algum, à distinção entre duas tendências, ou à oposição entre duas formas de desejo. A festa é dada por Cálias em honra do muito jovem Autólicos, por quem ele está apaixonado; a beleza do rapaz é tão grande que atrai a atenção de todos os convidados, com tanta força como "uma luz aparecendo na noite"; "ninguém... deixou de sentir a alma comovida por sua aparência".[8] Ora, entre os convidados, vários são casados ou noivos, como Nikeratos — que tem por sua mulher um amor que ela lhe retribui, segundo o jogo de *Eros* e de *Anteros* — ou Critóbulo, que, no entanto, está ainda na idade de ter tanto pretendentes quanto amados;[9] Critóbulo, aliás, canta seu amor por Clínias, um rapaz que conheceu na escola, e numa justa cômica ele valoriza sua própria beleza contra a de Sócrates; a recompensa do concurso deve ser o beijo de um rapaz e o de uma moça: estes pertencem a um siracusiano que os treinou numa dança cujas graça e habilidades acrobáticas a todos deliciam. Eles os ensinou também a imitar os amores de Dionísio e Ariadne; e os convivas, que tinham acabado de ouvir Sócrates dizer o que deve ser o verdadeiro amor pelos rapazes, sentem-se vivamente "excitados" (*aneptoromenoi*) vendo esse "Dionísio tão belo" e essa "Ariadne tão verdadeiramente encantadora" trocarem beijos muito reais; ouvindo os juramentos que eles pronunciam, pode-se adivinhar muito bem que os jovens acrobatas são "enamorados aos quais finalmente se permitiu o que desejavam há muito tempo".[10] Tantas incitações diversas ao amor impulsionam cada um ao prazer: alguns, no final do *Banquete*, montam em seus cavalos para ir ao encontro de suas mulheres, ao passo que Cálias e Sócrates vão juntar-se ao belo Autólicos. Nesse banquete, onde puderam encontrar-se em comum com a beleza de uma moça ou o encanto dos rapazes, os homens de todas as idades acenderam o apetite do prazer ou o amor grave que vão procurar, uns junto às mulheres e outros junto aos rapazes.

É claro que a preferência pelos rapazes e as moças era facilmente reconhecida como um traço de caráter: os homens podiam se distinguir pelo prazer ao qual eram mais ligados;[11] questão de gosto, que podia prestar-se a gracejos, mas não questão de tipologia implicando a própria natureza do indivíduo, a verdade de seu desejo ou a legitimidade natural de sua inclinação. Não se concebiam dois apetites distintos, distribuindo-se em indivíduos diferentes; ou confrontando-se numa mesma alma; encarava-se antes como duas maneiras de obter seu prazer, uma das quais convinha melhor a certos indivíduos ou a certos momentos da existência. As práticas com rapazes e com mulheres não constituíam categorias classificatórias entre as quais os indivíduos pudessem repartir-se; o homem que preferia os *paidika* não se experimentava como "outro" em face daqueles que buscavam as mulheres.

Quanto às noções de "tolerância" ou "intolerância", elas também seriam muito insuficientes para dar conta da complexidade dos fenômenos. Amar os rapazes era uma prática "livre", no sentido de que era não somente permitida pelas leis (salvo em circunstâncias particulares), como também admitida pela opinião. Ou melhor, ela encontrava sólidos suportes em diferentes instituições (militares ou pedagógicas). Ela possuía cauções religiosas em ritos e festas onde se interpelavam, a seu favor, as potências divinas que deviam protegê-la.[12] Enfim, era uma prática culturalmente valorizada por uma literatura que a cantava, e por uma reflexão que fundamentava sua excelência. Mas a isso tudo se misturavam atitudes bem diferentes: desprezo pelos jovens demasiado fáceis ou demasiado interessados, desqualificação dos homens efeminados, dos quais Aristófanes e os autores cômicos zombavam frequentemente,[13] rejeição de certas condutas vergonhosas como a dos devassos, que, aos olhos de Cálicles, apesar de sua ousadia e de sua franqueza, era bem a prova de que nem todo prazer podia ser bom e honrado.[14] Parece que essa prática, não obstante ser admitida, não obstante ser comum, era envolta em apreciações diversas, e atravessada por um jogo de valorizações e desvalorizações suficientemente complexas para tornar dificilmente decifrável a moral que a regia. E tinha-se uma clara consciência dessa complexidade; pelo menos é o que sobressai na passagem do discurso onde Pausânias mostra o quanto é difícil saber se em Atenas se é favorável ou hostil a uma tal forma de amor. Por um lado, ela é tão aceita — ou melhor: atribui-se-lhe um tão alto valor que se honra, no enamorado, condutas que em outrem são julgadas loucuras ou desonestidades: as preces, as súplicas, as insistências obstinadas e todos os falsos juramentos. Mas, por outro lado, veem-se os cuidados com que os pais protegem seus filhos das intrigas ou exigem dos pedagogos que as impeçam, enquanto se ouvem os camaradas reprovarem entre eles a aceitação de semelhantes relações.

Esquemas lineares e simples não permitem compreender o modo singular de atenção que, no século IV, se dava ao amor pelos rapazes. É preciso tentar retomar essa questão em outros termos que não os da "tolerância" a respeito da "homossexualidade". E, em vez de procurar saber até que ponto esta última pôde ser livre na Grécia antiga (como se se tratasse de uma experiência ela mesma invariante, fluindo uniformemente sob mecanismos de repressão modificáveis através do tempo), é melhor perguntar-se como e sob que forma o prazer obtido entre homens pôde constituir problema; de que maneira ele foi questionado, quais questões particulares ele pôde levantar e em que debate ele esteve envolvido; em suma, por que, apesar de sua prática ser difundida, de que as leis não o condenassem de modo algum e de que o seu agrado fosse, de modo geral, reconhecido, ele foi objeto de uma preocupação moral particular, e particularmente intensa, de tal modo que foi investido de valores, de imperativos, de exigências, de regras, de conselhos, de exortações, ao mesmo tempo numerosos, urgentes e singulares.

Para dizer as coisas de modo bastante esquemático: temos tendência, hoje em dia, a pensar que as práticas de prazer, quando ocorrem entre dois parceiros do mesmo sexo, implicam um desejo cuja estrutura é particular; mas sustentamos — se formos "tolerantes" — que isso não constitui uma razão para submetê-la a uma moral ou, ainda menos, a uma legislação, diferente daquela que é comum a todos. O ponto de interrogação, nós o colocamos sobre essa singularidade de um desejo que não se dirige ao outro sexo; e ao mesmo tempo afirmamos que não se deve atribuir a esse tipo de relação um valor menor nem reservar-lhe um *status* particular. Ora, parece que as coisas foram bem diferentes entre os gregos: eles pensavam que o mesmo desejo se dirigia a tudo o que era desejável — rapaz ou moça — com a reserva de que era mais nobre o apetite que se inclinava ao que é mais belo e mais honrado: mas também pensavam que esse desejo devia dar lugar a uma conduta particular quando ele se instaurava numa relação entre dois indivíduos de sexo masculino. Os gregos não imaginavam que um homem tivesse necessidade de uma "outra" natureza para amar um homem; mas eles estimavam sem hesitar que, para os prazeres obtidos numa tal relação, era necessário dar uma outra forma moral que não aquela exigida quando se tratava de amar uma mulher. Nessa espécie de relação os prazeres não traíam, naquele que os experimentava, uma natureza estranha, mas seu uso exigia uma estilística própria.

E é fato que os amores masculinos foram, na cultura grega, objeto de toda uma efervescência de pensamentos, de reflexões e de discussões a propósito das formas que deveriam tomar ou do valor que se podia reconhecer-lhes. Seria insuficiente ver nessa atividade de discurso apenas a tradução imediata e espontânea de uma prática livre, podendo desse modo expressar-se naturalmente, como se bastasse a um comportamento não ser proibido para constituir-se como domínio de questionamento ou núcleo de preocupações teóricas e morais. Mas seria também inexato suspeitar nesses textos somente uma tentativa de revestir com uma justificativa honrosa o amor que se podia ter pelos rapazes: o que pressuporia condenações ou desqualificações que só mais tarde foram feitas. É necessário, antes de mais nada, procurar saber como e por que essa prática deu lugar a uma problematização moral singularmente complexa.

Muito pouco nos resta daquilo que os filósofos gregos escreveram sobre o amor em geral e sobre este em particular. A ideia que se pode ter dessas reflexões e de sua temática geral só pode ser bastante incerta na medida em que se conservou um número tão reduzido de textos; além disso, quase todos são ligados à tradição socrático-platônica, enquanto nos faltam obras como aquelas mencionadas por

Diógenes Laércio, de Antístenes, de Diógenes, o Cínico, de Aristóteles, de Teofrasto, de Zenão, de Crísipo ou de Crântor. No entanto, os discursos mais ou menos ironicamente reportados por Platão podem dar uma certa visão daquilo que esteve em questão nessas reflexões e nesses debates sobre o amor.

1. Inicialmente é preciso observar que as reflexões filosóficas e morais a propósito do amor masculino não recobrem todo o campo possível das relações sexuais entre homens. O essencial da atenção é focalizado numa relação "privilegiada" — núcleo de problemas e de dificuldades, objeto de cuidado particular: trata-se de uma relação que implica, entre os parceiros, uma diferença de idade e, em relação a esta, uma certa distinção de *status*. A relação pela qual há interesse, sobre a qual se discute ou se interroga, não é aquela que ligaria dois adultos já amadurecidos ou dois garotos da mesma idade; é aquela que se elabora entre dois homens (e nada impede que eles sejam, ambos, jovens e bem próximos quanto à idade) que são considerados como pertencendo a duas classes de idade distintas, e dos quais um, ainda bem jovem, não terminou sua formação, não atingiu seu *status* definitivo.[16] É a existência dessa defasagem que marca a relação sobre a qual os filósofos e os moralistas se interrogam. É preciso não tirar dessa atenção particular conclusões apressadas sobre os comportamentos sexuais dos gregos nem sobre as particularidades de seus gostos (mesmo se muitos elementos da cultura mostram que o jovem era ao mesmo tempo indicado e reconhecido como um objeto erótico de alto valor). Em todo caso, é preciso não

imaginar que somente esse tipo de relações era praticado; encontram-se muitas referências aos amores masculinos que não obedecem a esse esquema e não comportam esse "diferencial de idade" entre os parceiros. Também seria inexato supor que, praticadas, essas outras formas de relações fossem malvistas e sistematicamente consideradas inconvenientes. As relações entre rapazes mais jovens eram consideradas totalmente naturais e até mesmo parte de sua condição.[17] Inversamente, citava-se sem reprovação o amor vivaz que se prolonga num casal de homens, ambos tendo ultrapassado largamente a adolescência.[18] Sem dúvida, pelas razões que veremos — e que dizem respeito à polaridade considerada necessária entre a atividade e a passividade —, a relação entre dois homens-feitos será mais facilmente objeto de crítica ou de ironia: é porque a suspeita de uma passividade, sempre malvista, é particularmente mais grave quando se trata de adulto. Mas, quer fossem facilmente aceitas, ou, antes, suspeitas, é preciso ver — e é isso o importante no momento — que essas relações não são objeto de uma atenção moral ou de um interesse teórico muito grande. Sem serem ignoradas, nem inexistentes, elas não dizem respeito ao campo da problematização ativa e intensa. A atenção e o cuidado se concentram sobre relações que se podem adivinhar terem sido carregadas de múltiplas cauções: as relações que podem se estabelecer entre um homem mais velho que terminou a sua formação — e que se supõe desempenhar o papel social, moral e sexualmente ativo — e o mais jovem, que não atingiu seu *status* e tem necessidade de ajuda, de conselhos e de apoio. Essa diferença no cerne da relação era, em suma, o que a tornava válida e pensável. Por causa dela valorizava-se essa relação, por causa dela essa relação era questionada; e lá onde ela não era manifesta procurava-se encontrá-la. Assim, gostava-se de discutir sobre a relação entre Aquiles e Pátroclo para saber como se diferenciavam e qual dos dois tinha ascendência sobre o outro (posto que o texto de Homero era ambíguo sobre esse ponto).[19] Uma relação masculina provocava uma preocupação teórica e moral quando se articulava a uma diferença bem marcada em torno do limiar que separa o adolescente do homem.

2. Não parece que o privilégio atribuído a esse tipo particular de relação fosse apanágio dos moralistas ou filósofos animados por um cuidado pedagógico. Costuma-se ligar estreitamente o amor grego pelos rapazes à prática da educação e ao ensino filosófico. A personagem de Sócrates convida a isso, assim como a sua representação manifestada constantemente na Antiguidade. De fato, um contexto bem amplo contribuía para a valorização e para a elaboração da relação entre homens e adolescentes. A reflexão filosófica que a tomará como tema enraíza-se, de fato, em práticas sociais difundidas, reconhecidas e relativamente complexas: é que diferentemente, ao que parece, das outras relações sexuais, ou, em todo caso, mais do que elas, as que uniam o homem ao rapaz além de um certo limiar de idade e de *status*, separando-os, eram objeto de uma espécie de ritualização que, ao imporlhes várias regras, dava-lhes forma, valor e interesse. Antes mesmo de serem levadas em conta pela reflexão filosófica, essas relações já eram pretexto de todo um jogo social.

Em torno delas foram formadas práticas de "corte": sem dúvida, estas não possuíam a complexidade encontrada nas outras artes de amar, como as que serão desenvolvidas na Idade Média. Mas elas também eram outra coisa que não o costume respeitado para a obtenção, dentro das formas, da mão de uma jovem. Elas definem todo um conjunto de condutas oportunas e convenientes, fazendo, assim, dessa relação um domínio cultural e moralmente sobrecarregado; essas práticas — cuja realidade Dover[20] atestou por meio de numerosos documentos — definem o comportamento mútuo e as respectivas estratégias que os dois parceiros devem observar para dar às suas relações uma forma "bela", estética e moralmente válida. Elas fixam o papel do *erasta* e o do *erômeno*. O primeiro tem a posição da iniciativa, ele persegue, o que lhe dá direitos e obrigações: ele tem de mostrar seu ardor, e também tem de moderá-lo; ele dá presentes, presta serviços; tem funções a exercer com relação ao amado; e tudo isso o habilita a esperar a justa recompensa; o outro, o que é amado e cortejado, deve evitar ceder com muita facilidade; deve também evitar aceitar demasiadas honras diferentes, conceder seus favores às cegas e por interesse, sem pôr à prova o valor de seu parceiro; também deve manifestar reconhecimento pelo que o amante fez por ele. Ora, essa prática de corte mostra por si mesma que a relação sexual entre homem e rapaz "não era sem problemas"; devia ser acompanhada por convenções, regras de comportamentos, maneiras de fazer, todo um jogo de adiamentos e de chicanas destinados a retardar o término e a integrá-la numa série de atividades e de relações anexas. Isto quer dizer que esse gênero de relações, que era perfeitamente admitido, não era "indiferente". Ver em todas essas precauções tomadas, e no interesse que se lhes atribuía, apenas a prova de que esse amor era livre é deixar escapar o ponto essencial, é desconhecer a diferença que se estabelecia entre esse comportamento sexual e todos os outros a propósito dos quais não havia a preocupação de saber como eles deviam desenrolar-se. Todas essas preocupações mostram bem que as relações de prazer entre homens e adolescentes já constituíam, na sociedade, um elemento delicado e um ponto tão nevrálgico que não se podia deixar de preocupar-se com a conduta de uns e dos outros.

3. Mas pode-se logo perceber uma diferença considerável com relação a esse outro centro de interesse e de interrogação constituído pela vida matrimonial. É que entre homens e rapazes trata-se de um jogo que é "aberto", pelo menos até certo ponto.

Aberto "espacialmente". Na *Econômica* e na arte da propriedade doméstica, tratava-se de uma estrutura espacial binária em que o lugar dos dois cônjuges era cuidadosamente distinguido (o exterior para o marido, o interior para a esposa, as dependências dos homens de um lado, as das mulheres de outro). Com o rapaz o jogo se desenrola num espaço muito diferente: espaço comum, pelo menos a partir do momento em que a criança atinge certa idade — espaço da rua e dos lugares de reunião com alguns pontos estratégicos importantes (como o ginásio); mas espaço em que cada um se desloca livremente,[21] de forma que é necessário perseguir o rapaz, caçá-lo, espreitá-lo lá onde ele pode passar e apreendê-lo no lugar onde ele se encontra; a necessidade de correr ao ginásio, de ir com o amado à caça e esfalfar-se em compartilhar exercícios para os quais não se está mais em condições era tema de queixa irônica da parte dos enamorados.

Mas o jogo é também aberto, sobretudo pelo fato de que não se pode exercer sobre o rapaz — do momento em que ele não é de origem servil — nenhum poder estatutário: ele é livre para escolher, para aquilo que aceita ou recusa, em suas preferências ou suas decisões. Para obter dele o que sempre tem direito de não conceder é preciso ser capaz de convencê-lo; aquele que quiser obter a sua preferência deve predominar a seus olhos sobre os rivais, se houver, e para isso é preciso acentuar prestígios, qualidades ou os presentes; mas a decisão pertence ao próprio rapaz: nessa partida em que se entra nunca se está certo de ganhar. Ora, é precisamente nisso que consiste seu interesse. Nada o testemunha melhor do que o formoso lamento de Hieron, o tirano, tal como Xenofonte o relata.[22] Ser tirano, explica ele, não torna agradável nem a relação com a esposa nem com o rapaz. Pois o tirano só pode tomar uma mulher numa família inferior, perdendo assim todas as vantagens de se ligar a uma família "mais rica e mais poderosa". Com o rapaz — e Hieron está apaixonado por Dailocos —, o fato de dispor de um poder despótico suscita outros obstáculos; os favores que Hieron queria tanto obter, ele gostaria de alcançar por meio de sua amizade e de sua livre vontade; mas "a ter de roubar-lhe à força", ele acaba o desejando tão pouco quanto "fazer mal a si próprio". Tomar algo do inimigo, contra a sua vontade, constitui o maior dos prazeres; quanto aos favores dos rapazes, os mais doces são os que eles concedem voluntariamente. Que prazer, por exemplo, "trocar olhares com um amigo que vos corresponde! Que encanto em suas perguntas! Que encanto em suas respostas! Até mesmo as querelas e as desavenças são plenas de canduras e de atrativos. Mas gozar de um rapaz apesar dele próprio é mais pirataria do que amor". No caso do casamento, a problematização dos prazeres sexuais e de seus usos se faz a partir da relação estatutária que dá ao homem o poder de governar a mulher, os outros, o patrimônio, a casa; a questão essencial consiste na moderação a ser conferida a esse poder. No caso da relação com os rapazes, a ética dos prazeres terá que seguir, através das diferenças de idade, delicadas estratégias que devem levar em conta a liberdade do outro, sua capacidade de recusar e seu necessário consentimento.

4. Nessa problematização da relação com o adolescente a questão do tempo é importante, mas é colocada de maneira singular; o que importa não é mais, como no caso da *Dietética*, o instante oportuno do ato, nem, como na *Econômica*, a manutenção constante de uma estrutura relacional: trata-se, antes de mais nada, da difícil questão do tempo precário e da passagem fugitiva. Ela se expressa de diferentes modos e, em primeiro lugar, como um problema de "limite": Qual é o tempo a partir do qual o rapaz deverá ser considerado velho demais para ser parceiro legítimo na relação de amor? Em que idade já não é bom para ele aceitar esse papel nem para seu namorado querer impor-lhe? Conhecida casuística dos sinais de virilidade que devem marcar um limiar, que é tanto mais declarado intangível quanto frequentemente

devia ser transposto e porquanto se reivindica a possibilidade de reprovar aqueles que o transgrediam; a primeira barba, como se sabe, passava por essa marca fatídica, e a navalha que a cortava devia romper, como se dizia, o fio dos amores.[23] É preciso notar, em todo caso, que não se reprovava simplesmente os rapazes que aceitavam desempenhar um papel que já não estava mais em relação com a sua virilidade, mas os homens que frequentavam rapazes velhos demais.[24] Os estoicos serão criticados por guardarem por muito tempo os seus amados — até os 28 anos —, mas o argumento que eles darão, e que prolonga de certa forma o argumento de Pausânias no *Banquete* (ele sustentava que, para ligar-se apenas a jovens de valor, a lei devia interditar as relações com rapazes muito novos),[25] mostra que esse limite era menos uma regra universal do que um tema de debate, o que permitia soluções bem diversas.

Essa atenção ao tempo da adolescência e aos seus limites foi, sem dúvida, um fator de intensificação da sensibilidade ao corpo juvenil, à sua beleza particular e às diferentes marcas de sua evolução; o físico adolescente tornou-se objeto de uma espécie de valorização cultural muito insistente. Os gregos não ignoravam nem esqueciam que o corpo masculino pode ser belo muito além de seu primeiro encanto; a estatuária clássica dedica-se mais facilmente ao corpo adulto; e no *Banquete* de Xenofonte evoca-se o fato de que havia o cuidado de escolher como talóforos de Atenas os mais belos anciãos.[26] Mas na moral sexual é o corpo juvenil, com seu encanto próprio, que é regularmente proposto como o "bom objeto" de prazer. Mas nos enganaríamos se acreditássemos que esses traços eram valorizados por causa de sua ligação com a beleza feminina. Eles o eram por eles mesmos ou em sua justaposição com os signos e as cauções de uma virilidade em vias de se formar: o vigor, a resistência, o ardor também faziam parte dessa beleza; e, justamente, era bom que os exercícios, a ginástica, os concursos e a caça viessem reforçá-los, garantindo, assim, que essa graça não desembocasse na lassidão e na efeminização.[27] A ambiguidade feminina que será percebida mais tarde (e mesmo já no decorrer da Antiguidade) como um componente — ou melhor, como a razão secreta — da beleza do adolescente era, na idade clássica, algo de que o garoto devia antes se poupar e ser poupado. Havia nos gregos toda uma estética moral do corpo do rapaz; ela é reveladora de seu valor pessoal e do valor do amor que se lhe tem. A virilidade como marca física deve estar ausente dessa estética; mas ela deve estar presente enquanto forma precoce e promessa de comportamento. conduzir-se já como o homem que ainda não se é.

Mas a essa sensibilidade estão também ligadas a inquietação em face de mudanças tão rápidas e à proximidade de seu termo, o sentimento do caráter fugaz dessa beleza e de sua legítima capacidade de suscitar desejo; o temor, o duplo temor, expresso tão frequentemente no amante, de ver o amado perder a sua graça e, no amado, de ver os namorados se afastarem. E a questão que é colocada então é aquela da conversão possível, moralmente necessária e socialmente útil, do vínculo de amor (destinado a desaparecer) em uma relação de amizade, de *philia*. Esta se distingue da relação de amor da qual é possível e desejável que ela surja; ela é duradoura e não tem outro termo que o da própria vida, e apaga as dissimetrias que estavam implicadas na relação Erótica entre o homem e o adolescente. É um dos temas frequentes na reflexão moral sobre essa espécie de relações que elas devem se livrar de sua precariedade: precariedade que é produto da inconstância dos parceiros e uma consequência do envelhecimento do rapaz que perde seu encanto: mas ela é também um preceito, posto que não é bom amar um rapaz que passou de uma certa idade, como também não o é para ele deixar-se amar. Essa precariedade seria evitada somente se, já no ardor do amor, a *philia*, a amizade, começasse a se desenvolver: *philia*, isto é, semelhança do caráter e da forma de vida, o compartilhar dos pensamentos e da existência, a benevolência mútua.[28] É esse nascimento e esse trabalho da amizade indefectível no amor que Xenofonte descreve quando erige o perfil dos dois amigos que se olham um ao outro, conversam, prestam-se reciprocamente confiança, alegram-se ou se entristecem juntos com as vitórias e os fracassos e velam um ao outro: "Ao se comportarem assim eles não cessam até a velhice de amar a sua mútua ternura e dela gozar."[29]

5. Essa interrogação sobre as relações com os rapazes toma, de maneira bem geral, a forma de uma reflexão sobre o amor. Não se deveria concluir daí que, para os gregos, o *Eros* só tivesse lugar nesse tipo de relações e que ele não pudesse caracterizar relações com uma mulher: o *Eros* pode unir seres humanos qualquer que seja o seu sexo; e pode-se ver em Xenofonte que Nikeratos e sua mulher estavam unidos entre si pelos vínculos do *Eros* e do *Anteros*.[30] O *Eros* não é forçosamente "homossexual",

nem muito menos excludente do casamento; e o vínculo conjugal não se distingue da relação com os rapazes na medida em que seria incompatível com a força do amor e a sua reciprocidade. A diferença é outra: a moral matrimonial, e mais precisamente a ética sexual do homem casado, não exige, para se constituir e definir suas regras, a existência de uma relação do tipo do *Eros* (mesmo se é muito possível que esse vínculo exista entre os esposos). Em troca, quando se trata de definir o que deve ser, para atingir a mais bela e a mais perfeita forma, a relação de um homem com um rapaz, e quando se trata de determinar qual uso, no interior de sua relação, eles podem fazer de seus prazeres, então a referência ao *Eros* torna-se necessária; a problematização de sua relação diz respeito a uma "Erótica". É porque entre dois cônjuges o *status* ligado ao estado de casamento, a gestão do *oikos*, a manutenção da descendência podem fundamentar os princípios de conduta, definir suas regras e fixar as formas da temperança exigida. Em compensação, entre um homem e um rapaz, que estão em posição de independência recíproca, e entre os quais não existe constrição institucional, mas um jogo aberto (com preferências, escolha, liberdade de movimento, desfecho incerto), o princípio de regulação das condutas deve ser buscado na própria relação, na natureza do movimento que os leva um para o outro, e da afeição que os liga reciprocamente. A problematização, portanto, se fará na forma de uma reflexão sobre a própria relação: interrogação ao mesmo tempo teórica sobre o amor e prescritiva sobre a maneira de amar.

Mas essa arte de amar se dirige efetivamente a duas personagens. É verdade que a mulher e seu comportamento não estavam completamente ausentes da reflexão sobre a *Econômica*; mas ela aparece lá somente a título de elemento complementar do homem; ela era colocada sob sua autoridade exclusiva e, se era bom respeitá-la em seus privilégios, era na medida em que ela se mostrava digna, e em que era importante que o chefe de uma família permanecesse senhor de si. Em troca, o rapaz pode muito bem ser mantido na reserva que se impõe a essa idade; com as suas possíveis recusas (temidas, mas honrosas) e com as suas eventuais aceitações (desejadas, mas facilmente suspeitas), ele constitui, em face do amante, um centro independente. E a *Erótica* terá de se estender de um centro ao outro dessa espécie de elipse. Na *Econômica* e na *Dietética* a moderação voluntária de um homem fundava-se essencialmente sobre sua relação consigo mesmo; na *Erótica*, o jogo é mais complexo; ele implica o domínio de si do amante; ele também implica que o amado seja capaz de instaurar uma relação de dominação sobre si mesmo; e, enfim, ele implica a escolha refletida que fazem um do outro, uma relação entre as suas duas moderações. Pode-se até notar uma certa tendência a privilegiar o ponto de vista do rapaz; é sobretudo a sua conduta que é interrogada e é a ele que se propõem pareceres, conselhos e preceitos: como se fosse importante, antes de mais nada, constituir uma *Erótica* do objeto amado ou, pelo menos, do objeto amado enquanto ele tem que se formar como sujeito de conduta moral; é justamente o que aparece num texto como o elogio de Epícrato, atribuído a Demóstenes.

2 – A honra de um rapaz

Em face dos dois grandes *Banquetes*, o de Platão e o de Xenofonte, em face do *Fedro*, o *Eróticos* do pseudo-Demóstenes parece relativamente pobre. Discurso solene, ele é ao mesmo tempo a exaltação de um jovem e uma exortação que a ele se dirige: essa era a função tradicional do panegírico — tal como é evocada no *Banquete* de Xenofonte —, "dar prazer ao jovem" e "ensinar-lhe ao mesmo tempo o que ele deve ser".[31] Portanto, louvor e lição. Mas através da banalidade dos temas e de seu tratamento — uma espécie de platonismo um tanto insípido — é possível isolar alguns traços comuns às reflexões sobre o amor e à maneira pela qual a questão dos "prazeres" era colocada.

1. Uma preocupação anima todo o texto. Ela é marcada por um vocabulário que, constantemente, se refere ao jogo da honra e da vergonha. O que está em questão ao longo do discurso é a *aischunē*, essa vergonha que é tanto a desonra pela qual se pode ser marcado como o sentimento que dela afasta; o que está em questão é aquilo que é vergonhoso (*aischron*) e que se opõe ao que é belo, ou ao mesmo tempo belo e justo. Está também em questão o que provoca reprovação e desprezo (*oneidos*, *epitimē*) e o que honra e dá boa reputação (*endoxos*, *entimos*). De todo modo, desde o início do *Eróticos*, o apaixonado por Epícrato sublinha seu objetivo: que o louvor traga ao amado honra e não vergonha, como ocorre quando os elogios são pronunciados por amantes indiscretos. E regularmente ele lembra essa preocupação: é importante que o jovem se recorde que, em razão de sua origem e de seu *status*, a menor negligência

sobre uma questão de honra corre o risco de cobri-lo de vergonha; é preciso que ele guarde na memória, e a título de exemplo, aqueles que, à custa da vigilância, puderam preservar a honra no decorrer de sua ligação;[33] ele deve tomar cuidado em não "desonrar suas qualidades naturais" e não frustrar as esperanças daqueles que se orgulham dele.[34]

O comportamento de um jovem aparece, portanto, como um domínio particularmente sensível à divisão entre o que é vergonhoso e o que é conveniente, entre o que causa honra e o que desonra. E é com isso que se preocupam aqueles que querem refletir sobre a gente jovem, sobre o amor que se lhes devota e sobre a conduta que eles devem manter. No *Banquete* de Platão, Pausânias, ao evocar a diversidade dos hábitos e dos costumes a propósito dos rapazes, indica o que é julgado "vergonhoso" ou "belo" em Élide, em Esparta, em Tebas, em Iônia ou entre os bárbaros, e, finalmente, em Atenas.[35] E Fedro lembra o princípio que deve ser tomado como guia na questão do amor dos jovens, assim como na vida em geral: "Às coisas vis vincula-se a desonra; às belas, por outro lado, o desejo de estima: a ausência de ambas interdita a toda cidade, assim como a todo particular, o exercício de uma grande e bela atividade."[36] É preciso observar, porém, que essa questão não era simplesmente uma questão de alguns moralistas exigentes. A conduta de um jovem, sua honra e sua desonra eram também objeto de toda uma curiosidade social; prestava-se atenção, falava-se e lembrava-se: para atacar Timarco, Ésquines não terá escrúpulos em reativar as fofocas que correram muitos anos antes, quando seu adversário era ainda muito jovem.[37] Além disso o *Eróticos* mostra, de passagem, como um rapaz era objeto, de modo bastante natural, de uma solicitude desconfiada da parte de seu meio; ele é observado, espreitado, comenta-se sua postura e suas relações; à sua volta as más línguas são ativas; os espíritos maldosos estão prontos a reprová-lo se ele se mostra arrogante ou espevitado; contudo se apressarão em criticá-lo se ele manifestar demasiada facilidade.[38] Não se pode deixar de pensar, evidentemente, no que foi em outras sociedades a situação das moças quando, com o recuo considerável da idade do casamento para as mulheres, a sua conduta pré-conjugal tornou-se, para elas mesmas e para a sua família, uma preocupação moral e social importante.

2. Mas para o rapaz grego, a importância de sua honra não concerne — como mais tarde no caso da moça europeia — ao seu futuro casamento: ela diz respeito, antes de mais nada, ao seu *status*, seu lugar futuro na cidade. Evidentemente, tem-se mil provas de que rapazes de reputação duvidosa podiam exercer as mais altas funções políticas; mas se tem também o testemunho de que justamente isso podia ser-lhes reprovado — sem contar as consideráveis consequências judiciárias que certas más condutas podiam produzir: o caso de Timarco mostra-o bem. O autor do *Eróticos* lembra-o claramente ao jovem Epícrato; uma parte de seu futuro, com a posição que ele poderá ocupar na cidade, é decidida hoje mesmo de acordo com a maneira, honrosa ou não, como ele souber se conduzir: a cidade, a partir do momento em que não quer apelar para o primeiro que apareça, levará em consideração as reputações adquiridas;[39] e aquele que tiver desprezado um bom conselho carregará a

vida inteira a pena de sua cegueira. Zelar, quando se é ainda jovem, pela própria conduta, mas velar também, quando se ficou velho, pela honra dos mais jovens são, portanto, duas coisas necessárias.

Essa idade de transição em que o jovem é tão desejável e sua honra tão frágil constitui, portanto, um período de prova: um momento em que se prova o seu valor, no sentido em que este tem ao mesmo tempo que se formar, que se exercer, que se medir. Algumas linhas, no final do texto, mostram bem o caráter de "teste" que toma a conduta do rapaz nesse período de sua vida. O autor do panegírico, ao exortar Epícrato, lembra-lhe que vai haver contestação (*agōn*) e que o debate será aquele da *dokimasie*:[40] trata-se do termo pelo qual se designa o exame ao fim do qual se aceita os jovens na efebia ou os cidadãos em certas magistraturas. A conduta moral do jovem deve sua importância e a atenção que todos devem lhe reservar ao fato de que ela é, aos olhos de todo mundo, prova qualificadora. Aliás, o texto diz isso claramente: "Penso… que nossa cidade te encarregará de administrar um de seus serviços e que, quanto mais os teus dons forem brilhantes, mais ela te julgará digno de postos importantes, e tanto mais rápido ela quererá fazer a prova de tuas capacidades."[41]

3. No que consiste a prova precisamente? E a propósito de que tipo de conduta Epícrato deve esforçar-se em operar a separação entre o que é honroso e o que é desonroso? Nos pontos bem conhecidos da educação grega: a postura do corpo (evitar cuidadosamente a *rhathumia*, essa moleza que é sempre signo de infâmia), os olhares (em que se pode ler o

aidōs, o pudor), a maneira de falar (não se refugiar na facilidade do silêncio, mas saber misturar palavras sérias e leves), a qualidade das pessoas que se frequenta.

Porém é sobretudo no campo da conduta amorosa que funciona a distinção entre o honroso e o vergonhoso. Convém notar, em primeiro lugar, que nesse ponto o autor — e é nisto que o texto consiste, num elogio do amor e, ao mesmo tempo, louvor ao jovem — critica a opinião que coloca a honra do rapaz na rejeição sistemática dos pretendentes: é claro que certos apaixonados maculam a própria relação (*lumainesthai tōi pragmati*);[42] mas não se deve confundi-los com aqueles que dão prova de moderação. O texto não estabelece a fronteira da honra entre aqueles que rejeitam seus pretendentes e aqueles que os aceitam. Para um jovem grego, ser assediado por enamorados não constituía, evidentemente, uma desonra: era, ao contrário, a marca visível de suas qualidades; o número de pretendentes podia ser objeto de orgulho legítimo — e às vezes de gloríola. Mas aceitar a relação amorosa, entrar no jogo (mesmo se não se representasse exatamente aquele que propunha o apaixonado), também não era considerado uma vergonha. Aquele que louva Epícrato fá-lo compreender que ser belo e ser amado constitui uma dupla sorte (*eutuchia*):[43] é bom, entretanto, servir-se dela como convém (*orthōs chrēsthai*). Aí está o ponto sobre o qual o texto insiste, e onde marca o que se poderia chamar "o ponto de honra": essas coisas (*ta pragmata*) não são nelas mesmas, e de maneira absoluta, boas ou más; elas variam conforme aqueles que as praticam (*para tous chrōmenous*).[44] É o "uso" que determina o seu valor moral segundo um princípio que se encontra frequentemente formulado em outro lugar; de qualquer modo são expressões muito próximas que são encontradas no *Banquete*: "Nessa matéria nada é absoluto; a coisa, nela mesma, e somente ela, não tem nem beleza nem feiura: mas o que a faz bela é a beleza de sua realização; e sua fealdade, o que a faz feia.[45]

Ora, se procurarmos saber de que maneira precisa se opera, na relação amorosa, a demarcação da honra, é preciso reconhecer que o texto é extremamente elíptico. Embora o discurso dê indicações sobre o que Epícrato deve fazer ou o que ele fez a fim de exercer seu corpo e formar sua coragem, ou para adquirir os conhecimentos filosóficos que lhe serão necessários, nada é dito sobre o que, em matéria de relação física, pode ser admitido ou rejeitado. Uma coisa é clara, nem tudo deve ser recusado (o jovem "concede favores"), mas nem tudo deve ser aceito: "Ninguém fica frustrado de teus favores quando eles são compatíveis com a justiça e a moral: quanto àqueles que redundam em vergonha, ninguém se arrisca sequer a esperar por eles: tal é a liberdade que tua temperança concede a todos aqueles que têm as melhores intenções; tal é o desencorajamento que ela inspira naqueles que querem atrever-se."[46] A temperança — a *sōphrosunē* — que é exigida como uma das qualidades maiores dos rapazes implica uma discriminação nos contatos físicos. Mas não se pode inferir desse texto os atos e os gestos que a honra imporia recusar. É preciso observar que no *Fedro*, em que, não obstante, o tema é desenvolvido com muito mais amplitude, a imprecisão é quase a mesma. Ao longo dos dois primeiros discursos sobre a oportunida de de ceder àquele que ama ou àquele que não ama, e na grande fábula da atrelagem da alma com seu cavalo rebelde e com seu cavalo dócil, o texto de Platão mostra que a questão da prática "honrosa" é essencial: e, contudo, os atos não são jamais designados a não ser por expressões como "com prazer" ou "conceder seus favores" (*charizesthai*), "fazer a coisa" (*diaprattesthai*), "tirar o máximo prazer do amado", "obter aquilo que se quer" (*peithesthai*), "ter prazer" (*apolauesthai*). Discrição inerente a esse tipo de discurso? Sem dúvida, e os gregos certamente achariam indecente nomear precisamente num discurso solene coisas que, mesmo nas polêmicas ou nos litígios, só são evocados de longe. Pode-se pensar também que não seria necessário insistir em distinções que eram conhecidas por todos: cada um devia saber muito bem o que é, para um rapaz, honroso ou vergonhoso aceitar. Mas se pode lembrar também o que já aparecera com a *Dietética* e a *Econômica*: a reflexão moral então não se dedica tanto a definir com o máximo de rigor possível os códigos a serem respeitados e o quadro dos atos permitidos e proibidos quanto a caracterizar o tipo de atitude, de relação consigo mesmo que é requerido.

4. O texto mostra, de fato, se não as formas gestuais a serem respeitadas e os limites físicos que não devem ser ultrapassados, pelo menos o princípio geral que determina, nessa ordem de coisas, a maneira de ser e de se conduzir. Todo o panegírico de Epícrato remete a um contexto agonístico em que o mérito e o brilho do jovem devem se afirmar por sua superioridade sobre os demais. Passemos por sobre esses temas tão frequentes nos discursos solenes: a saber, que aquele a quem se elogia é mais importante do que os louvores que dele se faz, e que as palavras correm

o risco de ser menos belas do que aquele de quem elas falam;[47] ou ainda que o rapaz é superior a todos os outros por suas qualidades físicas e morais; sua beleza é incomparável como se a "Fortuna", ao combinar as qualidades mais diversas e as mais opostas, quisesse "dar um exemplo" a todos;[48] não somente seus dons mas a sua conversação o colocam acima dos outros;[49] dentre todos os exercícios nos quais se pode brilhar ele escolheu o mais nobre e o mais recompensador;[50] sua alma está preparada "para as rivalidades da ambição"; e não contente em se distinguir por uma qualidade, ele reúne "todas aquelas de que um homem sensato poderia se vangloriar".[51]

Contudo, o mérito de Epícrato não está somente nessa abundância de qualidades que lhe permite afastar todos os seus rivais e fazer a glória de seus pais;[52] consiste também em que, em relação àqueles que dele se aproximam, ele mantém sempre seu valor eminente; não se deixa dominar por nenhum deles; todos querem atraí-lo para a sua intimidade — a palavra *sunētheia* tem ao mesmo tempo o sentido geral de vida em comum e de relação sexual;[53] mas ele prevalece sobre eles de tal maneira, assume sobre eles uma tal ascendência que eles encontram todo o seu prazer na amizade que experimentam por ele.[54] Não ceder, não se submeter, permanecer o mais forte, vencer pela resistência, pela firmeza, pela temperança (*sōphrosunē*) os pretendentes e os apaixonados: eis como o jovem afirma o seu valor no campo amoroso.

Seria preciso imaginar sob essa indicação geral um código preciso e que estaria baseado na analogia tão familiar aos gregos entre as posições no campo social (com a diferença entre os "primeiros" e os outros, os potentes que comandam e os que obedecem, os senhores e os serviçais) e a forma de relações sexuais (com as posições dominantes e dominadas, os papéis ativos e passivos, a penetração exercida pelo homem e recebida por seu parceiro)? Dizer que não convém ceder, não deixar os outros prevalecerem, não aceitar uma posição inferior na qual se ficaria por baixo, é, sem dúvida, excluir ou desaconselhar práticas sexuais que seriam humilhantes para o rapaz e pelas quais ele seria colocado numa posição de inferioridade.[55]

Mas é provável que o princípio da honra e da "superioridade" mantida se refira — além de algumas prescrições precisas — a uma espécie de estilo geral: não convinha (sobretudo aos olhos da opinião) que o rapaz se conduzisse "passivamente", que ele se deixasse levar e dominar, que cedesse sem combate, que se tornasse o parceiro complacente das volúpias do outro, que ele satisfizesse a seus caprichos, e que oferecesse seu corpo a quem quisesse, e da maneira pela qual o quisesse por lassidão, por gosto pela volúpia ou por interesse. É nisto que consiste a desonra dos rapazes que aceitam o primeiro que chega, que se exibem sem escrúpulos, que passam de mão em mão, e que concedem tudo ao que mais oferece. É isso que Epícrato não faz e nunca fará, cuidadoso que é da opinião que se tem sobre ele, da posição que terá de assumir e das úteis relações que ele pode estabelecer.

5. Basta ainda mencionar rapidamente o papel que o autor do *Eróticos* faz a filosofia desempenhar nessa guardiania da

honra e nessas justas de superioridade às quais o jovem é convidado, como sendo provas próprias à sua idade. Essa filosofia, cujo conteúdo não é definido senão por referência ao tema socrático do *epimeleia heautou*, "do cuidado consigo",[56] e à necessidade, também socrática, de ligar o saber com o exercício (*epistēmē-meletē*) — essa filosofia não aparece como um princípio para se ter uma outra vida nem para se abster de todos os prazeres. Ela é evocada pelo pseudo-Demóstenes como complemento indispensável das outras provas: "Considera que é, de um lado, insensato ao extremo manifestar emulação e passar por numerosas provas a fim de aumentar seu ganho, seu vigor físico e todas as vantagens dessa espécie... e não buscar os meios de aperfeiçoar a faculdade que preside a todo o resto."[57] — O que a filosofia é capaz de mostrar é, de fato, como tornar-se "mais forte do que si próprio", e quando se chega aí ela fornece, além disso, a possibilidade de prevalecer sobre os outros. Ela é por si mesma princípio de comando, posto que é ela, e somente ela, que é capaz de dirigir o pensamento: "Nos negócios humanos o pensamento conduz tudo, e por sua vez a filosofia pode muito bem dirigi-lo ao mesmo tempo que exercitá-lo."[58] Vê-se que a filosofia é um bem necessário à sabedoria do jovem; entretanto, não para desviá-lo para uma outra forma de vida, mas para permitir-lhe exercer o domínio de si e a vitória sobre os outros no difícil jogo das provas a serem enfrentadas e da honra a ser salvaguardada.

Todo esse *Eróticos* gira, como se vê, em torno do problema dessa dupla superioridade sobre si e sobre os outros nessa fase difícil em que a juventude e a beleza do rapaz atraem tantos homens que buscam "prevalecer" sobre ele. Na *Dietética* o que estava em questão era sobretudo o domínio de si e a violência de um ato perigoso; na *Econômica* era a questão do poder que se deve exercer sobre si na prática do poder que se exerce sobre a mulher. Aqui, a partir do momento em que a *Erótica* assume o ponto de vista do rapaz, o problema é saber de que maneira ele poderá assegurar seu domínio não cedendo aos outros. Não se trata da medida a ser imposta ao seu próprio poder, mas sim da melhor maneira de se medir ao poder dos outros, assegurando sobre si mesmo o seu próprio domínio. Nisso, uma breve narrativa que figura no meio do discurso assume um valor simbólico. Trata-se de um lugar-comum: a narração de uma corrida de carros a cavalo. Mas o pequeno drama esportivo contado está em relação direta com a prova pública a que o jovem se submete na sua conduta com os pretendentes; nela Epícrato dirige os cavalos de sua equipagem (a referência ao *Fedro* é verossímil); ele quase é derrotado, seu carro por pouco não é destruído por uma equipagem adversa; o público, apesar do gosto que tem em geral pelos acidentes, apaixona-se pelo herói enquanto este "ainda mais forte do que o vigor de sua equipagem consegue prevalecer sobre os mais favoritos de seus rivais".[59]

Essa prosa a Epícrato não é, certamente, uma das mais elevadas formas da reflexão grega sobre o amor. Mas ela manifesta muito bem, na sua própria banalidade, alguns aspectos importantes daquilo que constitui "o problema grego dos rapazes". O jovem — entre o término da infância e o momento em que atinge o *status* viril — constitui para a moral e o pensamento grego um elemento delicado e difícil. Sua juventude com a beleza que lhe pertence (e à qual está subentendido que todo homem é, por natureza, sensível) e o *status* que será seu (e para o qual ele deve, com a ajuda e sob a caução de seu meio, preparar-se) formam um ponto "estratégico" em torno do qual requer-se um jogo complexo; sua honra, que depende, por um lado, do uso que ele faz de seu corpo, e que vai determinar também, numa certa medida, sua reputação e seu papel futuro, é algo importante. Aí se encontra, para ele, uma prova que exige aplicação e exercício: como também para os outros, uma ocasião de preocupação e de cuidado. No final de seu elogio a Epícrato, o autor lembra que a vida do rapaz, seu *bios*, deve ser uma obra "comum"; e como se se tratasse de uma obra a ser aperfeiçoada ele solicita a todos aqueles que conhecem Epícrato para dar, a essa figura a vir, "o maior esplendor possível".

Mais tarde, na cultura europeia, a moça ou a mulher casada, com sua conduta, sua virtude, sua beleza e seus sentimentos tornar-se-ão temas de cuidado privilegiado; uma nova arte de cortejá-las, uma literatura de forma essencialmente romanesca, uma moral exigente e atenciosa à integridade de seu corpo e à solidez de seu engajamento matrimonial — tudo isso atrairá para elas as curiosidades e os desejos. Qualquer que seja a inferioridade mantida por sua posição na família ou na sociedade, haverá, então, uma acentuação, uma valorização do "problema" da mulher. Sua natureza, sua conduta, os sentimentos que ela inspira ou que experimenta a relação permitida ou proibida que se pode ter com ela passarão a ser temas de reflexão, de saber, de análise, de prescrições. Em troca, parece claro que foi a propósito do rapaz que a problematização foi mais ativa na Grécia clássica, empreendendo em torno de sua beleza frágil, de sua honra corporal, de sua sabedoria e da aprendizagem que ela requer uma intensa preocupação moral. A singularidade histórica não consiste em que os gregos tinham prazeres com os rapazes, nem mesmo em que eles tenham aceitado esse prazer como legítimo. Ela consiste em que essa aceitação do prazer não era simples, e que ela deu lugar a toda uma elaboração cultural. Falando esquematicamente, o que é preciso apreender aqui não é por que os gregos tinham gosto pelos rapazes, mas sim por que eles tinham uma "pederastia": isto é, por que, em torno desse gosto, eles elaboraram uma prática de corte, uma reflexão moral e, como veremos, um ascetismo filosófico.

3 – O objeto do prazer

Para compreender de que maneira o uso dos *aphrodisia* é problematizado na reflexão sobre o amor pelos rapazes, é preciso lembrar um princípio que, sem dúvida, não é próprio da cultura grega, mas que ali teve uma importância considerável e exerceu, nas apreciações morais, um poder determinante. Trata-se do princípio de isomorfismo entre relação sexual e relação social. Deve-se entender por esse princípio que a relação sexual — sempre pensada a partir do ato modelo da penetração e de uma polaridade que opõe atividade e passividade — é percebida como do mesmo tipo que a relação entre superior e inferior, aquele que domina e aquele que é dominado, o que submete e o que é submetido, o que vence e o que é vencido. As práticas de prazer são refletidas através das mesmas categorias que o campo das rivalidades e das hierarquias sociais: analogias na estrutura agonística, nas oposições e diferenciações, nos valores atribuídos aos respectivos papéis dos parceiros. E pode-se compreender, a partir daí, que há, no comportamento sexual, um papel que é intrinsecamente honroso e que é valorizado de pleno direito: é o que consiste em ser ativo, em dominar, em penetrar e em exercer, assim, a sua superioridade.

Daí as várias consequências a respeito do estatuto daqueles que devem ser os parceiros passivos dessa atividade. Os escravos, evidentemente, estão à disposição do senhor: sua condição faz com que sejam objetos sexuais a respeito dos quais não há nada a questionar; a tal ponto que acontecia de se achar surpreendente que a mesma lei proibisse o estupro dos escravos e o das crianças; para explicar essa estranheza, Ésquines diz que se quis mostrar, ao proibi-la até mesmo com relação aos escravos, o quanto era grave a violência quando ela se dirigia às crianças de boa origem. No que diz respeito à passividade da mulher, ela marca muito bem uma inferioridade de natureza e de condição; mas ela não deve ser reprovada como conduta, posto que é, precisamente, conforme ao que a natureza quis e ao que o *status* impõe. Em compensação, tudo aquilo que no comportamento sexual poderia acarretar para um homem livre — e ainda mais para um homem que, por sua origem, fortuna, prestígio, ocupa ou deveria ocupar posições privilegiadas entre os demais — as marcas da inferioridade, da dominação sofrida, da servidão aceita, só poderiam ser consideradas vergonhosas: e vergonha ainda maior se ele se presta a ser objeto complacente do prazer do outro.

Ora, num jogo de valores regulado segundo tais princípios, a posição do rapaz — do rapaz de origem livre — é difícil. É evidente que ele está ainda numa posição "inferior", no sentido em que está longe de se beneficiar dos direitos e dos poderes que serão seus quando tiver adquirido a plenitude de seu *status*. Não obstante, seu lugar não se superpõe ao de um escravo, evidentemente, nem ao de uma mulher. Isso já é verdade no contexto da casa e da família. Uma passagem de Aristóteles na *Política* o diz claramente. Ao tratar das relações de autoridade e das formas de governo próprias à família, Aristóteles define, em relação ao chefe de família, a posição do escravo, a da mulher e a do filho (homem). Governar escravos, diz Aristóteles, não é governar seres livres; governar uma mulher é exercer um poder "político" no qual as relações são de permanente desigualdade; o governo dos filhos, em troca, pode ser dito "real" porque ele repousa "sobre a afeição e a superioridade da idade".[60] De fato, a faculdade de deliberação falta no escravo; ela está presente na mulher, mas não exerce nesta a função de decisão; no menino, a falta diz respeito somente ao grau de desenvolvimento, que ainda não atingiu seu termo. E se a educação moral das mulheres é importante, posto que elas constituem a metade da população livre, a dos filhos homens o é ainda mais; pois ela concerne aos futuros cidadãos que participarão no governo da cidade.[61] Vê-se bem: o caráter próprio da posição de um rapaz, a forma particular de sua dependência e a maneira pela qual se deve tratá-lo, mesmo no espaço onde se exerce o poder considerável do pai de família, encontram-se marcados pelo *status* que será o seu no futuro.

O mesmo ocorre, até certo ponto, no jogo das relações sexuais. Entre os diversos "objetos" que são legitimados, o rapaz ocupa uma posição particular. Certamente ele não é um objeto proibido; em Atenas, certas leis protegem as crianças livres (contra os adultos que durante um certo tempo, pelo menos, não terão o direito de entrar nas escolas, contra os escravos que ficam sujeitos à morte se procuram corrompê-las, contra pais ou tutores que são punidos se as prostituem);[62] mas nada impede nem proíbe que um adolescente seja aos olhos de todos o parceiro sexual de um homem. Não obstante, existe como que uma dificuldade intrínseca nesse papel: algo que ao mesmo tempo impede de definir claramente e de bem precisar em que consiste esse papel na relação sexual e que, contudo, atrai a atenção sobre esse ponto e faz com que se atribua uma grande importância e muito valor ao que deve ou não se passar nessa relação. Existe nisso tudo, ao mesmo tempo, como que um ponto cego e um ponto de supervalorização. O papel do rapaz é um elemento para o qual converge muita incerteza e um interesse intenso.

Ésquines, no *Contra Timarco*, faz uso de uma lei que é por si mesma muito interessante porque diz respeito aos efeitos de desqualificação cívica e política que a má conduta sexual de um homem — mais exatamente a "prostituição" — pode acarretar, porque ela o proíbe, a partir daí, "ser admitido na classe dos nove arcontes, exercer um sacerdócio, executar as funções de advogado público". Aquele que se prostituiu não mais poderá exercer qualquer magistratura na cidade ou no exterior, eletiva ou resultante de um sorteio. Ele não poderá exercer as funções de tesoureiro nem as de embaixador, nem tornar-se acusador ou denunciador assalariado daqueles que fazem parte de uma embaixada. Finalmente, ele não mais poderá expressar sua opinião em face do Conselho ou do povo, ainda que seja "o mais eloquente dos oradores".[63] Portanto, essa lei faz da prostituição masculina um caso de atimia — de desonra pública — que exclui o cidadão de certas responsabilidades.[64] Porém a maneira pela qual Ésquines conduz o seu libelo, e busca, através da discussão propriamente jurídica, comprometer seu adversário, mostra bem a relação de incompatibilidade "moral", assim como legal, que é reconhecida entre certos papéis sexuais no rapaz e certos papéis sociais e políticos no adulto.

A argumentação jurídica de Ésquines consiste em encontrar, a partir da "má conduta" de Timarco, atestada pelos rumores, fofocas e testemunhos, certos elementos constitutivos da prostituição (número de parceiros, ausência de escolha, pagamento de serviço) enquanto alguns dos outros elementos faltam (seu registro como prostituído e sua passagem em alguma casa). Quando era jovem e bonito, ele passou por inúmeras mãos e nem sempre bastante honradas, posto que foi visto vivendo com um homem de condição servil e com um devasso notório que vivia cercado de cantores e de tocadores de cítara; ele recebeu presentes, foi sustentado, tomou parte nas extravagâncias de seus protetores; entre os quais ficaram conhecidos Cidônides, Autóclides, Thersande, Migolas, Anticles, Piuólacos, Hegésicles. Portanto, não é possível apenas dizer que ele viveu tendo ligações (*hetairēkōs*), mas sim que ele se "prostituiu" (*peporneumenos*); "pois aquele que se entrega a essas práticas sem escolher, com todo mundo e em troco de um salário, é bem por esse crime — não é verdade? — que ele deve responder".[65]

Mas a acusação funciona também num diapasão moral que não permite simplesmente estabelecer o delito, mas sim comprometer global e politicamente o adversário. Talvez Timarco não tenha sido formalmente um prostituído profissional; mas ele é outra coisa, e não um desses homens respeitáveis que não escondem seu gosto pelos amores masculinos e que mantêm, com os rapazes livres, relações honrosas e preciosas para o jovem parceiro: Ésquines reconhece que ele próprio compartilha de bom grado essa espécie de amor. Ele descreve Timarco como um homem que, no curso de sua juventude, colocou a si próprio e mostrou-se a todos na posição inferior e humilhante de um objeto de prazer para os outros; ele quis, procurou, deleitou-se e beneficiou-se com esse papel. E é isso que Ésquines sublinha, diante de seus ouvintes, como moral e politicamente incompatível com as responsabilidades e o exercício do poder na cidade. Um homem que foi marcado pelo papel no qual ele se comprazia em sua juventude não saberia agora desempenhar, sem escândalo, o papel daquele que, na cidade, é superior aos outros, lhes dá amigos, aconselha-os em suas decisões, dirige-os e os representa. O que é difícil de ser aceito para os atenienses, tal é, no discurso contra Timarco, o sentimento que Ésquines tenta fomentar — não é que não pudesse ser governado por alguém que ama os rapazes ou que, quando jovem, foi amado por um homem; mas, sim, que não se pode aceitar a autoridade de um chefe que se identificou outrora com o papel de objeto de prazer para os outros.

Aliás, é para esse sentimento que Aristófanes tinha apelado tão frequentemente em suas comédias; o ponto da ridicularização e que devia escandalizar é que esses oradores, esses chefes seguidos e amados, esses cidadãos que buscavam seduzir o povo para se colocar acima dele e dominá-lo, Cleonte de Clístenes como Agírrios, eram também os homens que tinham aceitado, e aceitavam ainda, desempenhar para os outros o papel de objetos passivos e complacentes. E Aristófanes ironizava essa democracia ateniense onde mais oportunidade se tinha de ser ouvido na Assembleia quanto mais gosto se tivesse pelos prazeres dessa espécie.[66] Do mesmo modo, e com o mesmo espírito, Diógenes ridicularizava Demóstenes e os seus costumes, ele que pretendia ser o condutor (o *dēmagōgos*) do povo ateniense.[67] Quando, no jogo das relações de prazer, desempenha-se o papel do dominado, não se poderia ocupar, de maneira válida, o lugar do dominante no jogo da atividade cívica e política.

Pouco importa o que poderia haver, na realidade, de justificação para essas sátiras e essas críticas. Há, pelo menos, uma coisa que elas claramente indicam, apenas pelo fato de existirem: é a dificuldade, nessa sociedade que admitia as relações sexuais entre homens, provocada pela justaposição entre uma ética da superioridade viril e uma concepção de qualquer relação sexual segundo o esquema da penetração e da dominação do macho; a consequência disso consiste, por um lado, em que o papel da "atividade" e da dominação é afetado por valores constantemente positivos, mas, por outro, é necessário atribuir a um dos parceiros no ato sexual a posição passiva, dominada e inferior. E embora não haja problema quando se trata de uma mulher ou de um escravo, o mesmo não acontece quando se trata de um homem. É, sem dúvida, a existência dessa dificuldade que explica, ao mesmo tempo, o silêncio no qual a relação entre os adultos foi efetivamente envolta e a barulhenta desqualificação daqueles que justamente rompem com esse silêncio ao marcarem sua aceitação, ou melhor, sua preferência por esse papel "inferior". É igualmente em função dessa dificuldade que toda a atenção foi concentrada na relação entre homens e rapazes, posto que, nessa relação, um dos parceiros, por sua juventude e pelo fato de não ter ainda atingido um *status* viril, pode ser, por um tempo que se sabe breve, objeto aceitável de prazer. Mas embora o rapaz, por seu próprio encanto, possa ser para os homens uma presa que eles perseguem sem que haja escândalo nem problema, é preciso não esquecer que ele terá um dia de ser homem, terá de exercer poderes e responsabilidades, não podendo, evidentemente, ser mais objeto de prazer: mas em que medida poderá tê-lo sido?

Daí o que se poderia chamar "antinomia do rapaz" na moral grega dos *aphrodisia*. Por um lado, o jovem é reconhecido como objeto de prazer — e até mesmo como o único objeto honroso e legítimo entre os parceiros masculinos do homem; jamais se reprovará alguém por amar um rapaz, desejá-lo e gozar com ele, contanto que as leis e as conveniências sejam respeitadas. Mas, por outro lado, o rapaz, posto que sua juventude deve levá-lo a ser homem, não pode aceitar assumir-se como objeto nessa relação, que é sempre pensada sob a forma da dominação: ele não pode, nem deve, se identificar com esse papel. Ele não poderia ser de bom grado, a seus próprios olhos e para si próprio, esse objeto de prazer, ao passo que o homem gosta de escolhê-lo, naturalmente, como objeto de prazer. Em suma, experimentar volúpia, ser sujeito de prazer com um rapaz não constitui problema para os gregos; em compensação, ser objeto de prazer e se reconhecer como tal constitui, para o rapaz, uma dificuldade maior. A relação que ele deve estabelecer consigo mesmo para vir a ser um homem livre, senhor de si e capaz de vencer os outros, não poderia estar em consonância com uma forma de relação na qual ele fosse objeto de prazer para um outro. Essa não consonância é moralmente necessária.

Uma tal dificuldade explica certos traços próprios da reflexão sobre o amor pelo rapaz.

É, em primeiro lugar, uma oscilação, para nós bastante enigmática, a propósito do caráter natural ou "antinatural" desse amor. Por um lado, é dado por certo que o movimento que atrai para os rapazes é natural, como todo movimento que faz derivar o que é belo. Contudo, não é de todo excepcional encontrar a afirmação de que a relação entre dois homens, ou, mais geralmente, entre dois indivíduos do mesmo sexo, seja *para phusin*, extranatureza. Pode-se, evidentemente, considerar que são duas opiniões que marcam duas atitudes: uma favorável e outra hostil em relação a essa espécie de amor. Mas a própria possibilidade dessas duas apreciações se inscreve provavelmente no fato de que, admitindo-se manifestamente como natural o ter prazer com um rapaz, é muito mais difícil aceitar como natural aquilo que faz do rapaz um objeto de prazer. De forma que se pode fazer a objeção de ser *para phusin* — já que ele *feminiza* um dos parceiros — o próprio ato que se desenrola entre dois indivíduos masculinos, ao passo que o desejo que se pode ter pela beleza não deixa de ser considerado natural. Os cínicos não eram adversários do amor pelos rapazes, mesmo se eles ridicularizavam, com muita gana, todos os rapazes que, por sua passividade, aceitam decair de sua própria natureza e tornar-se, assim, "piores do que eram".[68] Quanto a Platão, não é necessário supor que, partidário na sua juventude do amor masculino, em seguida "tomou juízo" a ponto de condená-la nos seus últimos textos, definindo-o como uma relação "antinatural". É preciso notar, antes de mais nada, que no início das *Leis*, quando ele opõe a relação com as mulheres como um elemento de natureza à relação entre homens (ou entre mulheres) como um efeito da incontinência (*akrasia*), ele se refere ao próprio ato da copulação (previsto pela natureza para a procriação), e pensa nas instituições suscetíveis de favorecer ou de perverter os costumes dos cidadãos.[69] Do mesmo modo, no livro VIII, em que ele focaliza a necessidade — e a dificuldade — de uma lei concernente às relações sexuais, os argumentos que privilegia dizem respeito ao que pode existir de nocivo em "usar como mulheres" homens e rapazes na conjunção sexual (*mixis aphrodisiōn*): de que maneira poderia se formar "um caráter corajoso, viril" (*to tes andreias ethos*) naquele que é seduzido? E "um espírito de temperança" no sedutor? "Todo mundo reprovará a lassidão daquele que cede aos prazeres e que não pode resistir" e "naquele que procura imitar a mulher, todo mundo reprovará a imagem demasiado semelhante à dela que ele assume".[70]

A dificuldade em pensar o rapaz como objeto de prazer se traduz também por uma série de reticências muito marcadas. Reticência em evocar diretamente, e nos próprios termos, o papel do rapaz na relação sexual: umas vezes serão utilizadas expressões totalmente gerais, tais como fazer a coisa (*diaprattesthai to pragma*),[71] outras vezes ela é designada através da própria impossibilidade em nomeá-la,[72] outras vezes ainda — e aí reside o mais significativo do problema colocado por essa relação — fazendo apelo a termos que dizem respeito a metáforas "agonísticas" ou políticas — "ceder", "se submeter" (*hupēretein*), "se colocar a serviço" (*therapeuein, hupourgein*).[73]

Reticência, igualmente, para admitir que o rapaz possa sentir prazer. Essa "denegação" deve ser tomada, ao mesmo tempo, como a afirmação de que um tal prazer não poderia existir, e a prescrição de que ele não deve ser experimentado. Ao ter que explicar por que tão frequentemente o amor se transforma em ódio quando passa pelas relações físicas, Sócrates, no *Banquete* de Xenofonte, evoca a contrariedade que pode haver, para um jovem, em ter relação (*homilein*) com um homem que começa a envelhecer. Mas ele acrescenta logo como princípio geral: "Um rapaz, aliás, não participa como uma mulher das volúpias amorosas de um homem, mas permanece como espectador jejuno de seu ardor sensual."[74] Entre o homem e o rapaz não há — não pode e não deve haver — comunidade de prazer. O autor dos *Problemas* só admitirá a possibilidade desse prazer em alguns indivíduos à custa de uma irregularidade anatômica. E ninguém é tão severamente condenado como os rapazes que manifestam, por sua facilidade em ceder, pela multiplicidade de suas ligações, ou ainda, por sua postura, sua maquiagem, seus adornos ou seus perfumes, que eles podem encontrar prazer em desempenhar esse papel.

O que não significa, contudo, quando acontece de o rapaz ceder, que ele deva fazê-lo, de certa forma, na total frieza. Ao contrário, ele só deve ceder se experimenta, por seu amante, sentimentos de admiração ou de reconhecimento e afeição, que lhe fazem desejar dar-lhe prazer. O verbo *charizesthai* é correntemente empregado para designar o fato de que o rapaz "aceita" e "concede seus favores".[75] A palavra indica bem que do amado ao amante existe outra coisa que não uma simples "rendição"; o jovem "concede seus favores" por um movimento que consente a um desejo e a uma demanda do outro, mas que não é da mesma natureza. É uma resposta; não é o compartilhar de uma sensação. O rapaz não tem que ser o titular de um prazer físico; ele nem mesmo tem que ter prazer com o prazer do homem; ele tem é de ressentir um contentamento em dar prazer ao outro se ele cede quando convém, isto é, sem demasiada precipitação nem com demasiada contrariedade.

A relação sexual com o rapaz demanda, portanto, da parte de cada um dos parceiros, condutas particulares. Como consequência do fato de que o rapaz não pode se identificar com o papel que ele tem de desempenhar, ele deverá recusar, resistir, fugir e esquivar-se;[76] será também necessário que ele estabeleça condições para o consentimento, se no final das contas ele o concede, que dizem respeito àquele a quem ele cede (seu valor, *status*, virtude) e o benefício que ele pode esperar dessa relação (benefício vergonhoso, se somente se tratar de dinheiro, mas honroso se o que está implicado for a aprendizagem do ofício de homem, apoios sociais para o futuro, ou uma amizade durável). E são, justamente, benefícios dessa espécie que o amante deve poder fornecer, além dos presentes mais estatutários que convém dar (e cuja importância e valor variam com a condição dos parceiros). De modo que o ato sexual, na relação entre um homem e um rapaz, deve ser tomado num jogo de recusas, de esquivas e de fuga que tende a adiá-lo o mais possível, mas também num processo de trocas que fixa quando e em que condições é conveniente que ele se produza.

Em suma, o rapaz dá por complacência e, portanto, por outra coisa que não o seu próprio prazer, algo que seu parceiro busca pelo prazer que nessa relação ele obterá: mas este último não pode pedi-lo legitimamente sem a contrapartida de presentes, de benefícios, de promessas e de engajamentos que são de outra ordem do que o "dom" que lhe é feito. Daí essa tendência tão manifestamente marcada na reflexão grega sobre o amor pelos rapazes: de que maneira integrar essa relação num conjunto mais amplo e permitir-lhe transformar-se em outro tipo de relação, uma relação estável em que a relação física não terá mais importância, e em que os dois parceiros poderão compartilhar os mesmos sentimentos e os mesmos bens? O amor pelos rapazes não pode ser moralmente honrado, a não ser que ele comporte (graças aos benefícios razoáveis do amante e graças à complacência reservada do amado) os elementos que constituem os fundamentos de uma transformação desse amor num vínculo definitivo e socialmente precioso, o de *philia*.

Estaríamos enganados se acreditássemos que os gregos, posto que eles não interditavam esse gênero de relação, não se inquietavam com suas implicações. Mais do que qualquer outra relação sexual, esta lhes "interessava" e tudo evidencia que eles se preocupavam com ela. Mas pode-se dizer que, num pensamento como o nosso, a relação entre dois indivíduos do mesmo sexo é questionada, antes de mais nada, do ponto de vista do sujeito do desejo: como pode acontecer que num homem se forme um desejo que tem por objeto um outro homem? E sabe-se que é do lado de uma certa estruturação desse desejo (do lado de sua ambivalência ou de sua ausência) que se procurará o princípio de uma resposta. A preocupação dos gregos, em troca, não dizia respeito ao desejo que podia levar a esse tipo de relação nem ao sujeito desse desejo; sua inquietação se dirigia para o objeto do prazer ou, mais exatamente, para esse objeto na medida em que, chegado o momento, ele teria de ser o senhor no prazer que se tem com os outros e no poder que se exerce sobre si mesmo.

É nesse ponto da problematização (como fazer do objeto de prazer o sujeito senhor de seus prazeres?) que a Erótica filosófica ou, em todo caso, a reflexão socrático-platônica sobre o amor terá seu ponto de partida.

Notas

1. PLATON, *Republique*, IX, 573 d.
2. Ibid., IX, 574 b-e.
3. DIOGÈNE LAERCE, *Vie des philosophes*, IV, 7, 49.
4. PLATON, *Lois*, VIII, 840 a.
5. XÉNOPHON, *Cyropédie*, VII, 5.
6. Sobre esse ponto, cf. K.J. DOVER, *Homosexualité grecque*, p. 86.
7. PLATON, *Banquet*, 181, b-d.
8. XÉNOPHON, *Banquet*, I, 9.
9. Ibid., II, 3.
10. Ibid., IX, 5-6.
11. Cf. XÉNOPHON, *Anabase*, VII, 4, 7.
12. Cf. F. BUFFIÈRE, *Éros adolescent*, pp. 90-91.
13. Assim Clístenes nos *Acharniens* ou Ágaton nas *Tesmophories* de Aristófanes.
14. PLATON, *Gorgias*, 494 e: "Sócrates: Não é a vida dos devassos (*ho lon kinaidon bios*) horrível, vergonhosa e miserável? Ousarias dizer que a gente dessa espécie é feliz se tem em abundância o que deseja? — Cálicles: Não te envergonhas, Sócrates, de tratar desses assuntos?"
15. PLATON, *Banquet*, 182 a-183 d.
16. Embora os textos se refiram frequentemente a essa diferença de idade e de *status*, é preciso notar que as indicações quanto à idade real dos parceiros são frequentemente flutuantes (Cf. F. BUFFIÈRE, op. cit., pp. 605-607). Além disso, vemos personagens que desempenham o papel de amante em relação a uns e de amado em relação a outros: assim Critóbulo, no *Banquete* de Xenofonte, canta seu amor por Clínias, a quem conheceu na escola e que é, como ele, um jovem (cf. sobre esses dois rapazes e sua pequena diferença de idade, PLATON, *Euthydème*, 271 b).

17. No *Charmide* (153 c), PLATON descreve a chegada do jovem a quem todo mundo olha — adultos, como também rapazes —, "até os mais novos".
18. Citou-se por muito tempo o exemplo de Eurípedes, que ainda amava Ágaton quando este já era homem-feito. F. BUFFIÈRE (op. cit., p. 613, nota 33) cita, a esse respeito, uma anedota contada por ELIEN (*Histoires variées*, XIII, 5).
19. HOMERO atribuía a um a origem, ao outro, a idade; a um, a força, ao outro, a reflexão (*Iliade*, XI, 786). Sobre a discussão no que diz respeito aos respectivos papéis, cf. PLATON, *Banquet*, 180 a-b; ESCHINE, *Contre Timarque*,143.
20. K.J. DOVER, *Homosexualité grecque*, pp. 104-116.
21. *Contre Timarque* a propósito das escolas e das precauções que os mestres deveriam tomar (9-10). Sobre os lugares de encontro, cf. F. BUFFIÈRE, op., cit., pp. 561 e ss.
22. XÉNOPHON, *Hiéron*, I.
23. PLATON, *Protagoras*, 309 a.
24. Cf. as críticas contra Ménon em XÉNOPHON, *Anabase*, II, 6, 28.
25. PLATON, *Banquet*, 181 d-e.
26. XÉNOPHON, *Banquet*, IV, 17.
27. Sobre a oposição entre o rapaz sólido e o sem consistência, ver PLATON, *Phèdre*, 239 c-d, e os *Rivaux*. A propósito do valor erótico do rapaz masculino e da evolução do gosto para um físico mais efeminado, talvez já em curso no século IV, cf. K.J. DOVER, *Homosexualité grecque*, pp. 88-94. Em todo caso, o princípio de que o encanto de um garoto muito jovem esteja ligado a uma feminidade que o habita tornar-se-á um tema constante mais tarde.
28. Sobre a definição da *philia*, cf. J.-CL. FRAISSE, op. cit.
29. XÉNOPHON, *Banquet*, VIII, 18. Toda essa passagem do discurso de Sócrates (VIII, 13-18) é bem característica da

inquietação em face da precariedade dos amores masculinos e do papel que aí deve desempenhar a permanência da amizade.

30. XÉNOPHON, *Banquet*, VIII, 3.
31. XÉNOPHON, *Banquet*, VIII, 12. Sobre as relações entre elogio e preceito, cf. também ARISTÓTELES, *Retórica*, 1, 9.
32. DEMOSTHÈNE, *Eroticos*, I.
33. Ibid., 5.
34. Ibid., 53. A *Retórica* de Aristóteles (I, 9) mostra a importância das categorias do *kalon* e do *aischron* no panegírico.
35. PLATON, *Banquet*, 182 a-d.
36. Ibid., 178 d.
37. ESCHINE, *Contre Timarque*, 39-73.
38. DEMOSTHÈNE, *Eroticos*, 17-73.
39. Ibid., 55.
40. Ibid., 53.
41. Ibid., 54.
42. Ibid., 3.
43. Ibid., 5.
44. Ibid., 4.
45. PLATON, *Banquet*, 183 d; cf. também 181 a.
46. DEMOSTHÈNE, *Eroticos*, 20.
47. Ibid., 7, 33, 16.
48. Ibid., 8, 14.
49. Ibid., 21.
50. Ibid., 23, 25.
51. Ibid., 30.
52. Ibid., 31.
53. Ibid., 17.
54. Ibid., 17.

55. Sobre a importância de não ser dominado e as reticências a respeito da sodomia e da felação passivas nas relações homossexuais, cf. K.J. DOVER, *Homosexualité grecque*, pp. 125-134.

56. *Eroticos*, 39-43.

57. Ibid., 38.

58. Ibid., 37.

59. Ibid., 29-30.

60. ARISTOTE, *Politique*, I, 12, 1 259 a-b.

61. Ibid., I, 13, 1 260 b.

62. Cf. as leis citadas por ESCHINE no *Contre Timarque*.

63. Ibid., 19-20.

64. K.J. DOVER (*Homosexualité grecque*, pp. 44-45) sublinha que o que era condenável não era a prostituição em si mesma; mas o fato de, tendo se prostituído anteriormente, infringir as inelegibilidades que daí decorriam.

65. ESCHINE, *Contre Timarque*, 52.

66. ARISTOPHANE, *Cavaliers*, v. 428 e ss. *Assemblée des femmes*, v. 112 e ss. Cf. F. BUFFIÈRE, *Eros adolescent*, pp. 185-186.

67. DIOGÈNE LAERCE, *Vie des philosophes*, VI, 2, 34.

68. Ibid., VI, 2, 59 (cf. também 46 e 54).

69. PLATON, *Lois*, 1, 636 b-c.

70. Ibid., VIII, 836 c-d. No *Fedro*, a forma física da relação em que o homem se conduz "como animal de quatro patas" é dita "antinatural" (250 e).

71. Ou *diaprattesthai*, cf. *Phèdre*, 256 c.

72. XÉNOPHON, *Banquet*, IV, 15.

73. XÉNOPHON, *Hiéron*, I e VII; ou PLATON, *Banquet*, 184 c-d. Ver K.J. DOVER, *Homosexualité grecque*, p. 62.

74. XÉNOPHON, *Banquet*, VIII, 21.

75. PLATON, *Banquet*, 184 e.

76. Ibid., 184 a.

V
O VERDADEIRO AMOR

É DA *ERÓTICA*, ENQUANTO ARTE REFLETIDA DO AMOR (e singularmente do amor pelos rapazes), que esse capítulo tratará ainda. Mas ela será focalizada aqui como contexto de desenvolvimento do quarto dos grandes temas de austeridade que percorreram, ao longo de sua história no mundo ocidental, a moral dos prazeres. Após a relação com o corpo e com a saúde, após a relação com a mulher e com a instituição do casamento, após a relação com o rapaz, sua liberdade e sua virilidade, focalizadas como motivos de problematização da atividade sexual, eis agora a relação com a verdade. Pois aí se encontra um dos pontos mais notáveis da reflexão grega sobre o amor pelos rapazes: não somente ela evidencia de que maneira, pelas razões que já vimos, esse amor constituía um ponto difícil, que exigia uma elaboração da conduta e uma estilização bem delicada do uso dos *aphrodisia*; como também foi sobre esse tema que se desenvolveu a questão das relações entre uso dos prazeres e acesso à verdade, sob a forma de uma interrogação sobre o que deve ser o verdadeiro amor.

Nas culturas cristã e moderna essas mesmas questões — da verdade, do amor e do prazer — serão relacionadas muito mais facilmente com os elementos constitutivos da relação homem-mulher: os temas da virgindade, das bodas espirituais, da alma esposa marcarão bem cedo o deslocamento efetuado de uma paisagem essencialmente masculina — habitada pelo erasta e pelo erômeno — para uma outra, marcada pelas figuras da feminidade e da relação entre os dois sexos.[1] Muito mais tarde, o *Fausto* será um exemplo da maneira pela qual a questão do prazer e a do acesso ao conhecimento se encontram ligadas ao tema do amor pela mulher, de sua virgindade, de sua pureza, de sua queda e de seu poder redentor. Nos gregos, em troca, a reflexão sobre os vínculos recíprocos entre o acesso à verdade e a austeridade sexual parece ter sido desenvolvida, sobretudo, a propósito do amor pelos rapazes. Evidentemente, é preciso levar em conta o fato de que poucas coisas permaneceram daquilo que, nos meios pitagóricos da época, foi dito e prescrito sobre as relações entre a pureza e o conhecimento; é preciso ter em conta, também, o fato de que não conhecemos os tratados sobre o amor escritos por Antístenes, Diógenes, o Cínico, Aristóteles ou Teofrasto. Portanto, seria imprudente generalizar as características próprias à doutrina socrático-platônica, supondo que ela resume por si só todas as formas que a filosofia do *Eros* tomou na Grécia clássica. Não resta dúvida que ela permaneceu durante muito tempo um polo da reflexão, como bem o mostram textos como o diálogo de Plutarco, os *Amores* do pseudo-Luciano ou os discursos de Máximo de Tiro.

Em todo caso, tal como se encontra no *Banquete* ou no *Fedro*, e graças às referências que faz às outras maneiras de discorrer sobre o amor, pode-se ver qual a distância que a separa da Erótica corrente, que se interroga sobre a boa conduta recíproca do jovem e de seu pretendente, e sobre a maneira pela qual ela pode se conciliar com a honra. Pode-se ver também como, mesmo ao se enraizar profundamente nos temas habituais da ética dos prazeres, ela abre questões cuja importância será, a partir daí, muito grande para a transformação dessa ética numa moral da renúncia, e para a constituição de uma hermenêutica do desejo.

Toda uma grande parte do *Banquete* e do *Fedro* é consagrada à "reprodução" — imitação ou pastiche — daquilo que se diz habitualmente nos discursos sobre o amor: tais são os "discursos-testemunhos" de Fedro, de Pausânias, de Erixímaco, de Ágaton no *Banquete*; ou o de Lísias no *Fedro*, bem como o primeiro contradiscurso irônico que Sócrates propõe. Eles tornam presente o pano de fundo da doutrina platônica, a matéria-prima que Platão elabora e transforma quando ele substitui a problemática da "corte" e da honra por aquela da verdade e da ascese. Nesses discursos-testemunhos um elemento é essencial: através do elogio do amor, de sua potência, de sua divindade, volta sempre a questão do consentimento: deve o jovem ceder? A quem? E em que condições e com quais garantias? E aquele que o ama, pode legitimamente desejar vê-lo ceder facilmente? Questão característica de uma *Erótica* concebida como arte da justa entre aquele que corteja e aquele que é cortejado.

É essa questão que aparece sob a forma de um princípio absolutamente geral e agradavelmente tautológico no primeiro discurso do *Banquete* em Ágaton: "às coisas vis (*aischrois*) se liga a desonra (*aischunē*), às belas, o desejo de estima";[2] mas logo Pausânias retoma com mais seriedade, distinguindo os dois amores, aquele "que diz respeito somente à realização do ato" e aquele que, antes de mais nada, quer fazer a experiência da alma.[3] Pode-se ainda notar que, no *Fedro*, os dois discursos iniciais — aqueles que serão rejeitados, um numa retomada irônica e o outro numa palinódia reparadora — colocam, cada um à sua maneira, a questão de "a quem ceder?"; e que eles a isso respondem dizendo que convém ceder àquele que ama. E todos esses primeiros discursos apelam para uma temática comum: a dos amores fugidios que se rompem quando o amado fica mais velho e o deixam no abandono;[4] a das relações desonrosas que colocam o rapaz sob a dependência do amante,[5] que o comprometem aos olhos de todos, que o desviam de sua família ou de relações honrosas das quais ele poderia tirar proveito;[6] a dos sentimentos repugnantes e de desprezo que o amante pode ter para com o rapaz pelas próprias complacências que este lhe concede ou do ódio que o jovem pode experimentar pelo homem envelhecido que lhe impõe relações que não agradam;[7] a do papel feminino que o rapaz é levado a assumir, e os efeitos de deterioração física e moral que são exigidos por essa espécie de relação;[8] a das recompensas, dos benefícios e serviços, frequentemente pesados, que o amante deve se impor e dos quais ele tenta livrar-se deixando seu antigo amigo na vergonha e na solidão.[9] Tudo isso constitui a problemática elementar dos prazeres e de seu uso no amor pelos rapazes. As conveniências, as práticas da corte e os jogos regulados do amor tentam responder a essas dificuldades.

Podemos pensar que o discurso de Aristófanes no *Banquete* é uma exceção: ao falar sobre a divisão dos seres primitivos pela cólera dos deuses e sua separação em duas metades (macho e fêmea, ou ambas do mesmo sexo, conforme o indivíduo fosse, na sua origem, andrógino ou inteiramente masculino ou feminino), ele parece ir além dos problemas da arte de cortejar. Coloca a questão do que é o amor em seu princípio: e pode passar por uma abordagem divertida — ironicamente colocada na boca de Aristófanes, o velho adversário de Sócrates — das próprias teses de Platão. Não é que nela os enamorados buscam sua metade perdida, como as almas de Platão mantêm a lembrança e a nostalgia daquilo que foi sua pátria? Entretanto, para se ater aos elementos do discurso que concernem ao amor masculino, é claro que também Aristófanes tende a responder à questão do consentimento. E o que faz a singularidade um tanto escandalosa de seu discurso, e sua ironia, é que a sua resposta é totalmente positiva. Ou melhor, ela abala, através de sua narrativa mítica, o princípio tão geralmente aceito de uma dissimetria de idade, de sentimento, de comportamento entre o amante e o amado. Ele estabelece entre eles simetria e igualdade, posto que os faz surgir da divisão de um ser único; o mesmo prazer e o mesmo desejo levam o erasta e o erômeno um para o outro; se ele é, por natureza, uma metade de macho, o rapaz amará os homens: terá "prazer" em "dormir com os machos" e a "ficar entrelaçado com eles" (*sumpeplegmenoi*).[10] E com isso, ao invés de revelar uma natureza feminina, ele mostra que nada mais é do que a "téssera" de um ser inteiramente viril. E Platão se diverte em fazer Aristófanes inverter a reprovação que, em suas comédias, este fizera tão frequentemente aos homens políticos de Atenas: "ao terminarem sua formação, os indivíduos dessa espécie são os únicos a se revelar homens por suas aspirações políticas."[11] Em sua juventude, eles se deram a homens porque procuravam sua metade de macho; pela mesma razão, tornados adultos, eles procurarão os rapazes. "Amar os rapazes", "gostar dos amantes" (ser *paiderastēs* e *philerastēs*)[12] são duas vertentes do mesmo ser. À questão tradicional do consentimento Aristófanes dá, pois, uma resposta direta, simples, inteiramente positiva, e que abole ao mesmo tempo o jogo das dissimetrias que organizava as relações complexas entre o homem e o rapaz: toda a questão do amor e da conduta a ser mantida nada mais é então do que reencontrar a sua metade perdida.

Ora, a *Erótica* socrático-platônica é profundamente diferente: não somente pela solução que propõe, como também, e sobretudo, porque tende a colocar a questão totalmente em outros termos. Não se tratará mais, para saber o que é o verdadeiro amor, de responder à questão: quem convém amar e em que condições o amor pode ser honroso tanto para o amado como para o amante? Ou, pelo menos, todas essas questões se encontrarão subordinadas a uma outra, primeira e fundamental: o que é o amor em seu ser mesmo?[13]

Para se ter a medida da elaboração platônica, e a distância que a separa da Erótica corrente, podemos lembrar a maneira pela qual Xenofonte responde a essa mesma questão — ele ressalta os elementos tradicionais: a oposição entre o amor que só procura o prazer do amante e aquele que se interessa pelo próprio amado; a necessidade de transformar o amor fugidio em uma amizade igualitária, recíproca e duradoura. No *Banquete* e nos *Memoráveis*, Xenofonte apresenta um Sócrates que estabelece uma linha de demarcação rigorosa entre o amor da alma e o amor do corpo,[14] desqualifica nele mesmo o amor do corpo,[15] faz do amor da alma o amor verdadeiro, e busca na amizade, na *philia*, o princípio que dá valor a toda relação (*sunousia*).[16] Daí se segue que não basta associar o amor da alma àquele do corpo; é preciso libertar toda afeição de suas dimensões físicas (quando se ama "o corpo e a alma ao mesmo tempo", é o primeiro que predomina, e a perda do frescor da juventude faz passar a própria amizade);[17] deve-se, como Sócrates dá a lição, fugir de todos os contatos, renunciar aos beijos que são de modo a entravar a alma, fazer mesmo de maneira que o corpo não toque no corpo e dele não sofra "a ferida".[18] Em troca, toda relação deve edificar-se sobre os elementos constitutivos da amizade: benefícios e serviços prestados, esforços para o aperfeiçoamento do rapaz amado, afeição recíproca, vínculo permanente e estabelecido uma vez por todas.[19] Isso quereria dizer que para Xenofonte (ou para o Sócrates que ele põe em cena) não poderia haver entre dois homens nenhum *Eros*, mas somente uma relação de *philia*? É esse ideal justamente que Xenofonte crê poder reconhecer na Esparta de Licurgo.[20] Lá, os homens apaixonados pelos corpos dos rapazes eram, segundo ele, declarados "infames", ao passo que se louvava e encorajava os adultos "honestos" que só amavam a alma dos jovens e aspiravam somente a torná-los amigos; de forma que na Lacedemônia "os amantes não eram menos contidos em seu amor pelas crianças que os pais pelos seus filhos, ou os irmãos pelos seus irmãos". Mas, no *Banquete*, Xenofonte apresenta uma imagem menos esquemática dessa demarcação. Ele esboça uma concepção do *Eros* e de seus prazeres que teria por objeto a própria amizade: Xenofonte não faz dessa amizade, daquilo que ela pode comportar de vida comum, de atenção recíproca, de benevolência de um para com o outro, de sentimentos compartilhados, o substituto do amor ou algo que lhe dê sequência no momento oportuno; ele faz da amizade aquilo mesmo por que os amantes devem se enamorar: *erōntes tēs philias*, diz ele numa expressão característica que permite salvar o *Eros*, manter-lhe a força, mas dando-lhe por conteúdo concreto apenas as condutas de afeição recíproca e duradoura compreendidas na amizade.[21]

A Erótica platônica é constituída de modo bem diverso, mesmo se o ponto de partida da reflexão está na questão familiar do lugar a ser dado aos *aphrodisia* na relação de amor. Mas é porque justamente Platão só retoma essas interrogações tradicionais para mostrar de que maneira, nas respostas apressadas que a elas se dá, deixa-se escapar o problema essencial.

Os dois discursos do *Fedro*, o de Lísias, inocente, e o de Sócrates, gozador, sustentam que um rapaz não deveria ceder àquele que o ama. Tais propósitos, observa Sócrates, não poderiam dizer a verdade: "Não há verdade numa linguagem (*ouk esti etumos logos*) que, sendo admitida a existência de um enamorado, pretenderá que é àquele que não ama que se deve de preferência conceder seus favores, e isso pelo motivo de que o primeiro está em delírio e o segundo, com os sentidos em repouso."[22] Os discursos do início do *Banquete*, em oposição a isso e com mais preocupação em louvar o amor do que ofendê-lo, afirmam que é belo ceder se isso se faz, como convém, a um amante de valor,[23] que não há nada de impudico nem vergonhoso nisso, e que sob a lei do amor "o bom grado se afina com o bom grado".[24] Esses discursos, por serem mais respeitosos para com o amor, não são mais *etumoi* do que os de Lísias e de seu censor irônico no *Fedro*.

Em face deles, as palavras de Diotímia, relatadas no *Banquete*, e a grande fábula do *Fedro*, contada pelo próprio Sócrates, aparecem como discursos *etumoi*: discursos verdadeiros e aparentados, por sua origem, à verdade que dizem. Em que eles o são? Onde está a diferença com os elogios ou as desqualificações que os precediam? A diferença não está no fato de que Diotímia ou Sócrates são mais rigorosos ou mais austeros do que os outros interlocutores; eles não se opõem a estes porque estes últimos seriam demasiado complacentes e concederiam aos corpos e aos prazeres um lugar excessivo num amor que só deveriam dedicar às almas. Eles sobressaem porque não colocam o problema como os outros; eles operam um certo número de transformações e deslocamentos essenciais em relação ao jogo de questões tradicionais nos debates sobre o amor.

1. Passagem da questão da conduta amorosa à interrogação sobre o ser do amor.

No debate tal como os outros discursos o formulam, o amor e o movimento tão intenso e tão forte que arrebata o amante são pressupostos; o ponto essencial da preocupação é então saber — "admitindo-se" esse amor[25] — de que maneira os dois parceiros deverão se conduzir: como, sob que forma, até que ponto, empregando quais meios de persuasão, ou dando que provas de amizade, o enamorado deverá procurar atingir "ao que ele aspira"; e como, em quais condições, após quais resistências e provas o amado, por seu lado, deverá ceder. Questão de conduta sobre o fundo de um amor preexistente. Ora, Diotímia e Sócrates se interrogam sobre o próprio ser desse amor, sua natureza e origem, o que constitui sua força e o que o conduz com uma tal obstinação ou uma tal loucura para seu objeto: "o que é o próprio amor, qual é a sua natureza e, em seguida, quais são as suas obras?"[26] Interrogação ontológica e não mais questão de deontologia. Todos os outros interlocutores orientam seus discursos para o louvor ou a crítica, para a demarcação entre o bom e o mau amor, para a delimitação daquilo que convém ou não fazer; na temática habitual de uma busca de conveniência e da elaboração de uma arte de cortejar, o objeto primeiro da reflexão é a conduta ou o jogo das condutas recíprocas. Platão afasta essa questão, pelo menos provisoriamente, e para além da demarcação entre o bem e o mal ele coloca a questão de saber o que é amar.[27]

Ora, colocar assim a questão implica primeiro um deslocamento do próprio objeto do discurso. Diotímia reprova a Sócrates — mas de fato a todos os autores dos elogios precedentes — o ter buscado, do lado do elemento "amado" (*ton erōmenon*), o princípio daquilo que conviria dizer do amor; eles se deixaram, portanto, ofuscar pelo charme, beleza e perfeição do rapaz amado e atribuíram esses méritos indevidamente ao próprio amor; este somente saberia dizer a sua própria verdade se a perguntasse ao que ele é e não a quem ele ama. É preciso portanto voltar do elemento amado àquele que ama (*to ēron*) e interrogá-lo nele mesmo.[28] É também isso que será feito no *Fedro* quando, para responder aos dois primeiros contraelogios, Sócrates efetua o longo desvio por meio da teoria das almas. Mas, como consequência desse deslocamento, o discurso sobre o amor deverá enfrentar o risco de não mais ser um "elogio" (na forma mesclada e confusa do louvor dirigido simultaneamente ao amor e ao amado); ele terá de dizer — como no *Banquete* — sobre a natureza "intermediária" do amor, a falha que o marca (posto que ele não está na posse das belas coisas que deseja), a parentela de miséria e de manha, de ignorância e de saber na qual ele se origina; ele terá também de dizer — como no *Fedro* — de que maneira se misturam nele mesmo o esquecimento e a lembrança do espetáculo supraceleste, e o que é o longo caminho de sofrimento que o levará finalmente até seu objeto.

2. Passagem da questão da honra do rapaz para a questão do amor da verdade.

Dizer como Diotímia, que é melhor desviar o olhar do elemento amado para reportá-lo sobre o princípio amante, não quer dizer que a questão do objeto não se coloque mais: ao contrário, todo o desenvolvimento que segue essa formulação essencial é consagrado a determinar aquilo que, no amor, é amado. Porém, a partir do momento em que se começa a falar do amor num discurso que quer dizer seu ser e não cantar aquilo que ele ama, a questão do objeto será colocada em termos diferentes.

No debate tradicional, o ponto de partida do questionamento estava do lado do próprio objeto do amor: estabelecido o que é e o que deve ser aquele a quem se ama — não somente a beleza de seu corpo, como também de sua alma, a formação que lhe é necessária, o caráter livre, nobre, viril, corajoso que ele deve conquistar etc. —, qual é a forma de amor honrosa, para ele e para o amante, que se deve dedicar-lhe? Era o respeito do amado, naquilo que ele é em realidade, que devia dar sua forma própria e seu estilo contido ao que se podia esperar dele. Na interrogação platônica é a consideração sobre o que é o próprio amor que deve levar à determinação do que é, na verdade, seu objeto. Além das diferentes coisas belas às quais o enamorado pode se apegar, Diotímia mostra a Sócrates que o amor busca gerar no pensamento e ver "o belo em si mesmo", em conformidade com a verdade de sua natureza, em conformidade com a sua pureza sem mescla e "a unicidade de sua forma". E no *Fedro*, é o próprio Sócrates que mostra de que maneira a alma, se tem uma lembrança bem forte daquilo que viu acima do céu, se é energicamente conduzida e se não se deixa curvar, no seu impulso, pelos apetites impuros, liga-se somente ao objeto amado por aquilo que ele traz em si de reflexo e de imitação da própria beleza.

Em Platão se encontra o tema de que é à alma dos rapazes, mais do que ao corpo, que o amor deve se dirigir. Mas ele não foi o primeiro nem o único a dizê-lo. Com consequências mais ou menos rigorosas, este era um tema que corria através dos debates tradicionais sobre o amor e ao qual Xenofonte dá — atribuindo-o a Sócrates — uma forma radical. O que é próprio a Platão não é essa demarcação, mas a maneira pela qual ele estabelece a inferioridade do amor pelos corpos. Ele a fundamenta, com efeito, não sobre a dignidade do rapaz amado e o respeito que se lhe deve, mas sobre o que, no próprio amante, determina o ser e a forma de seu amor (seu desejo de imortalidade, sua aspiração ao belo em sua pureza, a reminiscência do que viu acima do céu). Além disso (e aí o *Banquete*, assim como o *Fedro*, é bem explícito) ele não traça uma linha de demarcação nítida, definitiva e intransponível entre o mau amor do corpo e o belo amor da alma; por mais desvalorizada, por mais inferior que seja a relação com o corpo, quando comparada com esse movimento para o belo, por mais perigosa que possa ser, posto que ela pode desviar e estancar esse movimento, ela não é por isso excluída nem condenada para sempre. De um belo corpo para os belos corpos, conforme a célebre fórmula do *Banquete*, em seguida destes para as almas, depois para o que existe de belo nas "ocupações", "as regras de conduta", "os conhecimentos", até que, finalmente, o olhar atinja "a vasta região já ocupada pelo belo",[29] o movimento é contínuo. E o *Fedro*, mesmo cantando a coragem e a perfeição das almas que não cederam, não destina ao castigo aquelas que, levando uma vida ligada mais à honra do que à filosofia, deixaram-se surpreender, e para as quais aconteceu de "cometer a coisa" levadas por seu ardor; sem dúvida, no momento em que, chegando a vida terrestre a seu termo, a alma deixa o corpo, eles são desprovidos de asas (diferentemente do que se passa com aqueles que permaneceram "mestres de si mesmo"); eles não poderão, portanto, subir ao mais alto; mas não serão obrigados à viagem subterrânea; em companhia um do outro, os dois amantes farão a viagem acima do céu até que, por sua vez, "em razão de seu amor" recebam asas.[30] Não é a exclusão do corpo que caracteriza essencialmente, para Platão, o verdadeiro amor; é que ele é, através das aparências do objeto, relação com a verdade.

3. Passagem da questão da dissimetria dos parceiros para a questão da convergência do amor.

De acordo com as convenções estabelecidas, entendia-se que o *Eros* vinha do amante; quanto ao amado, ele não podia ser, do mesmo modo que o erasta, sujeito ativo do amor. Sem dúvida, esperava-se dele um apego em retorno, um *Anteros*.

Mas a natureza dessa resposta colocava problema: ela não podia ser exatamente simétrica daquilo que a provocava; mais do que ao desejo e ao prazer do amante, era à sua benevolência, aos seus benefícios, à sua solicitude e ao seu exemplo que o rapaz devia corresponder; e era preciso esperar o momento em que o arrebatamento do amor tivesse cessado e em que a idade, ao excluir os ardores, tivesse afastado os perigos, para que os dois amigos pudessem estar ligados entre si por meio de uma relação de exata reciprocidade.

Mas se *Eros* é relação com a verdade, os dois amantes só poderiam se unir com a condição de que também o amado fosse levado ao verdadeiro pela força do mesmo *Eros*. Na Erótica platônica, o amado não poderia manter-se na posição de objeto em relação ao amor do outro, esperando simplesmente recolher, em nome da troca à qual ele tem direito (posto que ele é amado), os conselhos de que necessita e os conhecimentos aos quais aspira. Convém que ele se torne efetivamente sujeito nessa relação de amor. Esta é a razão pela qual se produz, no final do terceiro discurso do *Fedro*, a inversão que faz passar do ponto de vista do amante ao do amado. Sócrates descreveu o caminho, o ardor, os sofrimentos daquele que ama e o duro combate que teve de travar para dominar sua equipagem. Eis que agora ele evoca o amado: talvez, à sua volta, tenham feito o rapaz acreditar que não era bom ceder a um enamorado; ele, contudo, aceita a convivência com o seu amante; a presença deste coloca-o fora de si; por sua vez, ele se sente agitado pela onda do desejo, asas e plumas brotam em sua alma.[31] Evidentemente, ele não sabe ainda qual é a verdadeira natureza daquilo a que ele aspira, e faltam-lhe palavras para nomea-la; mas "ele lança os braços" em torno de seu amante e "lhe dá beijos".[32] Esse momento é importante: diferentemente do que se passa na arte de cortejar, a "dialética do amor" exige aqui, nos dois amantes, dois movimentos exatamente semelhantes; o amor é o mesmo, posto que é, tanto para um como para o outro, o movimento que os arrebata para o verdadeiro.

4. *Passagem da virtude do rapaz amado para o amor do mestre e para a sua sabedoria.*

Na arte de cortejar cabia ao amante fazer a corte; e mesmo se lhe era exigido guardar o domínio de si, sabia-se muito bem que a força de coerção de seu amor corria o risco de arrebatá-lo apesar dele. O ponto sólido da resistência era a honra do rapaz, sua dignidade, a obstinação razoável com que ele resistia. Mas a partir do momento em que *Eros* se dirige para a verdade, é aquele que está mais adiantado no caminho do amor, aquele que está mais verdadeiramente enamorado da verdade, que poderá melhor guiar o outro e ajudá-lo a não aviltar-se em todos os prazeres baixos. Aquele que é o mais sábio em amor será também o mestre de verdade; e seu papel será o de ensinar ao amado de que maneira triunfar sobre os seus desejos e "tornar-se mais forte do que a si próprio". Na relação de amor, e como consequência dessa relação com a verdade que, a partir daí, a estrutura, uma nova personagem aparece: o mestre que vem ocupar o lugar do enamorado, mas que, pelo domínio completo que exerce sobre si mesmo, modifica o sentido do jogo, transforma os papéis, estabelece o princípio de uma renúncia aos *aphrodisia* e passa a ser, para todos os jovens ávidos de verdade, objeto de amor.

Tal é o sentido que convém dar, sem dúvida, nas últimas páginas do *Banquete* à descrição das relações que Sócrates mantém não somente com Alcebíades, mas também com Charmide, filho de Glaucon, com Eutidemo, filho de Diocles, e ainda com muitos outros.[33] A distribuição dos papéis é inteiramente invertida: são os jovens rapazes — eles que são belos e que são assediados por tantos namorados — que são os enamorados de Sócrates; eles seguem suas pegadas, procuram seduzi-lo, querem que ele conceda seus favores, isto é, que lhes comunique o tesouro de sua sabedoria. Eles ficam na posição de erasta e Sócrates, o homem velho de corpo sem graça, na posição de erômeno. Mas o que eles não sabem — e que Alcebíades descobre no curso da famosa "provação" — é que Sócrates só é amado por eles na medida mesmo em que é capaz de resistir à sua sedução; o que não quer dizer que ele é, para eles, sem amor nem desejo, mas sim que ele é levado pela força do verdadeiro amor e que sabe verdadeiramente amar o verdadeiro que convém amar. Diotímia havia dito anteriormente: entre todos é ele o sábio em matéria de amor. É a sabedoria do mestre daí para a frente (e não mais a honra do rapaz) que marca, ao mesmo tempo, o objeto do verdadeiro amor, e o princípio que impede de ceder.

O Sócrates que aparece nessa passagem é revestido de poderes próprios à personagem tradicional do *theios anēr*: resistência física, aptidão para a insensibilidade, capacidade de se ausentar de seu corpo e de concentrar nele mesmo toda a energia de sua alma.[34] Mas é preciso compreender que essas potências vêm ter efeito aqui no jogo muito particular do *Eros*; elas asseguram a dominação que Sócrates é capaz de exercer sobre si mesmo; e, portanto, elas o qualificam ao mesmo tempo como o mais alto objeto de amor, ao qual os jovens podem se dirigir, como também enquanto o único que possa conduzir seu amor até a verdade. No jogo amoroso em que se enfrentavam diversas dominações (a do amante buscando apoderar-se do amado, a do amado procurando escapar e, através dessa resistência, reduzindo o amante à escravidão), Sócrates introduz um outro tipo de dominação: a que é exercida pelo mestre de verdade e para a qual ele é qualificado pela soberania que exerce sobre si.

A erótica platônica pode aparecer, assim, sob três aspectos. Por um lado, é uma maneira de *responder* a uma dificuldade inerente, na cultura grega, às relações entre homens e rapazes: a saber, a questão do *status* a ser dado a estes últimos enquanto objeto de prazer; sob esse ângulo, a resposta de Platão parece somente mais complexa e mais elaborada do que aquelas que podiam ser propostas, nos diversos "debates" sobre o amor ou, sob o nome de Sócrates, nos textos de Xenofonte. De fato, Platão resolve a dificuldade do objeto do prazer reportando a questão do indivíduo amado para a natureza do próprio amor; estruturando a relação de amor como uma relação com a verdade; desdobrando essa relação, e situando-a tanto naquele que é amado como naquele que é apaixonado; e invertendo o papel do jovem amado para fazer dele um enamorado do mestre de verdade. Nessa medida, pode-se dizer que ele satisfaz ao desafio lançado pela fábula de Aristófanes: deu a esta um conteúdo verdadeiro; mostrou como era o mesmo amor que, num mesmo movimento, podia tornar tanto *paiderastēs* como *philerastēs*. As dissimetrias, as defasagens, as resistências e as fugas que organizavam, na prática do amor honrado as relações sempre difíceis entre o erasta e o erômeno — o sujeito ativo e o objeto assediado — não têm mais razão de ser; ou melhor, elas podem se desenvolver de acordo com um movimento totalmente outro, tomando uma forma inteiramente outra, e impondo um jogo bem diferente: o de uma rota onde o mestre de verdade ensina ao rapaz o que é a sabedoria.

Mas com isso mesmo vê-se que a *erótica* platônica — e nisso consiste seu outro perfil — introduz como questão fundamental na relação de amor a questão da verdade. E sob uma forma inteiramente outra do que aquela do *logos* ao qual é preciso submeter os próprios apetites no uso dos prazeres. A tarefa do enamorado (e ela lhe permitirá de fato atingir o que é o seu objetivo) é reconhecer o que é verdadeiramente o amor que tomou conta dele. E aí a resposta ao desafio de Aristófanes transforma a resposta que este último dava: não é a outra metade de si mesmo que o indivíduo busca no outro; é o verdadeiro com o qual sua alma é aparentada. Como consequência, o trabalho ético que lhe é necessário fazer será o de descobrir e de sustentar, sem desistir jamais, essa relação com a verdade que era o suporte oculto de seu amor. E vê-se, então, de que maneira a reflexão platônica tende a se desligar de uma problematização corrente, que gravitava em torno do objeto e do estatuto a lhe ser dado, para abrir um questionamento sobre o amor, que gravitará em torno do sujeito e da verdade de que é capaz.

Finalmente, a Erótica socrática tal como Platão a faz aparecer coloca muitas questões que eram habituais nas discussões sobre o amor. Mas ela não visa definir a conduta conveniente em que se equilibrariam a resistência suficientemente longa do amado e o benefício suficientemente precioso do amante; ela tenta determinar por qual movimento próprio, por qual esforço e qual trabalho sobre si mesmo o *Eros* do amante poderá resgatar e estabelecer para sempre sua relação com o ser verdadeiro. Em vez de querer traçar definitivamente a linha que permite demarcar o honroso e o desonroso, ela procura descrever a rota — com suas dificuldades, suas peripécias e suas quedas — que conduz ao ponto onde ele encontra seu ser próprio. O *Banquete* e o *Fedro* indicam a passagem de uma Erótica modelada sobre a prática da "corte" e a liberdade do outro para uma Erótica que gira em torno de uma ascese do sujeito e do acesso comum à verdade. Por isso mesmo a interrogação se desloca: na reflexão sobre a *chrēsis aphrodisiōn* ela dizia respeito ao prazer e à sua dinâmica, cuja prática e distribuição legítima convinha assegurar pelo domínio de si; na reflexão platônica sobre o amor, a interrogação diz respeito ao desejo que convém levar para o seu verdadeiro objeto (que é a verdade) reconhecendo-o pelo que ele é no seu ser verdadeiro. A vida de temperança, de *sōphrosunē*, tal qual é descrita nas *Leis*, é uma existência "benigna em todos os pontos de vista, com dores e prazeres tranquilos, desejos flexíveis (*ēremaiai hēdonai, malakai epithumiai*) e amores sem furor (*erōtes ouk emmaneis*);"[35] tem-se aí a ordem de uma economia dos prazeres garantida pela dominação que se exerce de si para consigo. Para a alma cujas peripécias e ardores amorosos o *Fedro* descreve, é prescrito igualmente, se ela quiser obter sua recompensa e reencontrar sua pátria além do céu, "um regime ordenado" (*tetagmenē diaitē*) assegurado porque ela é "senhora de si" e porque tem "cuidado com a medida", porque reduziu à "escravidão o que faz nascer o vício" e dá, ao contrário, "a liberdade ao que produz a virtude".[36] Mas o combate que teve de sustentar contra a violência de seus apetites ela só pôde travá-lo a partir de uma dupla relação com a verdade: relação com seu próprio desejo, questionado em seu ser, e relação com o objeto de seu desejo reconhecido como ser verdadeiro.

Vê-se, desse modo, marcar-se um dos pontos onde se formará a interrogação do homem. O que não quer dizer que a erótica platônica se tenha liberado súbita e definitivamente de uma ética dos prazeres e de seu uso. Veremos, ao contrário; de que maneira esta última continuou a se desenvolver e a se transformar. Mas a tradição de pensamento que deriva de Platão desempenhará um papel importante quando, bem mais tarde, a problematização do comportamento sexual for reelaborada a partir da alma de concupiscência e da decifração de seus arcanos.

Essa reflexão filosófica a respeito dos rapazes comporta um paradoxo histórico. Os gregos atribuíram a esse amor masculino, e mais precisamente a esse amor pelos rapazes jovens e pelos adolescentes, que a partir de então deveria ser, por tanto tempo e tão severamente condenado, uma legitimidade em que nos é grato reconhecer a prova da liberdade que eles tinham nesse domínio. Contudo, foi a seu respeito muito mais do que a respeito da saúde (com a qual eles também se preocupavam), muito mais do que a respeito da mulher e do casamento (por cuja boa ordem, no entanto, eles velavam), que eles formularam a exigência das mais rigorosas austeridades. É verdade que, salvo exceção, eles não o condenaram nem o proibiram. Contudo, é na reflexão sobre o amor pelos rapazes que se vê a formulação do princípio de uma "abstinência indefinida"; o ideal de uma renúncia, cujo modelo Sócrates fornece com sua resistência sem falhas à tentação; e o tema de que essa renúncia detém, por si mesma, um alto valor espiritual. De uma maneira que pode surpreender à primeira vista, vemos formar-se, na cultura grega e a respeito do amor pelos rapazes, alguns dos elementos mais importantes de uma ética sexual que o rejeitará em nome precisamente desse princípio: exigência de uma simetria e de uma reciprocidade na relação amorosa, a necessidade de um combate difícil e de muito fôlego consigo mesmo, a purificação progressiva de um amor que só se dirige ao próprio ser em sua verdade e a interrogação do homem sobre si mesmo enquanto sujeito de desejo.

Deixaríamos escapar o essencial se imaginássemos que o amor pelos rapazes suscitou a sua própria interdição, ou que uma ambiguidade própria à filosofia só aceitou a sua realidade exigindo a sua superação. É preciso ter em mente que esse "ascetismo" não era uma maneira de desqualificar o amor pelos rapazes; era, ao contrário, uma forma de estilizá-lo e, portanto, ao dar-lhe forma e figura, valorizá-lo. Não resta a menor dúvida de que existia lá uma exigência de abstenção total e um privilégio atribuído à questão do desejo que introduzia elementos os quais não era fácil colocar numa moral organizada em torno da procura do uso dos prazeres.

Notas

1. O que não quer dizer que as figuras do amor masculino tenham desaparecido inteiramente. Cf. J. BOSWELL, *Christianity, social tolerance, and homosexuality.*
2. PLATON, *Banquet*, 178 d. Sobre os discursos do *Banquete*, cf. LUC BRISSON, in *Dictionaire des mythologies*, s.v. Éros.
3. *Banquet*, 181 b-d.
4. Ibid., 183 d-c: *Phédre*, 231 a-233 a.
5. PLATON, *Banquet*, 182 a; *Fedro*, 239 a.
6. *Phédre*, 231 e-232 a; 239e-240 a.
7. Ibid., 240 d.
8. Ibid., 239 c-d.
9. Ibid., 241 a-c.
10. PLATON, *Banquet*, 191 e.
11. Ibid., 192 a.
12. Ibid., 192 b.
13. Sobre a resposta de Sócrates a Aristófanes, cf. *Banquet*, 205 e.
14. XENOFONTE, *Banquet*, VIII, 12.
15. Ibid., VIII, 25.
16. Ibid., VIII, 13.
17. Ibid., VIII, 14.
18. Ibid., IV, 26; cf. também *Mémorables*, I, 3.
19. XENOFONTE, *Banquet*, VIII, 18.
20. Id., *République des lacédémoniens*, II, 12-15.
21. Id., *Banquet*, VIII, 18.
22. PLATON, *Phédre*, 244 a.
23. PLATON, *Banquet*, 184 e; 185 b.
24. Ibid., 196 c.
25. PLATON, *Phédre*, 244 a.
26. PLATON, *Banquet*, 201 d.

27. Depois dos discursos de *Fedro*, Sócrates lembra que deve haver no pensamento daquele que fala "um conhecimento a respeito da verdade do assunto sobre o qual ele irá falar" (*Phèdre*, 159 c).
28. Ibid., 204 c.
29. Ibid., 210 c-d.
30. *Phédre*, 256 c-d.
31. Ibid., 255 b-c.
32. Ibid., 255 e-256 a.
33. PLATON, *Banquet*, 222 b. Sobre as relações entre Sócrates e *Eros*, cf. P. HADOT, *Exercices spirituels et philosophie antique*, pp. 69-82.
34. H. JOLY, *Le renversement platonicien*, 1974, pp. 61-70.
35. PLATON, *Lois*, V, 734 a.
36. PLATON, *Phédre*, 256 a-b.

Conclusão

Portanto, no campo das práticas reconhecidas (a do regime, a da gestão doméstica, a da "corte" feita aos rapazes jovens) e a partir das reflexões que tendiam a elaborá-las, os gregos se interrogaram sobre o comportamento sexual como questão moral, e procuraram definir a forma de moderação para tanto exigida.

Isso não quer dizer que os gregos, em geral, só se interessavam pelos prazeres sexuais a partir desses três pontos de vista. Encontrar-se-á na literatura que eles nos deixaram diversos testemunhos atestando a existência de outros temas e de outras preocupações. Mas se nos ativermos, como quis fazer aqui, aos discursos prescritivos pelos quais eles tentaram refletir e regular sua conduta sexual, esses três núcleos de problematização aparecem como sendo, de longe, os mais importantes. Em torno deles os gregos desenvolveram artes de viver, de se conduzir e de "usar os prazeres" segundo princípios exigentes e austeros.

À primeira vista, podemos ter a impressão de que essas diferentes formas de reflexão se aproximaram ao máximo das formas de austeridade que serão encontradas mais tarde nas sociedades ocidentais cristãs. Em todo caso, tem-se a tentação de corrigir a oposição, ainda muito correntemente admitida, entre um pensamento pagão, "tolerante" à prática da "liberdade sexual", e as morais tristes e restritivas que a ele se seguirão. Com efeito, é preciso ver bem que o princípio de uma temperança sexual rigorosa e cuidadosamente praticada é um preceito que não data nem do cristianismo, evidentemente, nem da Antiguidade tardia, nem mesmo dos movimentos rigoristas que se conheceu com os estoicos, por exemplo, na época helenística e romana. Desde o século IV encontra-se, muito claramente formulada, a ideia de que a atividade sexual é em si mesma demasiado perigosa e custosa, muito fortemente ligada à perda da substância vital, para que uma economia meticulosa deva limitá-la na medida em que ela não seja necessária; encontra-se também o modelo de uma relação matrimonial que exigiria, da parte dos dois cônjuges, uma igual abstenção a qualquer prazer "extraconjugal"; enfim, encontra-se o tema de uma renúncia do homem a toda relação física com um rapaz. Princípio geral de temperança, suspeita de que o prazer sexual pudesse ser um mal, esquema de uma restrita fidelidade monogâmica, ideal de castidade rigorosa: evidentemente, não era em conformidade com esse modelo que os gregos viviam; mas não é que o pensamento filosófico, moral e médico que se formou no seu meio formulou alguns dos princípios fundamentais que as morais ulteriores — e singularmente as que são encontradas nas sociedades cristãs — só tiveram que retomar? Entretanto, não se pode ficar nisso; as prescrições podem muito bem ser formalmente parecidas: isso só prova, no final das contas, a pobreza e a monotonia das interdições. A maneira pela qual a atividade sexual era constituída, reconhecida, organizada como questão moral não é idêntica somente pelo fato de que o permitido ou o proibido, o recomendado ou o desaconselhado sejam idênticos.

Vimos que: o comportamento sexual é constituído como domínio de prática moral, no pensamento grego, sob a forma de *aphrodisia*, de atos de prazer que se referem a um campo agonístico de forças difíceis de serem dominadas; elas exigem, para tomar a forma de uma conduta racional e moralmente admissível, o funcionamento de uma estratégia da medida e do momento, da quantidade e da oportunidade; e essa estratégia tende como que para o seu ponto de perfeição e para o seu termo, a um exato domínio de si em que o sujeito é "mais forte" do que ele mesmo até no exercício do poder que exerce sobre os outros. Ora, a exigência de austeridade implicada pela constituição desse sujeito senhor de si mesmo não se apresenta sob a forma de uma lei universal, à qual cada um e todos deveriam se submeter; mas, antes de tudo, como um princípio de estilização da conduta para aqueles que querem dar à sua existência a forma mais bela e mais realizada possível. Se quisermos fixar uma origem para alguns desses grandes temas que deram forma à nossa moral sexual (a pertinência do prazer ao campo perigoso do mal, a obrigação da fidelidade monogâmica, a exclusão de parceiros do mesmo sexo) não somente é preciso não atribuí-los a essa ficção chamada moral "judaico-cristã", mas sobretudo é preciso não ir buscar neles a função intemporal da interdição ou a forma permanente da lei. A austeridade sexual precocemente recomendada pela filosofia grega não se enraíza na intemporalidade de uma lei que tomaria alternadamente as formas historicamente diversas da repressão: ela diz respeito a uma história que é, para compreender as transformações da experiência moral, mais decisiva que a dos códigos: uma história da "ética" entendida como a elaboração de uma forma de relação consigo que permite ao indivíduo constituir-se como sujeito de uma conduta moral.

Por outro lado, cada uma das três grandes artes de se conduzir, das três grandes técnicas de si que foram desenvolvidas no pensamento grego — a *Dietética*, a *Econômica* e a *Erótica* —, propôs, se não uma moral sexual particular, pelo menos uma modulação singular da conduta sexual. Nessa elaboração das exigências da austeridade, não somente os gregos não buscaram definir um código de condutas obrigatórias para todos, como também não procuraram organizar o comportamento sexual como um campo referente em todos os seus aspectos a um único e mesmo conjunto de princípios.

No que diz respeito à *Dietética*, encontra-se uma forma de temperança definida pelo uso comedido e oportuno dos *aphrodisia*; o exercício dessa temperança exigia uma atenção centrada sobretudo na questão do "momento" e na correlação entre os estados variáveis do corpo e as propriedades cambiantes das estações; e no cerne dessa preocupação se manifestavam o medo da violência, o temor do esgotamento e o duplo cuidado com a sobrevivência do indivíduo e com a manutenção da espécie. No que diz respeito à *Econômica*, encontra-se uma forma de temperança definida, não pela fidelidade recíproca dos cônjuges, mas por um certo privilégio que o marido conserva à esposa legítima, sobre a qual ele exerce seu poder; o problema temporal, nesse caso, não está na apreensão do momento oportuno, mas sim na manutenção, ao longo da existência, de uma certa estrutura hierárquica própria à organização da casa; é para assegurar essa permanência que o homem deve temer qualquer excesso e praticar o domínio de si no domínio que ele exerce sobre os outros. Enfim, a temperança solicitada pela *Erótica* é ainda de outro tipo: mesmo se ela não impõe a abstinência pura e simples, vimos que ela tende para isso e que traz consigo o ideal de uma renúncia a qualquer relação física com os rapazes. Por outro lado, essa *Erótica* é ligada a uma percepção do tempo muito diferente daquela que se encontra a propósito do corpo ou a propósito do casamento: é a experiência de um tempo fugidio que conduz fatalmente a um termo próximo. Quanto ao cuidado que a anima, é o do respeito que é devido à virilidade do adolescente e ao seu *status* futuro de homem livre: não se trata mais simplesmente para o homem de ser senhor de seu prazer; trata-se de saber de que maneira se pode dar lugar à liberdade do outro no domínio que se exerce sobre si mesmo e no amor verdadeiro que se tem por ele. No final das contas é nessa reflexão a propósito do amor pelos rapazes que a erótica platônica colocou a questão das relações complexas entre o amor, a renúncia aos prazeres e o acesso à verdade.

Pode-se lembrar o que K.J. Dover escrevera: "Os gregos não herdaram a crença de que uma potência divina revelara à humanidade um código de leis que regulavam o comportamento sexual, nem entretiveram, eles próprios, essa crença. Também não possuíam uma instituição com o poder de fazer respeitar interdições sexuais. Confrontados com culturas mais antigas, mais ricas e mais elaboradas do que a deles, os gregos sentiram-se livres para escolher, adaptar, desenvolver e sobretudo inovar."[1] A reflexão sobre o comportamento sexual como campo moral não constituiu entre eles uma maneira de interiorizar, de justificar ou de fundamentar em princípios certas interdições gerais impostas a todos; foi sobretudo uma maneira de elaborar, para a menor parte da população, constituída pelos adultos livres do sexo masculino, uma estética da existência, a arte refletida de uma liberdade percebida como jogo de poder. A ética sexual que está, em parte, na origem da nossa repousava de fato num sistema muito duro de desigualdades e de coerções (em particular, a respeito das mulheres e dos escravos); mas ela foi problematizada no pensamento como a relação, para um homem livre, entre o exercício de sua liberdade, as formas de seu poder e seu acesso à verdade.

Numa visão rápida e muito esquemática da história dessa ética e de suas transformações numa cronologia longa, podemos notar inicialmente um deslocamento de acento. No pensamento grego clássico é claro que é a relação com os rapazes que constitui o ponto mais delicado e o núcleo mais ativo de reflexão e de elaboração; é aí que a problematização exige as formas de austeridade mais sutis. Ora, no curso de uma evolução muito lenta podemos ver esse núcleo se deslocar; é em torno da mulher que pouco a pouco os problemas irão se centrar. O que não quer dizer nem que o amor pelos rapazes não será mais praticado, nem que ele cessará de se expressar, nem que não será de forma alguma questionado. Mas é a mulher e a relação com a mulher que irão marcar os tempos fortes da reflexão moral sobre os prazeres sexuais: seja sob a forma do tema da virgindade, da importância tomada pela conduta matrimonial, ou do valor atribuído às relações de simetria e de reciprocidade entre os dois cônjuges. Além disso, podemos ver um novo deslocamento do núcleo de problematização (dessa vez da mulher para o corpo) no interesse que foi manifestado a partir dos séculos XVII e XVIII pela sexualidade da criança e, de maneira geral, pelas relações entre o comportamento sexual, a normalidade e a saúde.

Mas, ao mesmo tempo desses deslocamentos, produziu-se uma certa unificação entre os elementos que se poderia encontrar repartidos nas diferentes "artes" de usar os prazeres. Houve a unificação doutrinal — da qual santo Agostinho foi um dos operadores — e que permitiu pensar, no mesmo conjunto teórico, o jogo da morte e da imortalidade, a instituição do casamento e as condições de acesso à verdade. Mas houve também uma unificação que se pode dizer "prática", e que é aquela que recentrou as diferentes artes da existência em torno da decifração de si, dos procedimentos de purificação e dos combates contra a concupiscência. Com isso, o que veio a se encontrar situado no cerne da problematização da conduta não foi mais o prazer, com a estética do seu uso, mas o desejo, com sua hermenêutica purificadora.

Essa mudança será o efeito de toda uma série de transformações. Tem-se o testemunho dessas transformações, antes mesmo do desenvolvimento do cristianismo, na reflexão dos moralistas, dos filósofos e dos médicos nos dois primeiros séculos de nossa era.

Nota

1. K.J. DOVER, *Homosexualité grecque*, p. 247.

Índice dos textos citados*

* Expresso meu reconhecimento à Bibliothèque du Saulchoir e ao seu diretor. Agradeço a Nicole e Louis Évrard, bem como a Hélène Monsacré, cuja ajuda me foi preciosa para a feitura deste livro.

De la génération des animaux, texto e tradução de P. Louis (CUF). pp. 57n31, 59n34, 146n41, 161n77, 164n89.

De la génération et de la corruption, texto e tradução de Ch. Mugler (CUF). p. 164n88.

Histoire des animaux, texto e tradução de P. Louis (CUF). pp. 52n12, 56-7n25, 57n27, 64n53.

Les Parties des animaux, texto e tradução de P. Louis (CUF). p. 53n15.

La Politique, texto e tradução de H. Rackham (Loeb Classical Library). pp. 24n8, 94n127, 97n133, 98n122, 101n139, 150n51, 151n53, 151n55, 152n56, 213n76, 214n80, 216n85, 216n86, 265n60.

La Rhétorique, texto e tradução de J. Voilquin e J. Capelle, Paris, 1944. p. 65n55.

PSEUDO-ARISTOTE,

Économique, texto e tradução de A. Wartelle (CUF). pp. 213n75, 213n77, 214n82, 215n84.

Problèmes, texto e tradução de W.S. Hett (Loeb Classical Library). pp. 57n29, 143n34, 145-6n40, 146n43, 152n57, 162n80.

Sur la stérilité, texto e tradução de P. Louis. p. 57n26.

AUBENQUE, P.,

La Prudence chez Aristote, Paris (CUF), 1963. p. 69n66.

AUGUSTIN, SAINT,

Les Confessions, texto estabelecido por M. Skutella e traduzido por E. Trehorel e G. Bouisson, in *Oeuvres*, t. XIII, Paris, 1962. p. 50n6.

AULU-GELLE,

Les Nuits attiques, texto e tradução de R. Macache (CUF). p. 154n60.

BOSWELL, J.,

Christianity, Social Tolerance, and Homosexuality, Chicago, 1980. p. 282n1.

BRISSON, L.,

Artigo "Éros", do *Dictionnaire des mythologies*, Paris, Flammarion, 1981. p. 283n2.

BUFFIÈRE, F.,

Éros adolescent. Lá pédérastie dans la Grèce antique, Paris, Les Belles Lettres, 1980. pp. 235n12, 239n16, 240n18, 243n21.

CLÉMENT D'ALEXANDRIE,

Le Pédagogue, texto e tradução de M. Harl, Paris, Éd. du Cerf, 1960. p. 154n61.

DAUVERGNE, H.,

Les Forçats, Paris, 1841. p. 24n9.

DÉMOSTHENE,

Contre Nééra, texto e tradução de L. Gernet (CUF). pp. 176n1, 179n7.

Eróticos, texto estabelecido e traduzido por R. Clavaud (CUF). pp. 72, 251, 251n32, 252, 253, 253n38, 256n46, 259, 260, 260n56

DIOCLÈS,
Du Régime, in ORIBASE, *Collection médicale*, t. III, texto estabelecido e traduzido por U. Bussemaker e Ch. Daremberg, Paris, 1858. p. 140.

DIOGÈNE LAERCE,
Vie des Philosophes, texto e tradução de R.D. Hicks (Loeb Classical Library); tradução francesa de R. Genaille, Paris, Garnier--Flammarion, 1965. pp. 55n20, 60n38, 62n46, 65n56, 66n57, 83n102, 84n105, 88n116, 95n128, 102n140, 145n38, 159n68, 232n3, 269n67.

DION DE PRUSE,
Discours, texto e tradução de J.W. Cohoon (Loeb Classical Library). pp. 25n11, p55n22.

DOVER, K.J.
"Classical Greek Attitudes to Sexual Behavior", *Arethusa*, 6, 1973. p. 45.
Greek Popular Morality in the Time of Plato and Aristotle, Oxford, 1974. p. 49n4.
Greek Homosexuality, Londres, 1978; tradução francesa de S. Saïd: *Homosexualité grecque*, Grenoble, 1982. pp. 49n5, 233n6, 242n20, 259n55, 267n64, 309n1.

DUBY, G.,
Le Chevalier, la femme et le prêtre, Paris, Hachette, 1981. p. 29n19.

ÉPICTETE,
Entretiens, texto e tradução de J. Souilhé (CUF). p. 25n12.

ESCHINE,
Contre Timarque, texto e tradução de V. Martin e G. de Budé (CUF). pp. 243n21, 252n37, 266n62, 267-8n65.

EURIPIDE,
Ion, texto e tradução de L. Parmentier e H. Grégoire (CUF). p. 201n46.
Médée, texto e tradução de L. Méridier (CUF). p. 200n45.

FLANDRIN, J.-L.,
Un temps pour embrasser, Paris, Éd. du Seuil, 1983. p. 144n35.

FRAISSE, J.-Cl.,
Philia, la notion d'amitié dans la philosophie antique, Paris, Vrin, 1974. pp. 248n28.

FRANÇOIS DE SALES,
Introduction à la vie dévote, texto estabelecido e apresentado por Ch. Florisoone (CUF). p. 23n4.

HADOT, P.
Exercises spirituels et philosophie antique, Paris, "Études augustiniennes", 1981. p. 296n33.

HIPPOCRATE,
L'Ancienne médecine, texto e tradução de A.-J. Festugière, Paris, 1948; Nova York, 1979. p. 124n1.
Aphorismes, texto e tradução de W.H.S. Jones (Loeb Classical Library). p. 138n26.
Épidémies, texto e tradução de W.H.S. Jones (Loeb Classical Library). pp. 127n6, 147n46.
De la génération, texto e tradução de R. Joly (CUF). pp. 155n62, 155-6n63, 156n64, 156n65, 156-7n66, 157-8n67, 158-9n69.
Maladies II, texto e tradução de J. Jouanna (CUF). p. 147n45.
De la nature de l'homme, texto e tradução de W.H.S. Jones (Loeb Classical Library). p. 138n26.
Du Régime, texto e tradução de R. Joly (CUF). pp. 131-2n16, 136n23, 137n24, 137n25, 138n26, 139n27, 139-40n28, 140n29, 145n36.
Du Régime salubre, texto e tradução de W.H.S. Jones (Loeb Classical Library). p. 135, 136.
Le serment, texto e tradução de W.H.S. Jones (Loeb Classical Library). p. 58n32.

ISOCRATE,
À Nicoclès, texto e tradução de G. Mathieu e E. Brémond (CUF). pp. 80n90, 212n74.
Nicoclès, texto e tradução de G. Mathieu e E. Brémond (CUF). pp. 24n7, 97n135, 184n13, 208n61.

JOLY, H.,
Le Renversement platonicien, logos, episteme, polis, Paris, Vrin, 1974. pp. 112n152, 296n34.

LACEY, W.K.,
The Family in Classical Greece, Ithaca, 1968. p. 150n51, 183n11.

LESKI, E.,
"Die Zeugungslehre der Antike", *Abhandlungen der Akademie der Wissenschaften und Literatur*, XIX, Mogúncia, 1950. p. 45n1.

LUCIEN (PSEUDO-),
Les Amours, texto e tradução de M.D. MacLeod (Loeb Classical Library). p. 52n11.

LYSIAS,
Sur le meurtre d'Ératosthene, texto e tradução de L. Gemet e M. Bizos (CUF). p. 180n9.

MANULI., P.,
"Fisiologia e patologia del feminile negli scritti hippocratici", *Hippocratica*, Paris, 1980. p. 57n30.

NORTH, H.,
Sophrosyne, Self-Knowledge and Self-Restraint in Greek Literature, "Cornell Studies in Classical Philology", XXXV, Ithaca, 1966. p. 77n84.

PAUL D'ÉGINE,
Chirurgie, tradução de R. Briau, Paris, 1855. pp. 135n22, 141n32.

PHILOSTRATE,
Vie d'Apollonius de Tyane, tradução de P. Grimal, Paris, Gallimard, La Pléiade, 1963. p. 26-7n16.

PLATON,
Alcibiade, texto e tradução de M. Croiset (CUF). p. 87n115.
Le Banquet, texto e tradução de L. Robin (CUF). pp. 27n18, 59n33, 63n51 , 72n72, 163n83, 163n84, 163-4n86, 233n7, 236n15, 246n25, 252n35, 252n36, 256n45, 274n75, 274n76, 283n2, 284n5, 285n10, 285n11, 285-6n12, 288n23, 288n24, 290n26, 296n33.
Charmide, texto e tradução de A. Croiset (CUF). p. 240n17.
Euthydéeme, texto e tradução de L. Méridier (CUF). p. 277.
Gorgias, texto e tradução de A. Croiset (CUF). pp. 54n17, 108, 68n62, 76n81, 77n83, 87n114, 98n137, 108n149, 235-6n14.
Lettres, texto e tradução de J. Souilhé (CUF). pp. 80n90, 81n97.
Les Lois, texto e tradução de É. des Places e A. Diès (CUF). pp. 39, 55, 60, 61, 69, 78, 80, 82, 90, 92, 133, 147, 149, 163, 165, 202, 204, 272, 299 54n17, 55n21, 60n40, 60-1n41, 61n44, 69n66, 78-9n86, 80n96, 82n99, 85n108, 86n111,89n118, 90n121, 92n124, 105n146, 133n17, 148n48, 149n49, 150n50, 151n54, 152n58, 163n82, 163n85, 165n90, 165n91, 204n48, 204n49, 204n50, 204n51, 204n52, 204n53, 232n4, 272n69, 299n35.
Phèdre, texto e tradução de L. Robin (CUF). pp. 25, 49, 105, 251, 256, 261, 282, 283, 288, 289, 290, 291, 292, 293, 294, 299, 25-6n14, 80n90, 81n97, 106n148, 247n27, 284n6, 284n7, 284n8, 248n9, 288n22, 289n25, 290n27,

290n28, 293n29, 293n30, 294n31, 294-5n32, 300n36.
Philèbe, texto e tradução de A. Diès (CUF). pp. 54n16, 154n59.
Le Politique, texto e tradução de A. Diès (CUF). p. 59n33.
Protagoras, texto e tradução de A. Croiset (CUF). pp. 245-6n23.
La République, texto e tradução de E. Chambry (CUF). pp. 51n10, 59n35, 61n42, 61n43, 62n48, 64-5n54, 74n79, 77n82, 80n93, 82n98, 83n101, 85-6n109, 86n110, 89n117, 90n120, 92n123, 96n131, 96n132, 104n143, 109n150, 125n2, 126n4, 129-30n11, 130-1n13, 131n14, 131n15, 231-2n1.
Timée, texto e tradução de A. Rivaud (CUF). pp. 55-6n23, 55, 160.

PSEUDO-PLATON,
Les Rivaux, texto e tradução de J. Souilhé (CUF). pp. 128n7.

PUNE L'ANCIEN,
Histoire naturelle, texto e tradução de J. Beaujeu (CUF). p. 23n5.

PLUTARQUE,
Propos de table, texto e tradução de F. Fuhrmann (CUF). p. 70-1n69.
Vie de Caton le Jeune, texto e tradução de R. Flacelière e E. Chambry (CUF). p. 24n6.
Vie de Solon, texto e tradução de E. Chambry, R. Flacelière, M. Juneaux (CUF). p. 179n8.

POLYBE,
Histoires, texto e tradução de R. Weil e Cl. Nicolet (CUF). p. 64-5n54.

POMEROY, S.,
Goddesses, Whores, Wives and Slaves. Women in Classical Antiquity, Nova York, 1975. p. 180n9.

PORPHYRE,
Vie de Pythagore, texto e tradução de É. des Places (CUF). p. 128n9.

RUFUS D'ÉPHESE,
Oeuvres, texto e tradução de Ch. Daremberg e Ch.-E. Ruelle, Paris, 1878. P. 59n37.

SÉNÈQUE LE RHETEUR,
Controverses e *suasoires*, trad. H. Bornecque, Paris, Garnier, 1932. P. 25n13.

SMITH, W.D.,
"The Development of Classical Dietetic Theory", *Hippocratica*, Paris, 1980. P.135n22.

VAN GULIK, R.,

La Vie sexuelle dans la Chine ancienne, tradução francesa de L. Évrard, Paris, Gallimard, 1971. pp. 167n92, 176-7n2.

VERNANT, J.-P.,

Mythe et pensée chez les Grecs, Paris, Maspero, 1966. P. 193n28.

XÉNOPHON,

Agésilas, texto e tradução de E.C. Marchant (Loeb Classical Library); tradução francesa de P. Chambry, Paris, Garnier--Flammarion, 1967. pp. 27n17, 55n19, 73n75.

Anábase, texto e tradução de C.L. Brownson e O.J. Todd (Loeb Classical Library); tradução francesa de P. Chambry, Paris, 1967. pp. pp. 54-5n18, 234-5n11, 246n24.

Le Banquet, texto e tradução de C.L. Brownson e O.J. Todd (Loeb Classical Library); tradução francesa de P. Chambry, Paris, 1967. pp. pp. 57n26, 66-7n58, 184n12, 233-4n8, 234n9, 234n10, 246n26, 248n29, 248n30, 251n31, 273n72, 273n74, 286n14, 286n15, 286n16, 287n17, 287n18, 287n19, 288n21.

La Cyropédie, texto e tradução de M. Bizos e É. Delebecque (CUF). pp. 71n70, 76n80, 97n134, 109n151, 232n5.

Économique, texto e tradução de P. Chantraine (CUF). pp. 80n92, 85n107, 95n129, 100n138, 178n6, 187n14, 187n15, 187-8n16, 188n18, 193n29, 194n30, 194n31, 194n32, 195n33, 195n34, 195n35, 196n36, 196n37, 196n38, 197n39, 198n40, 198-9n41, 199n42, 199n43.

Hiéron, texto e tradução de E.C. Marchant e G.W. Bowersock (Loeb Classical Library); tradução francesa de P. Chambry, Paris, 1967. pp. 57n28, 60n39, 73n74, 79n88, 199n44, 244n22, 273n73.

Les Mémorables, texto e tradução de E.C. Marchant (Loeb Classical Library); tradução francesa de P. Chambry, Paris, 1967. pp. 49n3, 62n47, 67n59, 67n60, 67n61, 69n63, 71n71, 73-4n76, 74n77, 80n91, 87n112, 87n113, 93n125, 95n130, 103n142, 105n147, 129n10, 134-5n19, 188n17.

La République des Lacédémoniens, tradução francesa de P. Chambry, Paris, 1967. pp. 89n119, 150-1n52, 287n20.

PAZ & TERRA

Este livro foi composto na tipologia Dante Mt Sd, em corpo 12/15, e impresso em papel off-white no sistema Cameron da Divisão Gráfica da Distribuidora Record.